釜賀雅史・岡本 純 編著
Kamaga Masafumi & Okamoto Jun

現代企業と
マネジメント

ナカニシヤ出版

はじめに

　近年のわが国企業をとりまく環境の変化は著しい。IT，情報通信やバイオテクノロジーなど先端技術のイノベーション革命は，企業の新たな可能性を引きだしている。だが，欧米企業に加えて近隣の中国や韓国企業の興隆は競争のグローバル化を推し進め，国際競争を新たな段階へと至らしめている。また，深刻化する地球環境問題も企業行動の制約要因としてのプライオリティを高めている。国内的にみれば深刻化する少子高齢化問題など，わが国特有の問題が横たわっており，これも確実に企業行動を制約する。

　このように，わが国の企業の行動を規定する要因は実に多様である。しかも，21世紀に入り，それらの変化のテンポはさらに速くなり，企業経営のありようは一段と様変わりしつつある。そのことは，とりもなおさず企業社会に身をおくわれわれ自身の生活そのものの変化を意味するものでもあろう。

　本書は，広く企業と経営について学ばんとする方々にその基礎的知識を提供することを第一の目的とするが，このように絶え間なく変化する環境へ積極的に適応している（適応を余儀なくされている）企業とその行動を多面的に考察することを通して，わが国企業が直面するさまざまな問題に対する解決策を探るヒントと，あるべき企業経営のあり方を考えるための視点とを提供せんとするものでもある。

　本書は10章で構成されている。ⅠとⅡは主に現代企業の構造を説明するものである。Ⅲ〜Ⅷは経営行動の諸相に光を当てている。そして，ⅨとⅩは企業の現代的課題ともいうべきテーマを取り上げている。それらの概要は以下のとおりである。

　Ⅰ「企業の形態」……ここでは，社会制度としての企業のあり方について論じる。すなわち，合名会社・合資会社・合同会社・株式会社といった私企業の諸形態について概説する。なかでも株式会社制度については詳細に扱う。さらに，わが国の株式会社の特徴，特にトップマネジメントの態様について論及す

るとともに，2006年の新会社法施行も相まって，わが国の企業統治のあり方はどのように変化しているのかについても論じる。

Ⅱ「企業の組織形態」……現代は組織の時代といわれる。では，この組織とは，特に企業の経営組織とはどのようなものなのか。ここでは，経営組織の基本構造とその変化のパターンについて詳しく考察する。まず，経営組織の形成の契機を経営職能の分化に求め，その分化過程に着目しつつ，経営組織の基本類型（ライン組織，ファンクショナル組織，ライン・アンド・スタッフ組織など）について概説する。そして，さらにその発展型について説明する。

Ⅲ「ヒューマン・リソース・マネジメント」……企業の発展は，ヒト・モノ・カネそして情報の4つの経営資源を，なかでもヒトをいかに効率的に活用するかにかかっているといっても過言ではない。ここでは，日本企業の特徴とされてきた日本的経営をヒトに焦点を当てて考察していくとともに，現在における日本企業の人的資源管理（ヒューマン・リソース・マネジメント）のありようをみていく。

Ⅳ「経営戦略」……経営戦略とは，企業が存続し発展するためにどのように外部環境に働きかけていくかを決定することである。本章では，経営戦略の重要性について述べるととともに，経営戦略とは何を意味するのかを経営戦略の構造，策定プロセスに従い明らかにする。次に，経営戦略にかかわる諸概念にふれつつ，全社戦略，事業戦略（競争戦略），職能戦略という順に階層的に概説する。

Ⅴ「グローバル経営」……現代企業におけるグローバル化について概観する。まず，企業のグローバル化をもたらした背景について，企業をとりまく外部環境の変化を中心に述べる。次に，多国籍企業を中心に企業のグローバル化に至る過程を説明する。そして，なぜ企業がグローバル化を進めるかについてさまざまな論理をもとに説明する。最後に，グローバル市場への進出戦略について戦略と組織を中心に考察する。

Ⅵ「マーケティング」……市場環境に対する企業の創造的かつ統合的な適応行動であるマーケティングについて，製品やサービスの単なる販売ではなく，顧客満足の最大化をめざすことを基本に展開する必要性を述べる。そして，そのためのマーケティング・ミックスの重要性および経営機能におけるマーケテ

ィングの位置づけ，さらに顧客だけではなく地球環境問題や消費者問題といったマーケティングの社会性の重視といった点についても取り上げる。

Ⅶ「企業と情報」……企業活動の全体的な方向や具体的な活動を決めるためには外部情報を確実に把握し判断していく必要がある。それらの判断に基づいて企業活動をコントロールするには，企業内部の各部署および各部署間に関連する情報をシステム化し，より速くより正確に情報処理していく必要がある。ここでは，これら情報システムの発展について簡単にふれ，POP, CIM, EDI, POS, EOSなど生産・販売に関する情報システムについて解説する。

Ⅷ「財務報告」……企業は，数多く存在する利害関係者に対して自らの企業情報を貨幣的単位で測定し公表している。近年，会計関連の話題が新聞紙上で大きく取り上げられることが多くなった。本章では，こうした企業情報を認識・測定・報告する会計について，その機能的役割・体系について法制度とからめて論述し，また，日本版会計ビッグバンや国際的状況についても解説し，現代企業をとりまく状況について論述する。

Ⅸ「環境と企業経営」……地球環境問題が深刻化している今日，企業は，自らの環境に関する活動や影響を認識して，環境を意識した経営活動を行っているかについて，環境情報として利害関係者に開示することを求められている。本章では，環境問題と企業の関係について，企業と利害関係者の間のアカウンタビリティに焦点をおきつつ，環境活動の認識と測定のあり方について論述する。また，環境情報開示制度の発展と実態について論述する。

Ⅹ「期待される企業像」……企業の不祥事の表面化が増加するにつれ，「企業の社会的責任」（CSR）に対する世間の関心が近年，急速に高まっている。それに伴い，消費者・市民の企業に対する評価にも「経済的」側面だけではなく，「環境」や「社会」といった側面を重視するような変化が生じている。CSRとは何か，企業評価（レピュテーション）を高めるためのレピュテーション・マネジメントについて述べ，21世紀に期待される企業像を検討する。

本書は，ビジネスに関する専門課程でまたは教養教育で経営学や企業論を学ぶ大学生を主たる対象として書かれたものであるが，新社会人など未だ経営学や企業論についてふれたことのない人もその学習の一助として十分に活用でき

るだろう。当書を読まれた学生や新社会人の方々が企業と経営についてより興味をもたれるようになり，さらに新たな問題関心を抱かれるようになったとすれば，執筆者一同，望外の喜びである。

　なお，本書の企画が陽の目をみるに至ったのは，ひとえにナカニシヤ出版のご厚志によるものである。心より感謝の意を表したい。

2008年1月

執筆者を代表して
釜賀雅史

目　次

はじめに　*i*

第Ⅰ章　企業の形態 ─────────────────────── 1
 1.　企業とは何か　*1*
 2.　企業の類型　*4*
 3.　株式会社とその構造　*12*
 4.　株式会社の新動向─会社法施行に伴う変化─　*17*

第Ⅱ章　企業の組織形態 ──────────────────── 27
 1.　組織の基本構造　*27*
 2.　経営組織の類型　*34*
 3.　経営組織の発展形態　*37*

第Ⅲ章　ヒューマン・リソース・マネジメント─日本的経営の構造的
 　　　変化を通して─ ────────────────────── 51
 1.　日本的経営とは　*52*
 2.　日本の経営の特徴　*53*
 3.　企業内福祉と企業内組合　*56*
 4.　日本企業における経営組織の特質　*57*
 5.　変わる日本の経営　*61*
 6.　日本的経営の変化　*63*

第Ⅳ章　経営戦略 ─────────────────────── 73
 1.　経営戦略　*73*

2. 企業戦略の類型　*79*
  3. 事業戦略の類型　*92*

第Ⅴ章　グローバル経営 ―――――――――――― 99
  1. 企業活動のグローバル化　*99*
  2. グローバル経営の捉え方　*102*
  3. グローバル経営における環境要因　*112*
  4. グローバル市場への参入形態と経営組織　*115*

第Ⅵ章　マーケティング ―――――――――――― 125
  1. マーケティングとは　*125*
  2. 経営の中のマーケティング　*129*
  3. マーケティング活動の進め方　*131*
  4. マーケティング・ミックス　*134*
  5. これからのマーケティング　*141*

第Ⅶ章　企業と情報 ―――――――――――――― 145
  1. 企業における情報の役割　*145*
  2. 経営情報システムの発展　*148*
  3. 生産と販売に関する情報システム　*151*
  4. 企業と情報の新しい潮流　*158*
  5. 情報のリスク管理　*161*

第Ⅷ章　財務報告 ―――――――――――――――― 169
  1. 会　　計　*169*
  2. 監　　査　*184*
  3. 税　　務　*187*

第Ⅸ章　環境と企業経営 ───193

1. 環境問題と企業　*193*
2. 環境情報開示と環境報告書　*199*
3. 環境会計　*204*
4. 環境情報開示の現状と課題　*207*

第Ⅹ章　期待される企業像 ───211

1. 企業評価の変化　*211*
2. 企業の社会的責任について　*212*
3. コーポレート・レピュテーション・マネジメント　*215*
4. 期待される企業像　*218*

索　引　*223*

第 I 章
企業の形態

1. 企業とは何か

　われわれは，日常生活において夥しい数の企業が提供する財やサービスに依存しなければ生活できない。また，われわれは，企業に雇われ従業員として企業活動に参加することで，生活基盤を築いていることが多い。さらに，企業の株式を購入し株主としての権利を行使することもできるし，企業が主催する芸術・文化活動を享受することもできる。このように，生活者としてわれわれは企業と極めて深いかかわりをもつ。まさに，われわれが生きる現代は企業社会なのである。
　では，そのような「企業」enterprise は，そもそもどのように定義されるものなのだろうか。
　一口に企業といってもさまざまな説明が可能であるが，忠実にその意味を考えてみると，それとは「業を企てること」すなわち「事業を起こすという行為」ということになる。しかし，事業を起こすという場合，それには起業あるいは創業という言葉を当てるのが一般的であろう。「企業」という場合，「企業を経営する」，「大企業に就職する」というように，既に成立している事業組織それ自体を表す概念として用いられている。
　このように，日常的用法に従えば，企業は事業の組織そのものである。ただし，ここでいう事業とは，経済事業に限られており福祉事業や慈善事業などの非経済的な社会事業は含まれない[1]。したがって，ひとまず企業を定義すると

すれば，それは「社会的に必要とされる財やサービスを継続的に生産し供給する」経済事業を行う組織体ということになる。

では，そのように経済事業を行う組織体としての企業のありようはどのように説明されるだろうか。経済学や経営学では一般にどのように扱われるのだろうか。

①まず，経済学上における企業をみておこう。

経済学が伝統的に対象としてきたものは，市場経済そのものの運動であり，そこでの各経済主体の生産・分配・消費にかかわる経済行動であった。市場とは，商品の売り手と買い手が出会う場であり，そこでは各自が自己の利益の最大化をねらって，自由に経済活動を行う。このような市場経済における各経済主体の自由な競争を通じて，はじめて社会のあらゆる財とサービスは調和的に配分されるといういわゆる**資源の最適配分**の状態が達成される。これが市場の自動調節機能であり，アダム・スミスが『国富論』（1776年）のなかで「神の見えざる手」という形而上学的表現を用いて説いたメカニズムであった。

さて，こうした市場経済において企業はどのように位置づけられるか。市場における企業は，家計・政府とともに経済主体の一つとして位置づけられ，財とサービスを生み出し，社会に提供することを目的とする経済主体として説明される。公共財の提供（インフラストラクチャーの整備），その他行政活動を行う政府や家庭生活の維持を目的とする家計が主として「消費」を中心とした活動を行うのに対して，企業は主に「生産」を担う経済主体であるとされる。

企業の活動内容は，財とサービスの生産・供給である。生産を始めるに当たって企業は，必要な原材料を生産財市場から，また労働力を労働市場から購入する。そして，生産した財とサービスを消費財市場で販売する。これらすべての市場において，その時の需給関係によって価格が決定される。企業は，市場の動きに従って投入と産出の最適な組み合わせを決定し，利潤極大化を図るべく行動するものとされる。現代経済学（ミクロ経済学）が主たる課題とするのは，完全競争市場あるいは独占的市場において，企業が製品の価格や生産数量を決定していくメカニズムそのものである。そこにおける企業内部の構造，組織のあり方は考察の対象とはならない[2]。

②経営学において企業はもっぱら組織論・管理論の視点から考察される。

企業は，ヒト（人材），モノ（機械設備・原料），カネ（資金），情報の「**経営資源**」（management resources）を組み合わせ利用することによって，社会が必要とする（＝よく売れる）財やサービスを生産し社会に供給するものである。だが，その活動は，具体的には管理者の指揮・監督の下で，生産やマーケティングといった基本業務に携わる人々や人事・労務といったサポート業務に携わる人々によって担われる。こうして，企業組織は合目的的な人々の協働の体系として現象するわけであり，それを一つのシステムとしてみれば，管理機構である経営システムを中心に，生産システム，マーケティング・システム，人事・労務システム，財務システムなどで構成される複合的なシステムということになる。これが，経営学における企業の基本的イメージであろう。

　③また，近年の企業の社会的責任論，企業倫理論などの文脈において，次のような企業像も浮かび上がってくる。すなわち，**ステイクホルダー（利害関係者）**の期待や要求に応答しつつ経営活動を行う企業の姿である。フリーマンの定義によれば，ステイクホルダーとは「その支持がなければ組織が存在を停止してしまうような集団」であり，顧客，株主，従業員，取引企業，債権者，地域社会，政府などがそれに当たる。たとえば，顧客に対してそれが満足する財・サービスを提供するのはいうまでもなく，従業員には収入の安定と職務に対する満足（自己実現）を保証しなければならない。また，企業に資金を提供してくれた株主や銀行には一定の配当や利子を支払わねばならないし，自らに必要な産業基盤の整備を行ってくれる（中央・地方）政府に対しては利益の一部を割いて納税しなければならない。さらに，フィランソロピー活動などさまざまな地域貢献活動も求められる。

　経済学や経営学においては，ひとまず以上のように企業は説明されよう。だが，無論，上のような経済学的または経営学的な視点からではなく，たとえば法学的視点からなどさまざまな角度から企業を論じることができるし，同じ経営学の領域においても上とは異なるアプローチも可能である。

　そして，一口に企業といっても実際にはさまざまな種類があることに気づく。社会制度としての企業は，次節以降でみるようにいくつかに類型化される（企業形態論の視点）。そして，法人としての（会社）企業は，経済の発展過程に即応してその形態を多様に変化させてくるものである。以下では，そのような

企業の態様について詳しく考察する。

2. 企業の類型

(1) 私企業・公企業・公私混合企業

企業の形態は，まず**経済的形態**と**法律的形態**の2つに分けられる。前者は企業の所有関係すなわち出資者が誰であるかによって企業を捉えたものであり，後者は出資者と企業，出資者相互間の法的関係に着目してみたものである（図1.1）。

経済的形態においては，企業は大きく次の3つに分けられる。

私企業－利益追求を主たる目的として，私人（民間人）によって出資され経営される企業。

公企業－社会全体の利益の追求を目的として，国や地方公共団体が資本を出資し経営する企業。

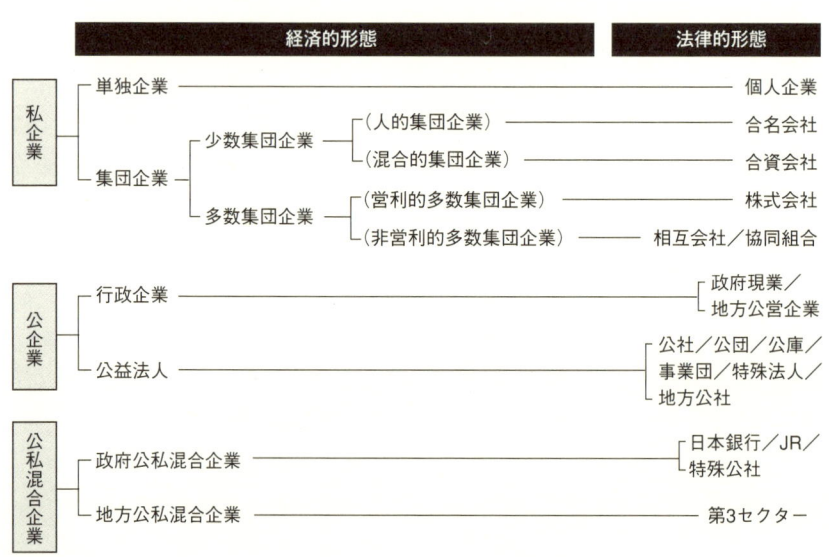

図1.1　企業の経済的形態と法律的形態

公私混合企業 — 民間と国や地方公共団体が共同出資し経営する企業。

(2) 私企業の形態

　私企業は，その出資者の数によって単独企業と集団企業に分かれる。集団企業は，さらに少数集団企業と多数集団企業とに分かれる[3]。少数集団企業と多数集団企業との違いは，前者の規模が多くても数十名にとどまるのに対して，後者が何千，何万にも及ぶ点であり，またその結合の基礎が，前者が人的信用基盤にあるのに対して，後者が物的信用基盤に求められる点にある。

　私企業は，出資者が誰か，またそれが1人か複数といった経済的観点からみれば，このように説明されるが，企業をみる場合，さらに，法的関係に着目してみる必要がある。法律的形態としての捉え方に基づけば，私企業は個人企業，合名会社，合資会社，株式会社，協同組合，相互会社などに分かれる。

1) 個人企業

　単独企業としての個人企業は，土地，生産設備，材料など事業に必要な生産手段を個人が出資し所有し，自ら経営を担当するものである。

　個人企業は，私企業のなかでも多数を占めており，業種的にみれば卸売・小売業，飲食業に最も多く，小規模の商店，町工場などの大部分がこれに当たる。

　個人企業の利点としては，企業主は，生産，販売，財務，人事に至るまで1人で決定しなければならないが，設立が容易であり，個人が出資者かつ経営者であるので他人から制約を受けず，その個人的知識・能力をフルに発揮し，自由に経営できる点がある。

　しかし，個人企業には限界（短所）もある。まず，制度的に考えれば，個人企業は会社企業とは異なり**法人格**[4]をもたない。したがって，原理的には，その利益は企業主＝経営者の個人所得となり，所得税が課せられ，企業それ自体は税金（法人税）を支払わない。所得税は法人税に比べ累進課税を受けるので不利となる。こうして，現在では個人企業を法人とみなして（「みなし法人」），会社として課税することになっている。とはいえ，個人企業は，このように法人格をもたず，もっぱら自然人としての企業主個人に依存しているがゆえに，①多額の資本を集めるのが困難であるし（個人であるための出資能力の限界と

銀行融資の限界)、②債務が生じた場合、企業主は自己の全財産を投じても償わねばならない(**無限責任**)ということになる。さらに③事業主の死や病気が直接企業の存続にかかわってくる。

2) 会社企業

会社とは、商法に従えば「商行為(営利行為)を行うことを目的とする**社団法人**」ということになる。ここでいう「営利行為」とは、利益を確保しそれを会社の構成メンバー(出資者)に分配することである。「社団法人」の社団とは、共通の目的をもって集まった人々の集団、しかもその運営のための組織機構を有する2人以上の集団である。そして、この集団が法律上の権利義務の主体としての資格(法律上で人と同格に扱われる法人格)を有した場合、それは社団法人となる。

このような、社団法人としての会社企業が、合名会社、合資会社、合同会社、(有限会社)、株式会社、である。

企業は、個人企業から、合名会社、合資会社、株式会社へと発展を遂げる。有限会社は株式会社を中小企業向けに簡素化したもので、株式会社より遅れて出てくる(図1.2参照)。ただし、わが国においては2005年公布2006年施行の会社法で有限会社は廃止された。そして、新たに合同会社が登場した。

なお、2004(平成16)年度段階におけるわが国の組織別法人数は表1.1のとおりである。以下、これらの会社企業について考察していこう。

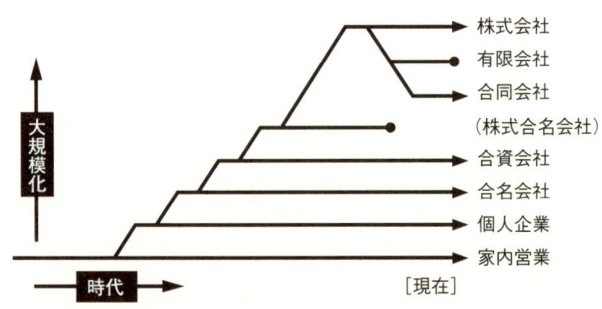

図1.2　会社制度の発展

出所：小松章『企業形態論 第3版』新世社、2006年、p.29

表1.1 組織別・資本金階級別法人数

区　分	1,000万円未満	1,000万円以上1億円未満	1億円以上10億円未満	10億円以上	合　計	構成比
（組織別）	社	社	社	社	社	％
株式会社	4,940	998,551	29,866	7,022	1,040,833	40.4
有限会社	1,346,087	85,852	896	48	1,432,883	55.7
合名会社	6,590	1,168	16	1	7,775	0.3
合資会社	40,678	2,813	12	1	43,504	1.7
その他	19,862	26,533	969	183	47,547	1.8
合計	1,418,157	1,114,917	31,759	7,255	2,572,088	100.0
（構成比）	55.1	43.3	1.2	0.3	100.0	—

出所：国税庁「平成16年度分組織別，資本金別法人数」（国税庁http://www.nta.go.jp）

3）合名会社

　合名会社[5]は，2人以上の社員（法律上の会社の構成員である出資者）が**定款**（会社の目的・組織・経営に関する諸規則が書かれた書類で会社の憲法に相当するもの）を作成すれば成立する。合名会社は，会社形態の最初の段階として，個人企業の直接の結合という形をとり，出資者全員が無限責任を負う。全社員は会社の業務を執行する権利義務をもち経営を担当するものであり，所有（出資）と経営は分離しない。出資は金銭だけでなく，土地・建物，信用，労務でもよい。合名会社は，個々人の人的信用が最も重要視され，社員は血縁関係にある者など，親密な関係にある者によって構成される典型的な**人的会社**である。また，**持分**（社員としての地位）を譲渡するときは，全社員の承認が必要となる。

　このように，合名会社は，出資者間の信頼関係がなければならないので出資者の範囲が限られ，また資本を調達する能力が限られているので規模は小規模にならざるをえない。

4）合資会社

　合名会社の性格は，未だ個人企業の域を出ないものであるが，企業形態上の意義は，個人企業が1人の出資者に限られたものであるのに対して，合名会社は出資者の数が増え資本金の充実が図られたことであった。この点さらに発展させたものが合資会社[6]である。

合資会社は，出資をして経営を行うとともに，会社の債務に対しては自己の財産を充てても弁済の義務を負う無限責任社員と，出資は行うが経営に携わることなく，また出資の限度内で会社の債務に対して責任を負うところの有限責任社員からなる。無限責任社員は出資者であるとともに経営者であり，その点で所有と経営の結合がみられる。有限責任社員は出資者ではあるが，会社の業務執行および代表権はない。この点で所有と経営が分離しているといえる。持分の譲渡は，無限責任社員は他の無限責任社員全員の承諾が必要であり，有限責任社員も無限責任社員全員の承認が必要である。

合資会社は，経営に対して発言権をもたない有限責任社員を認めることによって出資者の数を増やすことができた。とはいえ，有限責任社員も個人的な関係を基礎にしており，人的会社の性格を有するものである。ゆえに社員の範囲はやはり制限されたものとなり，事業規模も大規模とはならない。

5）有限会社

有限会社は，1892年ドイツで法制化されたのが始まりであるとされる。歴史的にみると1602年のオランダの東インド会社を起源とする株式会社制度の後に登場することとなる。

有限会社は，株式会社制度を簡素化して，比較的小規模な企業に適用したものである。すべての社員を有限責任にして，資本金を均一単位に分解し，出資口数に比例して経営に対する支配権を与えるという株式会社の特徴を採用している。

わが国のこれまでの有限会社法に従えば，出資1口は5万円で，出資者数は50人以下，資本の総額は300万円以上であった。持分は，社員相互では自由に譲渡できるが，社員以外の者に譲渡するときは社員総会の承認が必要である。株式会社とは異なり持分の証券化はできない。社員総会は最高意思決定機関であり，社員は出資1口につき1票の議決権を有する。業務執行機関として取締役（1人以上）がおかれ，取締役は会社を代表し，代表取締役と監査役の選任は任意である。

2006年施行の会社法で，有限会社は廃止され，株式会社に一本化されている。当面，有限会社は特例有限会社として現状を維持するか，株式会社に移行するかの選択ができる。これに伴い，株主総会と取締役1人という最も簡素な

形態も認められ，最低資本金額の規制も撤廃されている。

6）合同会社（日本版 LLC：Limited Liability Company）

　合同会社は，2006年の会社法ではじめて登場したものである。合同会社においては，出資者の責任は有限責任であるが，会社の内部関係については合名会社の規律に準ずるものが適用されている。すなわち，対外的には出資者は全員有限責任であるが，会社の内部関係については，合名会社・合資会社との規律の一体化が図られており，業務執行その他の内部規律は定款自治に委ねられ，合名会社のように全社員が業務執行に当たることが原則となる。

　合名会社・合資会社・合同会社三者（**持分会社**[7]）間の組織変更は可能であり，社員の変更が発生しても企業の維持は容易となる。なお，民法上の組合の特例として**有限責任事業組合**[8]も創設されている。

7）株式会社

　株式会社は，不特定多数の人から巨額の資金を集めることができ，大企業に適した企業形態である。わが国では，株式会社は1872（明治5）年の国立銀行条例によって制度的に完成した。その構造は後に詳しく考察することにして，ひとまず，その基本的特徴を示せば次のようになる。

　株式会社は，株式（証券）を発行し，その譲渡を制限せず自由にすることにより多数の出資者から資本を集め事業活動を行えるようにしたものである（**資本の証券化**）。しかも，それは合名会社や合資会社にみられるような社員の無限責任制を廃止し，有限責任の社員のみで構成する。したがって，親密な関係にある少数の人々に出資者が限定され，企業活動の範囲が制限されるといった問題はなくなる。典型的な**物的会社**である。こうして，多額の資本の調達が可能となるが，それは証券市場の発達に伴う株式取引の活発化によってより確実なものとなる。

　さらに，株式会社においては，企業規模の拡大に伴い社員数が増大すれば当然すべての社員が業務執行の意思決定・諸問題の解決に参加・関与できない状態が生まれる。そこで，この問題に対処すべく重役制度が導入される。すなわち，株主により選任される取締役に経営の全権を委譲する制度である（**所有と経営の分離**）。こうして，株式会社では企業経営の専門化が推し進められ，より合理的な企業経営が可能となる。

8) 相互会社

　相互会社は，保険業法により保険事業を営む企業にだけ認められた形態であり，多数の保険加入者が保険料を拠出し，事故発生の際はそれより補償を受ける相互扶助の目的で設立された。相互会社では，保険事業の顧客である保険加入者自身が，同時に社員として会社を構成することとなる。社員は保険料を限度とする有限責任を負う。法定の最高議決機関は社員総会であるが，実際には社員総代会である。近年では株式会社に転換する相互会社が増加している。

(3) 公企業と公私混合企業の形態

1) 公企業

　わが国は資本主義体制であり，生産手段を私有する私企業が圧倒的多数を占める。しかしながら，経済活動をすべて営利を目的とする私企業のみに任せておくと，社会的にみてそれが必要であっても，私企業の資金調達能力を超える投資，利益が計上できるまでに長い期間を要する投資，政治的・社会的環境が不安定でリスクが高い投資など，投資意欲を削ぐような分野への投資は回避される可能性があり，社会全体としての資源配分に歪みが生じるおそれがある。そこで，このような分野には国または地方公共団体の出資による公企業の設立が必要とされる。公企業は，次のように2つに分かれる。

　①行政企業 – 国または地方公共団体の行政組織の一部として運営される直轄事業であり，所有と経営が一致した企業体である。現在，国レベルでは，林野庁が担当する国有林野事業のみであるが，地方公共団体レベルでは，水道事業，鉄道，自動車運送（バス），病院など多数の事業が営まれている。

　②公共法人 – 公社，公団，事業団などの名称のものがそれである。特別法によって設立される特殊法人で，所有者としての国や地方公共団体から独立し，独自に運営が行われ，法人格をもつものであった。高度成長期に多数設立され，最大時では100を超えていた。しかし，1990年代に整理・統合され，その多くは**独立行政法人**もしくは株式会社（特殊会社）に移行した結果，2006年10月現在，1公社（郵政公社），6公庫（国民生活金融公庫，住宅金融公庫，農林漁業金融公庫，中小企業金融公庫，公営企業金融公庫，沖縄振興開発金融公庫），1金庫（商工組合中央金庫），2銀行（国際協力銀行，日本政策投資銀行），1事

業団（日本私立学校振興・共済事業団），その他8となっている。

　このような公企業の特徴は，所有形態が「公的所有」であり，その事業内容が公共の福祉の増進という「公共目的」を有するという点にあった。また，それは「自主採算制」に基づいて経営がなされるべきであるという原則にたっていた。だが，わが国の公企業は，従来から自主的管理体制ならびに管理意識の欠如，運営の非効率が問題となっていた。そのひとつの理由は，独占的事業となっているがために競争原理が働かない点，したがって私企業のような企業努力がみられない点にあるとされ，1980年代になると民営化が推し進められてきた。その先駆けが，1985年4月の日本電信電話公社の日本電信電話株式会社（NTT）への，そして日本専売公社の日本たばこ産業株式会社（JT）への移行であった。1987年4月には，日本国有鉄道がJRとして6つの旅客鉄道会社と貨物鉄道会社とに分割民営化された。

　このように国有の3公社は，株式会社形態を採用することによって，民間の資本を導入し，特殊会社として公私混合企業の形態をとるに至っている。

　そして，2005年10月，日本道路公団が将来の民営化をめざして東日本高速道路株式会社・中日本高速道路株式会社・西日本高速道路株式会社の3会社に分割された。また，現在，行政企業（政府現業）の典型だった郵政事業も民営化の流れのなかにある。2003年に郵政事業庁は行政機関から独立して郵政公社に改組された。さらに，2005年成立の郵政民営化法によって，2007年10月から郵便，郵便貯金，簡易保険，窓口サービスの4事業を分離し，それぞれを引き継ぐ4つの株式会社とそれらを統括する持株会社の日本郵政株式会社からなる個別企業集団に転換した上で，2017年をめどに完全民営化することになっている。

2）公私混合企業

　公企業は，社会全体の利益（公共の福祉）を重視する反面，私企業にみられるような経営の合理化努力を怠りがちである。そこで，国または地方公共団体による出資と重要人事への介入という形で経営にかかわりつつ公共性を維持するとともに，民間からの出資と経営参加を仰ぐことで，経営の合理化，能率の向上をめざそうとする動きが出てくる。こうして生まれてきたものが公私混合企業である。

公私混合企業には，上のように国営または公営の事業の民営化の形をとるものもあれば，その事業開始時から半官半民の株式会社の形をとっているものもある。たとえば，日本銀行が後者の例である。日本銀行は，1882年に日本の中央銀行として設立されたもので，出資者は国（55％出資），地方公共団体，金融機関・証券会社，その他の法人，個人などで，半官半民の形をとっている。また，地方公共団体（第1セクター）が行政のスリム化と民間活力の導入をめざして，民間（第2セクター）と共同出資で事業を起こすような第3セクター形式のものもある[9]。

3. **株式会社とその構造**

(1) **株式会社の資本**

会社が活動するには何よりもまず元手となる資本が必要である。その資本を広く株主から調達するのが株式会社というシステムであるが，では株主の出した資金は株式会社のなかでどのような位置を占めているのであろうか。

まず，株式会社を運営する元手である資本は，**自己資本**と**他人資本**の2つに分かれる。自己資本は自ら所有している資本であるのに対して，他人資本は，一定期間にわたり第三者から利子を払って借り受けた資金である。

具体的には，自己資本は資本金・法定準備金，内部留保などで構成され，他人資本は社債と借入金からなる。このうち社債は会社が債券を発行して調達した資金であり，借入金は金融機関から借り受けた資金である。したがって，返却の必要がない自己資本とは異なり，他人資本である社債と借入金は将来，元本に利子を付けて貸し手に返却しなければならない。会社が活動するにはまず自己資本がなければならないが，それで足りなければ利子を払って他人資本が導入されることになる。

では，出資者＝株主から調達された資金は，会社の資本のどの部分に相当するだろうか。まず，株主の出資がその会社の資本金となる。つまり，株式会社の資本金は，原則としてその発行済み株式の発行価額の総額（発行価額×発行株数）ということになる。たとえば，500円の株式を20万株発行して設立されたのであれば，その会社の資本金は1億円である。

この資本金はどのような意味をもっているのであろうか。それは，株式会社が全社員の有限責任制をとっているため，もし会社が経営難に直面した時など，資本金が会社の債権者を保護するために最低限保持しておくべき会社財産だということである。株式会社は典型的な物的会社であると先に述べたが，それはこのように会社財産が信用と社会的評価の基礎となっているということであり，資本金こそがその信用の最低限の目安ということになる。

　通常，株式会社の資本調達とその蓄積のメカニズムは次のようになっている。①株主が資本金を出資する→②それにより信用の基礎ができる→③負債を借入れる（他人資本の導入）→④総資本で事業を営む→⑤利益が出る→⑥その利益を留保する→⑦自己資本が増える（資本金＋留保利益）→⑧増大した自己資本分だけ信用が増大する→⑨さらなる負債の借入れを行う→⑩増大した総資本で事業を営む……。こうして，株式会社の資本は増大し，事業は拡大していくわけであり，その出発点にある最初の「出資」＝資本金の大きさが事業規模を規定する。

(2) 株式の意味

　株式会社における出資金は，均等に小さな単位に分割されている。この分割された単位が「株式」(stock, share) である。そして，この株式は，株式会社の社員（出資者）すなわち株主としての地位を表すものであるが，これを証券として明記したものが株券（出資証書）である。したがって，株主は，株券を所有していることによって，会社の財産に対する所有権や利益に対する請求権をもつことになる。たとえば，ある会社の株式を2,000株所有するAさんは，2,000株分の社員としての地位をもつことになる。発行株式数が10,000株であれば，その会社に対して20％の所有権をもっていることになり，株主総会においては1人で議決権の20％を占めることになる。

　日本の株式は，額面株式でその金額は決まっていた。たとえば，1899（明治32）年の商法では1株額面20円以上，1950（昭和25）年の改正商法では50円以上，1981（昭和56）年の改正商法で1982年10月以降設立される株式会社は5万円以上となったが，2001年の商法改正によって，会社の発行する株式はすべて**無額面株式**になった。額面株式と無額面株式の違いは，前者がその額面の

総額が資本の最低限を示すという点にあるが、その実質的な意味が問われてきた。そして、何よりも問題なのは、額面があることにより実際の株価が額面割れを起こした会社は、資金調達が困難になるということである。そのため、額面株式を廃止し、すべて無額面株式として統一されることとなった。

(3) 有価証券としての株券の流通

株券は、自由に株式市場を流通するところの有価証券である。出資者は、その意に従い、株券を購入することによって特定企業の株主になりうるし、株券を第三者に売却または譲渡することで自由に株主としての地位を放棄することができる。ただし、後にふれるように2006年施行の会社法では、その株式の譲渡を制限することができる株式譲渡制限会社を認めており、この説明が妥当しない会社も存在する。

株券を公に売買できる市場は、6つの証券取引所（東京、大阪、名古屋、福岡、札幌、ジャスダック）である。この中で最も規模の大きいのは株式売買高のほぼ90％（ジャスダックは除く）を占める東京証券取引所である。また、東京、大阪、名古屋には1部市場と2部市場がある。個人投資家が株券を売買する場合は、証券会社を通じて行う。つまり証券会社に証券取引所で買付けや売付けを委託することになる。

この証券取引所に登録され、自由に売買される株式を上場株式、それを発行している会社を上場会社という。株式を上場（listed）するのには厳しい審査基準が設けられており、高い実績と内容が求められる。したがって、株式を上場することができた会社は、一流企業のおりがみがつけられ社会的評価も高まる。そして、株式を市場で売却すること（時価での換金）が容易になり、増資や金融機関からの借入れがやりやすくなるなど、経済的利益がもたらされる。

また、最近まで日本証券業協会によって開設されていた店頭市場があり、これはJASDAQ（ジャスダック）市場と呼ばれていた。これは、証券会社の「店頭」で顧客が株の売買の希望を出すと、証券会社がその情報を他社に流して売買を成立させるというしくみである。ここでは純資産が2億円以上など一定の基準を満たさなければならなかったが、証券取引所への上場ほど厳しくはなかったため、多くの新興・中堅企業がこの市場を利用した。だが、2004年12月

に株式会社ジャスダック証券取引所が誕生し,従来の店頭公開会社はなくなり,すべて上場会社になった。

2006年10月現在,わが国の株式会社は100万余社あるが,うちジャスダックを除く5証券取引所の上場会社総数は4,059社,ジャスダック上場会社は969社である[10]。このように上場会社はほんの一握りの株式会社である[11]。

なお,2009年よりこのような上場会社の株券は電子化(ペーパーレス化)が図られることになっている。すなわち,株券を前提として行われてきた株主権の管理を証券会社等の金融機関に開設された口座において電子的に行うことが予定されている。

(4) 株式会社の機関

株式会社の支配と経営は,株主総会,取締役会,代表取締役,監査役などの**機関**を通じてなされる。なお,持分会社(合名会社,合資会社,合同会社)には,このような機関という概念がない。従来のわが国の株式会社の基本形ともいうべき監査役設置会社の機関について,考察してみよう。

これらの株式会社における機関の関係は民主政治における三権分立のそれに類似している(図1.3)。

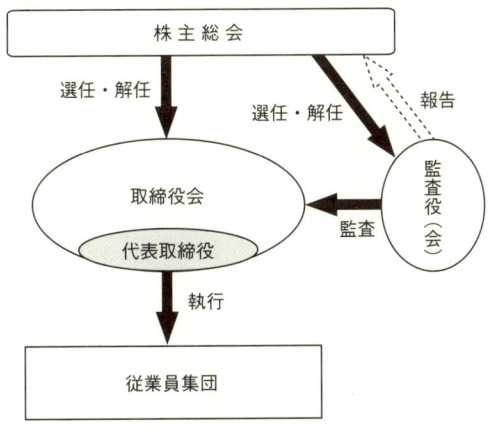

図1.3 監査役設置会社の機関

1) 株主総会

　株式会社の出資者＝所有者である株主を構成員とする株主総会は，最高の意思決定機関である。議決は1人1票ではなく**1株1票決議の原則**で行われる。株主総会の議決を必要とする事項は，①定款の変更や他社との合併などのように会社の存立や株主の権利に重大な影響を及ぼすもの，②取締役・監査役の選任・解任および役員報酬の決定，③決算の承認と利益配当の決定などである。

　日本の大企業の株式（発行株式）は，銀行や保険会社の**機関投資家**や企業の保有する比率が高く，株主総会に個人投資家の意見が反映されることは少なかった。また，一般株主は株主総会に概して無関心で，株主総会に出席する株主も少ない。取締役，監査役はほとんどが社内人事で決まり，株主総会は形骸化し，取締役会の意向を追認する場となってきた。

2) 取締役会

　取締役は3人以上で任期は2年である。株主である必要はなく，社内の従業員であるか，社外の人であるかは問われない。この取締役たちによって構成され，会社の業務執行に関する意思決定を行うのが取締役会である。取締役会における重要決定事項は，①代表取締役の選任・解任，②管理職などの選任・解任，③重要な組織部門の設置・改廃，④新株・社債の発行，⑤会社と取締役との間の訴訟について会社を代表するものの選任などである。

　この取締役会によって選任され，取締役会の決定に従い，実際の業務執行を担当するのが**代表取締役**である。代表取締役は対外的に会社を代表し，その行為は法人としての会社それ自体の行為となって法的に効力をもつこととなる。代表取締役は，取締役の中から1名または複数が選任される（員数に定めはない）。通常，代表取締役の座に社長がつく。社長は会社のトップであるが，この「社長」という呼称は社内の職階を示すものであり，その権威が保証されるのは代表取締役の肩書きによるともいえる。なお，わが国の場合，社長のほかに，会長，副社長，専務取締役などが代表取締役に選ばれる場合がある。

3) 監査役

　監査役は，株主総会で選任され，会計監査と取締役の業務執行を監査することを任務とし，任期は4年である。監査役の員数は，**大会社**（資本金5億円以上または負債総額200億円以上の会社）は3人以上，**中小会社**（資本金5億円

未満かつ負債総額200億円未満の会社）は1人以上でよい。さらに，大会社の場合，監査役の過半数に会社の内部出身者でない社外監査役が必要となり，監査役会の設置が義務づけられている。

4．株式会社の新動向―会社法施行に伴う変化―

(1) わが国における企業統治の問題点
1）わが国のトップマネジメントのあり方

わが国の株式会社（監査役設置会社）の取締役会の問題点として次のような点が指摘されてきた。

①その構成員のほぼ全員が**社内取締役**であり，そのほとんどが業務執行担当者でもあるために，意思決定と業務執行の分離がみられないこと。さらに，取締役会の業務執行担当者に対する監視機能が働かないこと。

②構成員が多いため迅速な意思決定が行えないこと。また，十分に議論が尽くされず取締役会そのものが形骸化してきたこと。ここに，法定の機関ではない**常務会**[12]が設置される背景があった。

③社長の権限が極めて強く，社長＝代表取締役を頂点とした取締役の序列，

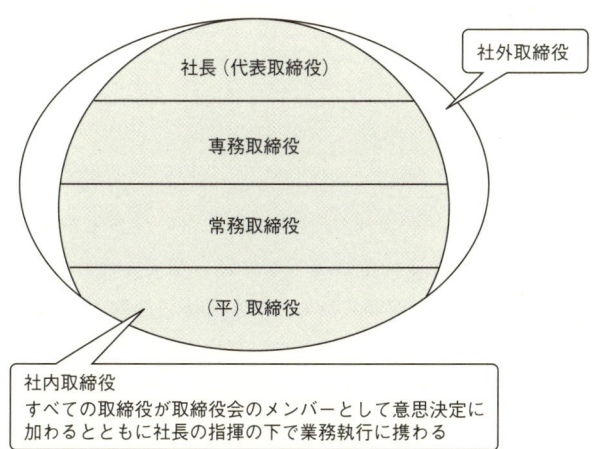

図1.4　わが国の取締役

すなわち社長をトップに，(副社長)，専務取締役，常務取締役，(平)取締役といった社内取締役の序列が，形成されていること。さらに，**社外取締役**が極めて少なく閉鎖的な組織文化が生み出されやすいこと（図1.4）。こうした環境がともすれば企業不祥事への不適切な対応を許していること。

また，監査役についても，以下の点が指摘されている。

すなわち，わが国の企業では，監査役はこれまで内部昇進がほとんどで，その人事権は社長を中心にした一部の重役に実質的に掌握されており，しかも監査役が社内役員の中においてその位置づけが相対的に低く評価されることもあって，強力な権限をもって社長ほかトップマネジメントの業務執行を監査することができないということである（閑散役と揶揄されるほどである）。

2) 執行役員制と社外取締役

上述のような取締役会に関する問題を解決するために，**執行役員制**が多くの企業で導入されている。執行役員制は1997年にソニーによってはじめて導入された。業務執行を担当してきた多くの取締役がその任を解かれ，新たに設けた執行役員に任命され，業務執行のみに専念することとなった。こうして，意思決定および経営監督と業務執行との分離が明確になった。また，取締役の員数が減少したことにより，意思決定の迅速化が図られた。そして同時に，ソニーにおいては社内不正の監視を意図して社外取締役も登用された[13]。イギリス，アメリカなどでは社外取締役は取締役会の過半数を占めるのが一般的であり，しかもそれら社外取締役はその会社や経営者と利害関係をもたない独立取締役である。

(2) 委員会設置会社

わが国では，このようにトップマネジメントの改善をめざして，執行役員制の導入が図られ，社外取締役の採用が推進されてきたわけであるが，2002年の商法改正では，新たな機関設計の型である委員会等設置会社が登場した。これは，アメリカ型企業統治モデルともいうべきものである。なお，この委員会等設置会社という名称は，2006年施行の会社法では委員会設置会社に変更されている（以下では委員会設置会社と呼ぶ）。

この委員会設置会社は，大会社（資本金5億円以上または負債総額200億円

以上の会社)での導入を予定したものであるが,経営・監視の機能と業務執行の機能が明確に区分され,経営監視機能が強調される。なお,ここでは監査役は廃止されている。

委員会設置会社の機関について説明すれば以下のようになる(図1.5)。

①**株主総会**－従来の株式会社と同様であるが,取締役の任期が1年と短くなったため,取締役へのチェックを頻繁にできるようになる。

②**取締役会**－権限は業務意思決定と個々の取締役および執行役による職務執行の監督である。この点では従来までの取締役会と変わらないが,委員会設置会社における取締役は原則として業務執行はできない。また,社外取締役を2人以上選任する必要があり,この社外取締役が業務適正化の要となっている。そして,取締役会の中には,株主総会に提出する取締役の選任・解任に関する議案内容を決定する**指名委員会**,取締役と執行役の報酬内容を決定する**報酬委員会**,取締役および執行役の職務が適正かどうかを監査する**監査委員会**の3つの委員会が設置される。各委員会とも委員は3人以上で,過半数は社外取締役でなくてはならない。

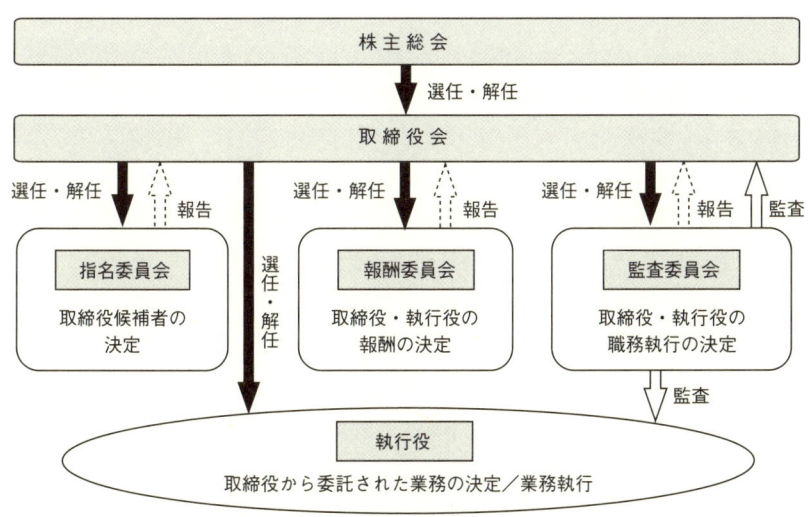

図1.5 監査役設置会社の機関

③**執行役**－取締役会での決定事項を執行するもので，会社を代表する権利をもつ代表執行役が置かれる。任期は1年である。代表執行役は委員会を設置しない通常の株式会社にいう代表取締役に対応する。

　経営・監視の機能と業務執行の機能とを明確に区分し，経営監視機能を強化するために導入された委員会設置会社であるが，現在のところ監査役設置会社から移行する会社は少ない。2005年末段階では，この型を選んだ会社は東証1部50社，その他17社，合計67社である。具体的には，日立，東芝，三菱電機，ソニーのように，アメリカ市場への依存度が高く，以前よりニューヨークの株式市場に上場しており，株価が外国株主の決定的な影響を受ける会社などにみられる[14]。

(3) 会社法施行と多様な機関設計

　従来，わが国においては会社法という名称の法律は正式には存在しなかった。商法の「第2編会社」や有限会社法などを総称して「会社法」と呼んでいた。2006年施行の（新）会社法[15]は，商法「第2編会社」，有限会社法，商法特例法，商法施行法などを再編成して一本化したものである。

　（新）会社法では，有限会社の株式会社への統合，合同会社や有限責任事業組合の導入など，日本の会社制度全体の見直しが図られた。株式の譲渡制限のない大会社は，従来型の監査役設置会社と委員会設置会社のいずれかを選択しなければならないことになった。そして，表1.2のように，規模の大小（大会社か中小会社か）と，その株式の譲渡制限の有無（その株式が自由に譲渡できる会社＝「**公開会社**」か，自由に譲渡できない会社＝「**株式譲渡制限会社**」か）[16]を基準にして4つのタイプに会社が区分される。

　つまり，①大会社で公開会社の場合，②大会社で株式譲渡制限会社の場合，③中小会社で公開会社の場合，④中小会社で株式譲渡制限会社の場合である。それぞれにおいていくつかの機関設計が認められることとなった。

　いずれのパターンにおいても株主総会と取締役は最低必要条件であるが，その他の機関の設置はパターンによってさまざまである。たとえば，株式譲渡制限会社の場合についていえば，取締役会については任意である。中小会社では，株主総会と取締役（1名）という極めてシンプルな形態を選択することが可能

表1.2　2006年施行の(新)会社法における機関

	大会社以外（中小会社）	大会社 （資本金5億円以上または負債200億円以上）
株式譲渡制限会社	①取締役　● ②取締役＋監査役 ※1　● ③取締役＋監査役＋会計監査人 ④取締役会＋会計参与 ※2 ⑤取締役会＋監査役 ※1 ⑥取締役会＋監査役会 ⑦取締役会＋監査役＋会計監査人 ⑧取締役会＋監査役会＋会計監査人 ⑩取締役会＋3委員会＋会計監査人	①取締役＋監査役＋会計監査人 ②取締役会＋監査役＋会計監査人 ③取締役会＋監査役会＋会計監査人 ④取締役会＋3委員会＋会計監査人
公開会社	①取締役会＋監査役 ②取締役会＋監査役会 ③取締役会＋監査役＋会計監査人 ④取締役会＋監査役会＋会計監査人 ⑤取締役会＋3委員会＋会計監査人	①取締役会＋監査役会＋会計監査人 ②取締役会＋3委員会＋会計監査人

(注)　※1＝定款で監査役の権限を会計に関する事項に限定することも可能。
　　　※2＝会計参与は原則いずれかの機関設計で認められており，会計法では株式会社でも認められる。
　　　●＝従来の有限会社で認められており，新会社法では株式会社でも認められている。

である。これは，株式会社に移行した有限会社の場合にみられるだろう。大会社でも株式譲渡制限を行えば，監査役と会計監査法人は必要だが，取締役（1名）だけの場合もありうる。つまり巨大企業が100％出資する子会社の場合などがそうであろう。

　表1.2のような機関設計の基本パターンが考えられるが，**会計参与**[17]はどの機関設計でも認められ，また中小会社で株式譲渡制限会社の場合，総株主の同意があれば株主総会も省略できるなど，さまざまなケースが想定される。あらゆる条件を加味して考えれば，全部で39の機関設計のパターンが可能となる[18]。同じ株式会社といっても，巨大企業から零細企業までがその中に含まれており，それぞれの会社の性格の違いを反映した機関設計ができるようになっているのである。

だが，いずれにしても，所有者である株主の利益を実現すべく，経営の意思決定とそのチェックが適切に行われるべきという考え方に基づいている。

注
（1）小松章著『企業形態論（第3版）』新世社，2006年，pp.2-3。
（2）ただし，近年の「企業の経済学」では，企業組織そのものが研究対象として積極的に取り上げられ，いくつかの理論も出てきた。エージェンシー（代理人）理論などはその例である。
（3）少数集団企業は，出資と経営が一致するか否かで，出資者のすべてが経営機能を担当する人的集団企業（法的形態の合名会社に相当する）と，出資者の一部が経営機能を担当し，他の者は担当しない混合的集団企業（法的形態の合資会社に相当する）に分かれる。多数集団企業は，出資者と企業が生み出す財とサービスを利用するものが一致するか否かで，営利的多数集団企業（経営活動から生じる利潤の獲得を目的とする企業）と非営利的多数集団企業（企業の給付を自ら利用しようとして創設した企業）に分かれる。多数集団企業では出資と経営機能は分離している。営利的多数集団企業は資本的集団企業とも呼ばれ，法的形態における株式会社に相当する。非営利的多数集団企業には，経済的弱者が連帯して結成する非営利目的の民間事業組織である協同組合と相互保険事業を営むための相互会社がある。
（4）法人であるということ＝権利義務の主体となるということは，法人自身がその名前で土地を買い，商品を売るなどの取引行為ができるということである。たとえば，大学の同好会など親睦団体は法人としての資格を認められないので，団体の名前で銀行に預金口座を開くことはできないが，法人としての会社は，個人と同じようにその会社名で口座を開くことができる。
（5）合名会社の起源は，中世の内陸商業都市にみられたソキエタス（societas）という共同企業形態であるといわれている。このソキエタスは，成員相互の家族的相互信頼を基礎とした人的結合形態ともいうべきものであった。これを起源として，すべての出資者が無限責任を負って，共同して企業の経営に当たるという人的集団企業としての合名会社が生まれた。
（6）合資会社の起源は，中世イタリアの海岸商業都市で発達したコメンダ（commenda）に求められる。コメンダはある種の委託関係を意味する言葉である。当時のイタリアの海岸商業都市では，委託者に商品や資本を委託し，その事業から得られる利益の配分と損失の分担について契約が交わされた。その際，海上貿易者は無限の責任を負うのに対して，委託者は委託した商品または資本の限度内で責任を負うものであった。これが後に合資会社の形態に発展していく。
（7）合名会社・合資会社・合同会社の3つの会社を総称して持分会社と呼ぶこととなり，適応される規則も統一された。
（8）有限責任事業組合（日本版LLP：Limited Liability Partnership）は，法人税が課されず，出資者はすべて有限責任ということで，企業間連携や産学連携が促進されることが期待されている。
（9）いくつかのテーマパークは官僚の甘い事業見通しのために膨大な累積赤字がかさみ経営破綻に陥った。公企業と同じく第3セクターにおいても公共性と収益性の両立は極めて難しいのが現実である。

旧会社法（商法第2編，有限会社法，商法特例法）		有限・株式会社統合	新会社法
有限会社	株式会社		新しい株式会社（有限会社型株式会社も誕生）
300万円	1000万円	最低資本金	なし（新事業創出促進法での特例1円企業が）恒久化
取締役会なし，監査役なし	取締役会と監査役必置	機関	新設の「会計参与」の活用など機関設計を柔軟化　39通り
1人以上	3人以上	取締役数	取締役会を置かない譲渡制限会社は1人以上 置く場合は3名以上
なし	2年	取締役任期	原則2年，譲渡制限会社は最長10年まで延長化
なし	4年	監査役任期	原則4年，会計参与は原則2年 譲渡制限会社は最長10年まで延長化
社員の責任が有限	有限責任	株主の責任	有限責任
不可	可	社債発行	可（有限会社型株式会社も可能）
不可	可	新株予約券発行	可（有限会社型株式会社も可能）
なし	あり	決算広告義務	あり
なし	あり（大会社は強制設置，中会社は任意）	会計監査人制度	あり（大会社は強制設置，それ以外は任意）
特段の定めが置ける	特段の定めが置けない	定款に定める議決権	譲渡制限会社に限り，特段の定めが置ける
持ち分の譲渡は社員総会の承認		その他	取締役会の書面（社内LAN・メール）決議が可能
なし		新設	合同会社（LLC）出資者の有限責任が認められ， 社内の内部規律は組合規律を適用
合資会社（無限責任社員と有限責任社員が混在） 合名会社（無限責任社員のみより構成）		統合	合名・合資会社を一体化 （有限会社責任社員のいない合資会社が合名会社）

図1.6　2006年施行の（新）会社法における機関

出所：『週間東洋経済』2005年5月28日号（一部修正）

(10) なお，これらの証券市場のほかに，新興企業向けの市場として 1999 年に東京証券取引所にマザーズ，2000 年に大阪証券取引所にナスダック・ジャパンが創設された。ジャスダック，東証マザーズ，大阪ヘラクレスは新興 3 市場と呼ばれている。さらに，名古屋証券取引所にはセントレックス，札幌証券取引所にはアンビシャス，福岡証券取引所には Q ボートといった新興企業向け市場が開設されている（2006 年 9 月現在で，これら新興市場の上場会社数は 349 社）。こうして創業間もないベンチャー企業にも短期間で株式公開を可能にする環境が整えられてきている。

(11) 大企業は概して上場企業とみてよいが，会社の業績，規模からみて，十分に上場できるにもかかわらず，未上場の会社もある。サントリー，YKK，竹中工務店，出光興産，JTB，日本 IBM，朝日新聞などがそうである。

(12) わが国企業の取締役会は，構成員が多く迅速な対応ができにくいこと，開催も月 1 回程度であり，議論も活発ではないなど，その形骸化が指摘されてきた。そこで多くの会社では，常務取締役以上の役員で構成される常務会が設置され，これが実質的な会社の意思決定機関として機能してきた。取締役会はこの常務会の決定を追認する場となったといっても過言ではない。なお，常務会は法定の機関ではないため，その名称は会社によって異なり経営会議や戦略会議と名づけているところもある。

(13) ソニーは 1997 年 6 月，38 人いる取締役を 10 人に減らし，うち社外取締役を 3 人採用するという改組を行った。取締役会のスリム化を図り活性化をめざすとともに「日本企業の取締役会は社内の不正を監視しきれないし，議論も十分でない。ソニーは社会重役の登用を生かし，健全な経営を保ちたい」（当時の副会長談）とした（日本経済新聞，1997 年 5 月 23 日）。

(14) ロナルド・ドーアは，委員会設置会社を採用した会社の中に，この制度の趣旨とは直接関係ないものも含まれることを指摘している。たとえば，日立製作所は本社の部長を子会社の社外取締役として送り込み「系列固め」の手段として利用している（ロナルド・ドーア『誰のための会社にするか』岩波書店，2006 年，p.89）。このように，社外取締役や執行役員制も含め，新制度の採用には，その本来の趣旨は異なる企業（経営者）の意図があるのも事実である。

(15) 旧会社法と新会社法との関係を示せば図 1.6 のようになる。

(16) 公開会社といった場合，従来は上場会社を指していた。ここでいう公開会社は，その株式を自由に譲渡できる会社の意味で，上場会社だけに限らない。株式譲渡制限会社は，その株式の譲渡を勝手にできない会社のことで，定款で譲渡の制限（会社の承認が必要など）を定めている会社である。会社にとって好ましくない株主を会社に参加させないために株式譲渡制限会社になる方法が選択されるだろう。新しい会社法では株式譲渡制限をしているか否かで，さまざまな面で異なる規定がなされている。

(17) 取締役や執行役と一緒に会社の計算書類を作成したり，株主の要求に応じて株主総会で計算書類について説明できる公認会計士や税理士などの専門家。

(18) 『週刊東洋経済』2006 年 4 月 1 日号，p.39．

参考文献
秋山義継・藤森保明編著『現代経営学』八千代出版，2006 年
ドーア，R.『誰のための会社にするか』岩波書店，2006 年

釜賀雅史『現代の企業と経営』学文社，2003年
神田秀樹『会社法入門』岩波書店，2006年
岸田雅雄『ゼミナール会社法入門（第5版）』日本経済新聞社，2006年
小松　章『企業形態論（第3版）』新世社，2006年
松本芳男『現代企業経営学の基礎（改訂版）』同文舘出版，2006年
三戸　浩・池内秀巳・勝部伸夫『企業論（新版補訂版）』有斐閣，2006年
佐久間信夫編『よくわかる企業論』ミネルヴァ書房，2006年
宍戸善一『会社法入門（第5版）』日本経済新聞社，2006年

第Ⅱ章
企業の組織形態

1. 組織の基本構造

(1) 組織とは

　近代的組織論の代表的な研究者であるバーナード（C. I. Barnard）は，組織とは「二人以上の人々の意識的に調整された活動や諸力の一体系」[1]と定義した。では，企業の経営組織は，具体的にどのようになっているものか，例をあげて考察していこう。

　生花店の例で組織の生成発展過程をみていくこととしよう。たとえば，フラワーアレンジメントを学んだＡさんが，個人で生花店を始めた。預金したお金を自己資本（元手）とし，不足した資金は銀行から借り入れスタートしたとする。この生花店は，はじめＡさんが１人できりもりした，つまり１人で経営者と従業員をかねてすべての仕事をした。やがて，アレンジメントやサービスの良さで客が増え，売上げが伸び利益が着実にあがるようになり，Ａさんはお店を拡大することにした。そうなると，１人雇い入れる必要が出てくる。

　従業員を１人雇い入れることになると，ここに組織の問題が発生する。いままで１人でやっていた仕事をどのように分化させるのかという役割分担に関する問題である。たとえば，Ａさんは主にフラワーアレンジや生花の仕入れ，帳簿の管理を担当し，配達は新たに雇った従業員がもっぱら担当するということも考えられるだろう。そして，さらに繁盛してくると，店頭でフラワーアレンジメントを行う従業員がさらに必要になってくる。こうして，この生花店は１

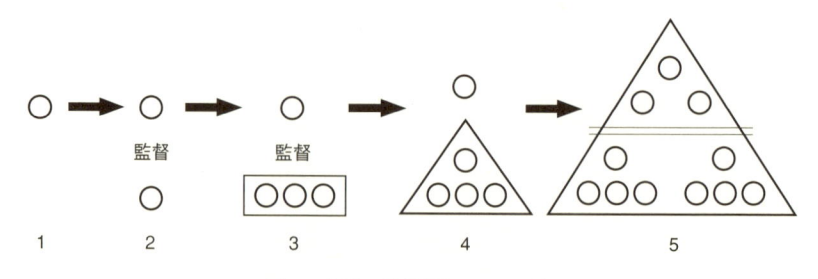

図2.1　組織の発展過程のイメージ

　人1人と従業員が増えていき，いつしか多数の従業員を抱える組織となっていく。
　ここで役割をみていくと，初期の段階では，Aさんが直接管理することが可能であるが，図2.1の④段階のようになると，従業員をまとめる専門の管理者をおく必要が出てくる。1人の人間で多数の従業員を監督するのは難しいからである。さらに，従業員の規模が拡大すると，図2.1の⑤のように階層に分かれてくる。
　ここで，組織論的にこのお店の現象をみると，最終的に1人の従業員が分担すべく分割された仕事の単位が課業（task）と呼ばれるものである。また，組織が拡大し，いくつかの同種類の課業が生み出されてくるが，それを総称して職務（job）という。その職務を分担する地位が職位（position）である。
　職位は，組織の上下関係を規定するだけではなく，職位相互間の関係をも規定する。したがって，当然そこに「権限」と「責任」の問題も発生してくる。

(2) 組織編成の原則

　これら組織には留意すべき一定の原則があるとされる。組織原則といわれるもので，ファヨール（H. Fayol）[2]をはじめいく人かの研究者によって指摘された経験則である。後にサイモン（H. Simon）[3]は，それらの原則について相互に一貫性がないことなど批判を加えたが，組織作りをするための指針としての一定の有効性は今日でも認められている。
　組織原則は，論者によって若干異なるところもあるが，一般的にあげられる

ものは以下のようなものである。

①仕事主義の原則：企業組織は，あくまで企業目的の達成に必要な仕事のみによって編成されるべきであるという原則である。たとえば，具体的な人物の存在を念頭におき，その人物をある一定の地位につけることを前提とした上での組織編成を行ってはいけないということである。この原則が堅持できない場合，企業目的の達成はおろか，組織秩序も維持できないことになりかねない。

②専門化の原則：仕事を細分化して特定の仕事に専念することにより，それを担当するものは専門性が向上して効率が高まるというものである。

③例外の原則：日常的に生ずる定型的な仕事は，すべて下級職位の職務として委譲し，上級の職位の職務内容はできるだけ非定型的な，例外的な仕事の処理を中心にすべきであるということである。

④管理範囲の原則：1人の管理者が効果的に統制できる部下の数には一定の限界があるという考え方である。この有効に管理できる範囲を管理範囲（span of control）という。適正な管理範囲を超えると，すべての部下とはコミュニケーションをとることが難しい。逆に，適正な管理範囲より部下が少なければ，管理者の数が増え階層化が行き過ぎて，情報伝達が遅くなり正確さを欠きデメリットにもなりうる。したがって，組織編成にあっては，適正な管理範囲において人員配置を行わねばならず，この適正な管理範囲は，職務内容に応じて異なってくるものであり，一般的には単純な業務の場合で10名から20名，複雑な業務では5名程度とされている。

⑤責任・権限明確化の原則：職務を設定するに当たって，責任と権限を明確にしなければならないという原則である。この責任（responsibility：職務遂行の義務）と権限（authority：職務遂行の権利または権力）とは，表裏の関係にある。このため権限を伴わない責任や，責任を伴わない権限は有効ではない。したがって，そのような権限，責任を付与してはならない。また，これらの責任や権限の基礎となる職務について，内容的に重複があってはいけないとされる。

⑥命令一元性の原則：組織の秩序を維持するために，命令はただ1人の上司からのみ与えられるべきだという原則である。組織規模が拡大すると階層化・部門化が進展して，そのために上下のコミュニケーション（指示・命令）の混

乱が生じやすくなる。これを避けるために，それぞれの部下への命令は1人の上司からのみ与えられるべきであり，複数の上司から命令が与えられないようにしたほうがよいというものである。

(3) 経営職能の分化過程

経営組織が発展すると同時に，職能（job function）の分化がみられる。職能とは，組織目的の達成のために果たすべき仕事である。この職能を分割したもの（より具体的に細かく個々の成員に割り当てたもの）は，前述した職務（さらに課業）である。この職能の分化は大きく2つの方向で起こるとされる。すなわち，水平的分化と垂直的分化である[4]。水平的分化とは職能の横への分化であり，垂直的分化とは職能の縦への分化である。

1) 水平的分化

工藤[5]によると，職能の水平的分化は，まず過程的分化（第1次分化），次に要素的分化（第2次分化），さらに部面的分化（第3次分化）として現れるとされる。

まず過程的分化について，製造業を例にとってみていこう。

製造業における経営活動は，まず，工場での生産に必要な機械・設備を整えた上で，原材料を購入し，これを加工し，製品として販売する。つまり，購買・製造・販売という一連の活動の流れ，その繰返しのなかで営まれる。このような活動の循環的プロセスこそ，製造業の経営活動の中軸をなすものである。したがって，経営職能は，まず購買，製造，販売というような基本的職能（これをライン職能という）に即して分化し，それに伴って購買部，製造部，販売部という職能部門（これをライン部門という）が形成されることになる。

これに対して，要素的分化は，経営資源であるヒト・モノ・カネといった側面からみた分化である。つまり，経営職能は，人事，総務，経理などの要素的職能に従っても分化する。これらの要素的職能は，基本的職能（基本業務）が遂行されるなかで，その各基本業務に共通した要素（たとえば製造部，販売部の双方の業務に共通して存在する人事的要素，経理的要素など）を取り出し専門的にひとつの職能としたものであって，基本的職能のスムーズかつ合理的な遂行を支援または促進する「サポート的」職能ということができる。この職能

表2.1　主要な職能部門とその仕事

製造部	製品設計，製品の生産計画の立案，生産の実施，さらに工場設備など，製品生産に関する職務を担当
販売部 （営業部）	製品の販売，代金の回収，市場調査，販売促進，製品のアフターサービス，顧客からのクレーム処理などの職務を担当
購買部 （資材部）	生産に必要な原材料，部品，燃料，工具，機械設備などの調達と管理を担当
研究開発部	製品開発のための基礎研究，応用研究，改良研究，生産技術開発などを担当
総務部	会社全体の事務管理，受付業務，渉外業務，不動産管理，そして取締役会などの会議・式典などの運営，株主総会の開催，新株発行，株式の名義書換，配当金の支払い手続きなど株式に関する業務などを担当
経理部	現金・預金の出納管理や伝票処理などの日常経理事務や原価計算，さらに決算業務や財務諸表の作成，税務などを担当
人事部	従業員の募集，選考，採用，教育，人事異動，複利厚生業務，自己啓発制度や休暇制度の運営管理などを担当
広報部	マスコミへの情報提供，社内報，PR誌の作成，PRイベントの実施などを担当
財務部	資金の調達と運用を担当
法務部	法律関係の手続き，処理を担当
情報システム部	コンピューターを使っての情報システムの企画，設計，運用，管理，および管理情報（生産，販売，在庫，会計などの情報）と意思決定支援情報（経営計画に関する情報）の提供などを担当
企画室	トップマネジメントのスタッフとして，中長期経営計画の立案，予算方針や組織の基本方針の立案などを担当

出所：釜賀雅史『現代の企業と経営』学文社，2003年，p.145

は，通常，専門スタッフ職能と呼ばれ，これに従って人事部，総務部，経理部などの部門（専門スタッフ部門）が形成されることになる。

　経営組織は，これら2つの分化を基礎として形成されるわけだが，さらに詳しくみれば，これらの職能部門において共通して機能している経営職能が存在

している。それは，計画化，組織化，指揮，統制を主要素とする管理職能である。この管理職能は，基本的職能であれ，要素的職能であれおのおのの職能のうちに含まれているものであり，それのみで独立して存在するものではない。だが，企業規模が大きくなり管理業務が複雑になるにしたがって，それぞれの職能部門で行われる管理の活動を側面から補う形で形成される部門がある。すなわち，調査室（部）や企画室（部）と呼ばれる部門がそれである。この調査室などの部門は，部面的分化によって生まれるものであり，他部門における管理をサポートするものである。このように部面的分化によって形成される職能を管理スタッフ職能といい，その部門を管理スタッフ部門という。

　小規模の企業などでは，総務部が，ライン部門以外のすべてのスタッフ部門の業務を担当するケースが多い。たとえば中小企業には，経理部，人事部などの部門がすべて総務部のなかに含まれる場合がみられる。一般に，組織規模の拡大に伴って，総務部をベースにそこから経理，財務，人事，広報，法務，秘書などの部門が独立していくことが多い。

2) 垂直的分化

　管理職能は，あらゆる職能に付随するものであり，それは購買，製造，販売などの具体的職能（これらは管理職能に対して「作業職能」と呼ぶことができる）が十全に働くようにそれらをまとめる機能ということができるだろう。職能の垂直的分化は，購買，製造，販売などの作業職能において管理職能が展開されていくなかで，管理範囲の制限のために管理職能がさらに垂直に分化するという形で進展する。すなわち，従業員の数が増加すると1つの部門の管理者が指揮・監督できる部下の人数には限りがあるから，もう1人の管理者をおくことになる。そして，それらの管理者を管理する上位の管理者が生まれることになる。こうして，何層かの階層組織を積み上げるようにして管理職能は縦に分化していくのである。

　この階層化は，規模が大きくなればなるほど明確になり，先でも言及したように，トップ・マネジメント（組織），ミドル・マネジメント（組織），ロワー・マネジメント（組織）という3層構造を形成する。この3層構造全体を指して，（広義の）管理組織という。この管理組織を通して，計画化，組織化，指揮，統制を主要素とする管理活動が行われる。

(4) 権限と責任

このように経営職能の水平的分化と垂直的分化によって，経営組織の基本的枠組みは決定され，さらに経営組織が現実に機能していくためには，それぞれの職能部門，階層が有機的に相互に連関した，全体として統一性をもった活動システムとしての構造を有していなければならない。この組織の有機的関係を保持すべく機能するものが，権限－責任関係である。

経営組織の構成員には，一定の職位が与えられ，それに対応した職務が割り当てられる。この職務には責任と権限が伴う。したがって，経営組織は，職務の体系であると同時に職位の体系であり，さらに責任と権限の体系でもあるということができる。

では，このような権限の源泉は，どこにあるのだろうか。この点に関する主要な考え方は次の通りである。

①権限法定説（formal theory）：組織の権限は上位の者から順次与えられるという考え方である。企業において権限の源泉は，究極的には私有財産制によって与えられる。この理論の代表者はクーンツ（H. Koontz）で，彼によれば，権限委譲の源泉はすべて上方地位に遡及する。すなわち，係長はその権限を課長から委譲され，課長は部長から，部長は社長から，社長は取締役会から，取締役会は株主から，そして株主の権限は法律に基づく私有財産制によって与えられる，という形である。

②権限受容説（acceptance theory）：権限は，指揮・命令を受ける下位の部下が受け入れてはじめて権限として成立するというものであり，上の法定説に対立する。つまり，法定説では，権限が上から下へ委譲されるのに対して，受容説では，権限の源泉は上位者に求められるのではなく，下位の個人にあるということになり，いうならば，権限は下位から上位に委譲されることになる。この受容説は個人の自由を尊重する思想に支えられている。確かに，上位者が権限を背景に部下に一方的に命令を与えても，部下がこれに服さなければ，命令は発せられなかったことと同じである。命令は，部下に受容されてはじめて実質的に力をもちはじめるといえる。この説の代表者はバーナード（C. I. Barnard）[6]である。

③権限職能説（functional theory）：これは，権限の源泉を職能（仕事）に

求めるものである。これはフォレット（M. P. Follett）によって主張された説である。上にみたように，企業においては，構成員はそれぞれ職能を分担し，それぞれの職位において職務を担っている。その職務の遂行には，当然，しかるべき成果を達成する責任が伴う。そして，この成果達成のために何らかの力（権限）が備わっていなければならない。権限は責任とともに職務に付随するものである。この職能説に従えば，職務を分担するすべての者は，管理者のみならず作業者も，その職務を遂行するための権限を有することになる。

2. 経営組織の類型

(1) 組織の基本形

　経営組織の基本構造は，組織の発展とその複雑化に伴う業務の分化によって，すなわち，先にみた経営職能の垂直的または水平的分化によって生み出される。そして，それは，分化し特殊化された職能相互間（各部門間ないし各職位間）における命令・権限の関係によっていくつかのパターンに区分できる。ライン組織（直系組織），ファンクショナル組織（職能的組織），ライン・アンド・スタッフ組織といった類型がそれである。

1）ライン組織（直系組織）

　ライン組織（line organization）は，各階層における管理者と部下との指揮命令系統が一元化されている組織形態である。このため，部下はそれぞれの直接の上司からのみ命令を受け，責任も直接の上司に対して負う仕組みになってい

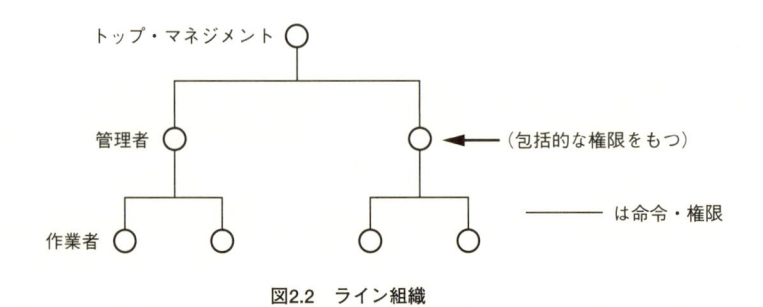

図2.2　ライン組織

る。このような上司と部下の関係は，軍隊における上下関係と極めて類似していることから，軍隊組織（military organization）と呼ばれる。

　長所としては，管理者の指揮命令系統の一元化が確保されることによって，経営管理の遂行が迅速にかつ確実に行われること，各層における管理者の責任と権限が明確になっているので，各管理者間の摩擦を回避することができることである。欠点としては，各層の管理者はすべての自己の職務に関して責任と権限をもつ結果，「専門化」がなされにくいこと，1人の上位者に権限が集中し責任過大となること，また各部門相互のコミュニケーションが停滞しがちになるなどをあげることができる。

2）ファンクショナル組織（職能的組織）

　ファンクショナル組織（functional organization）は，テイラー（F. W. Taylor）[7]によって直系組織のもつ欠点を避けるために提唱された職能別職長制に基づく組織形態である[8]。職能別の専門化がなされている組織形態であるといえる。この組織形態では，組織メンバーは直属の上司のみから命令を受けるのではなく，各々の専門職能を担当する複数の上司から，その職能に関する事項についてそれぞれ命令を受けることとなる。

　このような職能組織のもつ長所としては，上位者の仕事を専門化し負担を軽減することができる，部下の指導を専門的に行うことが可能となる，仕事の標準化が容易となるなどである。しかし一方で欠陥も存在する。命令系統が多元化し命令の重複や矛盾を生じやすく組織秩序が混乱する，各専門職能を相互に重複しないように分化するのは現実的に難しく責任者所在の不明が生じやすい

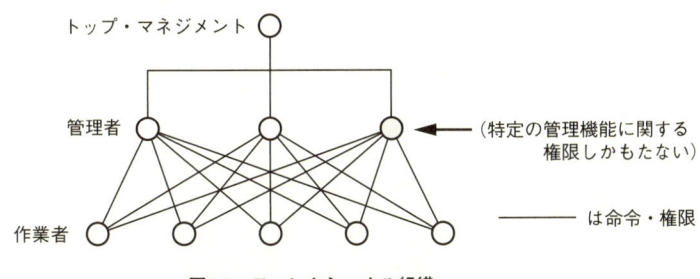

図2.3　ファンクショナル組織

などが指摘できる。

3) ライン・アンド・スタッフ組織

ライン・アンド・スタッフ組織（line and staff organization）は，ライン組織の欠点とファンクショナル組織の欠点を是正する組織形態として現れてきたものである。

スタッフとは，ライン組織のなか，特に専門性を必要とする職務について，管理者に助言または勧告の機関として設けられるスタッフ部門を意味する。この部門は，ライン組織の管理者に対して助言や勧告をすることを主要業務とするが，命令や執行の権限をもたない。このスタッフ部門設置により，管理者が専門的事項についてその部門に依存することができ，より合理的な管理職能の遂行をなすことが可能となる。

この形態は軍隊の参謀方式に似ており，ライン組織の指揮命令系統を乱すことなく専門的能力を活用できるメリットがある。つまり，専門化の原則と指揮・命令統一性の原則を同時に満たすことができる。

しかしながら，スタッフ部門の意見が重視されすぎると，ラインの主体性が維持されなくなり，混乱を招く恐れも出てくる[9]。また，組織規模が拡大したり内部業務が複雑化したりすると，各専門部署間の調整が困難となり，結局トップの負担が過重になってしまう。

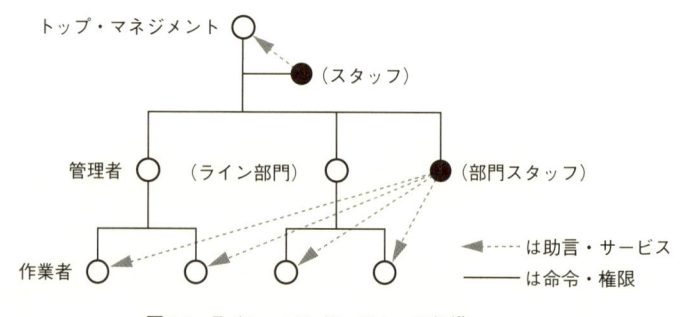

図2.4　ライン・アンド・スタッフ組織

(2) 部門化

　組織形態は，企業の各部門間ないし各職位間における命令・権限の関係のありようによって分化されたものである。だが，企業組織は，各部門（部および課）の編成を，業態に応じてどのような基準に基づいて行うかによっても，その実際の姿は大きく異なってくる。

　この一定の基準に従って部門編成を行うことを部門化という。部門化は，職能別，製品別，地域別などのいくつかの基準に基づいて行われ，それぞれに対応した組織形態が現れる。

　①職能別部門化：製造，販売，経理などのように，同種の専門的な知識を必要とする仕事を単位として部門化されるもので，そのようにして形成されるものを職能別部門組織（functionalized organization）と呼ぶ。この組織形態は，ライン組織またはライン・アンド・スタッフ組織の別の表現ということができ，基本的な組織形態で一般に普及しているものである。

　この形態の長所は，部門内の特定の職能がさらに専門化されるので，担当者の専門的技能や知識がより高度化すること，複数の製品の製造や販売がそれぞれの職能ごとに一括して行われるので資源が効率的に活用され規模の経済が働くことなどである。

　②地域別部門化：企業活動が広範囲に分散して行われている場合など，その活動を地域ごとに区分し，それに従って部門編成を行い管理していく組織形態である。たとえば，自動車などの販売会社にみられるように，支店や営業所が各地に広がっている場合には，それらの職能別の各部門の活動を内容に従ってその都度，本社の各職能部門に直結させるのは煩雑になる。支店または営業所ごとにそれぞれの地域の特性に従って活動させた方が，効率的かつ有利である。こうして，地域別に部門化された地域別部門組織が成立する。

3. 経営組織の発展形態

　企業の組織形態の基本については，以上のように説明されるが，現実の企業組織は，ライン組織またはライン・アンド・スタッフ組織をベースにしつつ，その企業のおかれている状態や業態の差異によってそれぞれ異なる姿を示すも

38   Ⅱ　企業の組織形態

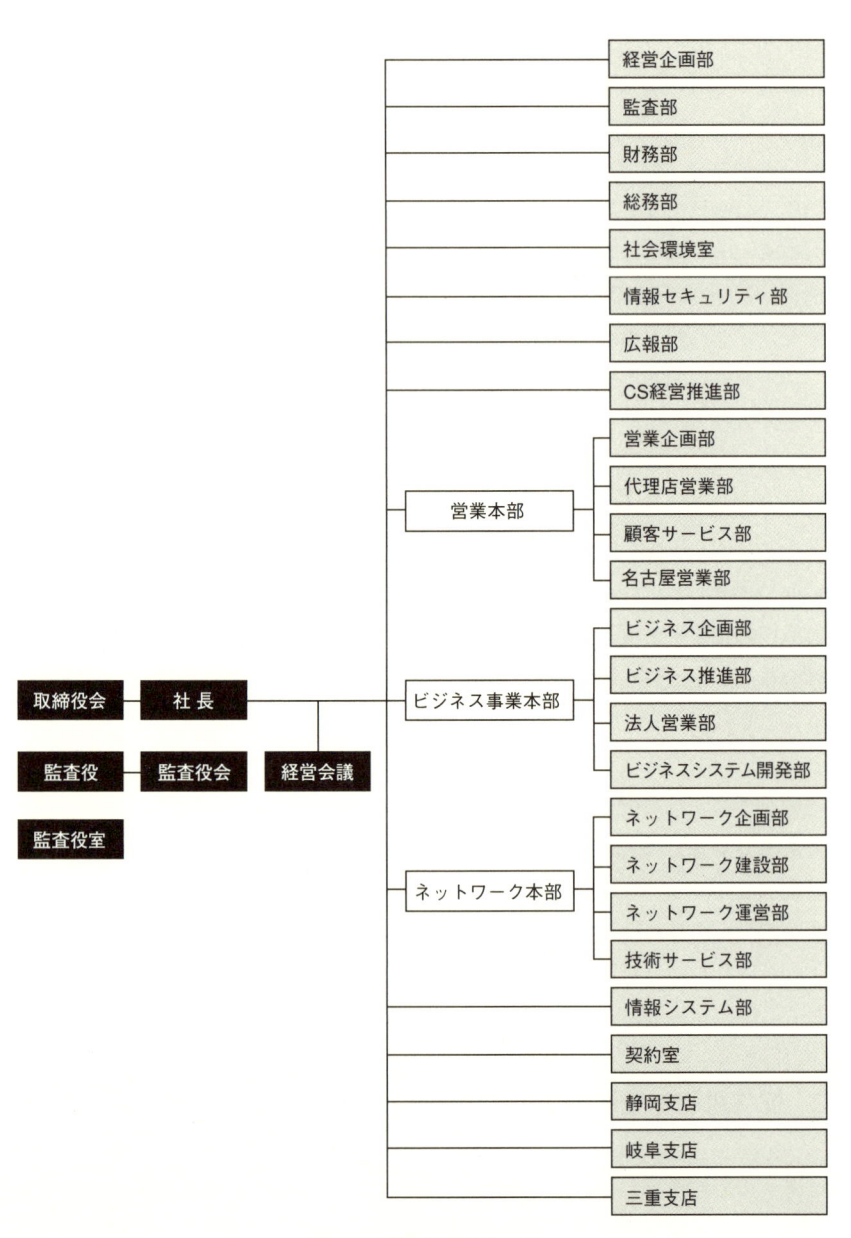

```
取締役会 ─ 社 長 ─┬─────────── 経営企画部
                 │                監査部
                 │                財務部
                 │                総務部
                 │                社会環境室
                 │                情報セキュリティ部
                 │                広報部
                 │                CS経営推進部
                 ├─ 営業本部 ─┬─ 営業企画部
                 │            ├─ 代理店営業部
                 │            ├─ 顧客サービス部
                 │            └─ 名古屋営業部
                 ├─ ビジネス事業本部 ─┬─ ビジネス企画部
                 │                    ├─ ビジネス推進部
                 │                    ├─ 法人営業部
                 │                    └─ ビジネスシステム開発部
                 ├─ ネットワーク本部 ─┬─ ネットワーク企画部
                 │                    ├─ ネットワーク建設部
                 │                    ├─ ネットワーク運営部
                 │                    └─ 技術サービス部
                 ├─ 情報システム部
                 ├─ 契約室
                 ├─ 静岡支店
                 ├─ 岐阜支店
                 └─ 三重支店

監査役 ─ 監査役会 ─ 経営会議
監査役室
```

図2.5　職能別部門組織の例
出所：株式会社エヌ・ティ・ティ・ドコモ東海「組織図」
(http://www.docomo-tokai.co.jp/corporate/about/outline/organization/index.html　2008. 4. 18アクセス)

のである。こうして現れてきた新たな組織形態に事業部制組織，それにプロジェクト組織やマトリックス組織などがある。このうち，事業部制組織は，巨大化し，複雑化した集権的組織にみられる弊害を取り除くために組織の分権化を図ったもので，プロジェクト組織やマトリックス組織は，環境の変化にフレキシブルに対応できるように組織の動体化をねらって生み出されたものである。

(1) 事業部制組織

最も多くみられる組織形態である職能別部門組織（ライン・アンド・スタッ

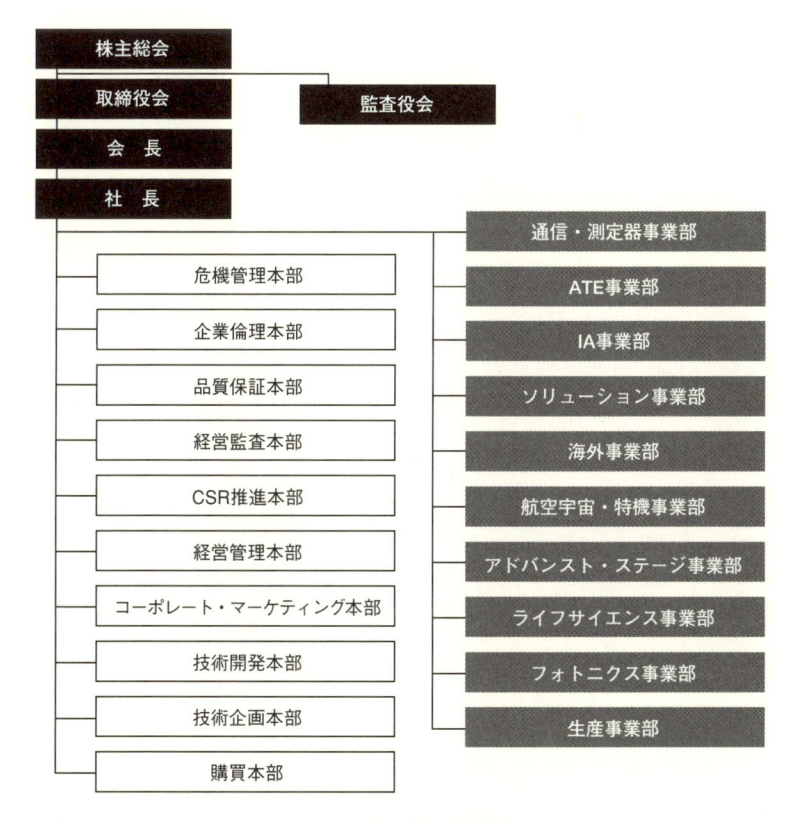

図2.6　製品別事業部制の例
出所：横河電機株式会社「組織図」(http://www.yokogawa.co.jp/cp/corporate/cp-corp-soshikizu.htm　2008. 4. 18アクセス)

フ組織）では，トップに権限が集中する形になる。これに対して，権限を下位組織に委譲して分権的組織（decentralized）形態をとるものがある。その典型が事業部制組織（divisionalized organization）である。事業部制組織の基本型は，図2.6のように示される。

わが国では，個々の事業ごとに部門を形成する方法がとられ「事業部制組織」と呼ばれるものがそれにあたる。

この組織形態は，製品別，地域別あるいは市場別に事業部として分化し，それぞれが単一的事業体に等しい権限をもった独立のプロフィットセンター（profit center，収益と費用の両者を含む利益に対して責任をもつ企業内の構成）の役目を果たしている。

この組織形態の歴史は，1920年代のアメリカに始まる。デュポン社が1920年に採用[10]したのを最初に，ゼネラルモーターズが1923年，スタンダード石油株式会社が1925年に一部職能別集権組織を導入[11]，シアーズ・ローバック社が1930年に地域事業部を採用している。わが国では，1960年代の高度成長期以降，多数の企業に導入され，今日でも組織形態の中心的モデルとなっている。最も早く事業部制を導入したのは，松下電器産業の1933年であり，戦後になって，1955年に神戸製鋼，1958年に積水化学と三菱電機，1959年に旭化成と富士重工が取り入れている。

(2) SBU

SBU（Strategic Business Unit）は，事業部制組織ではカバーできない新たなニーズに応えるために編成される組織単位で，戦略事業単位と呼ばれる。このSBUは，1970年代初頭アメリカのゼネラル・エレクトリック社（GE）によって最初に導入された。

前述してきたように，多角化した事業活動の組織運営の方法として事業部制が多くの企業に導入されてきた。しかし，顧客のニーズの多様化により市場環境が変化し，それに対応すべく個々の事業部が独自に活動していくと，結果的に市場や技術などの面で各事業部間に資源のダブりが生じるなど不都合な点が表面化してくる。そこで，各事業部間にまたがって存在するニーズや事業部を超えたところに発生するニーズに対応した戦略を策定し，それを実施していく

図2.7　SBU

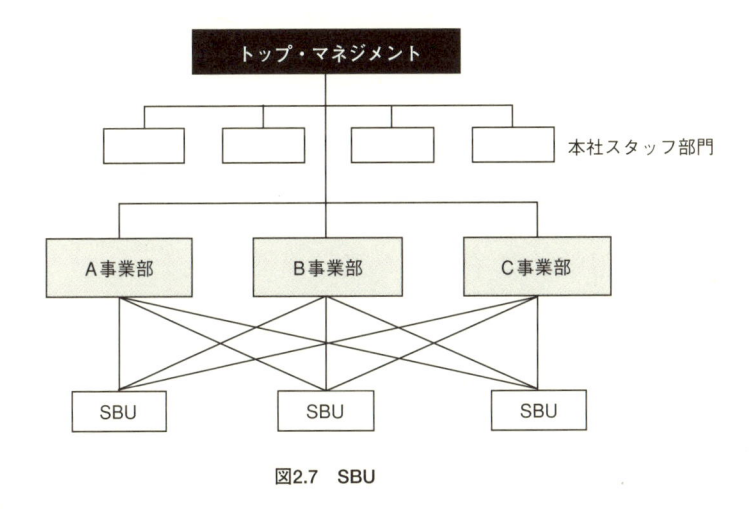

ために編成されるものがこのSBUである。

　SBUのメリットは，同じ戦略関係と製品／市場環境をもつ事業部間の調整がよりうまく行えるところにあるが，事業部群の上にもうひとつの管理階層を重ねることになるなど，管理上の難しさもある。

(3) プロジェクト組織

　プロジェクト組織とは，通常の組織とは別に特定のプロジェクト（企画）などを計画・執行するために特別に編成された比較的少人数の機動的な組織のことをいい，プロジェクト・チーム（project team），タスク・フォース（task-force）とも呼ばれている。これは，ある特定のまとまった企画や仕事が完成するまでの活動を行うために編成されるもので，完成すればチームは解散することになる。意思決定・レポーティングラインの明確化・迅速化が図られるが，他方でチーム要員の調達が容易ではないこと，プロジェクトの終了に伴い組織が解散されるため，技術や経験の蓄積が困難であることが欠点とされる。

　なお，プロジェクト組織が適切に機能するためには，次のような条件が必要であるとされる。

　①プロジェクトを指揮するプロジェクト・マネージャーに大幅な権限が与え

42　Ⅱ　企業の組織形態

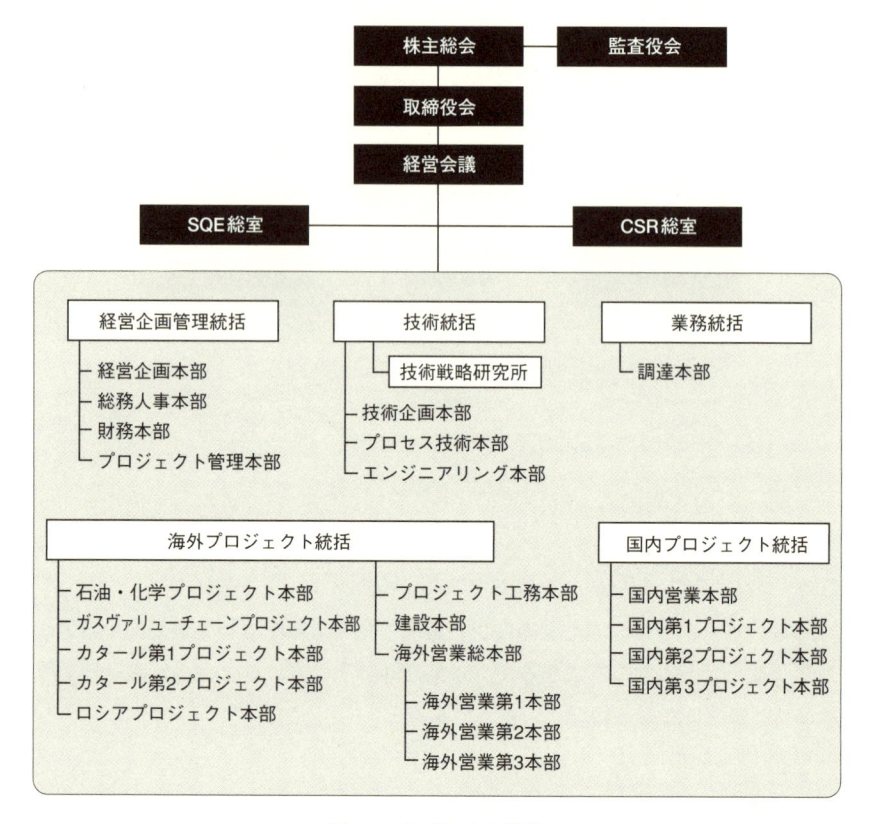

```
                    ┌──────────┐    ┌──────────┐
                    │  株主総会  │────│  監査役会  │
                    └──────────┘    └──────────┘
                          │
                    ┌──────────┐
                    │  取締役会  │
                    └──────────┘
                          │
                    ┌──────────┐
                    │  経営会議  │
                    └──────────┘
          ┌───────────────┼───────────────┐
    ┌─────────┐                      ┌─────────┐
    │ SQE総室 │                      │ CSR総室 │
    └─────────┘                      └─────────┘
```

- 経営企画管理統括
  - 経営企画本部
  - 総務人事本部
  - 財務本部
  - プロジェクト管理本部

- 技術統括
  - 技術戦略研究所
  - 技術企画本部
  - プロセス技術本部
  - エンジニアリング本部

- 業務統括
  - 調達本部

- 海外プロジェクト統括
  - 石油・化学プロジェクト本部
  - ガスヴァリューチェーンプロジェクト本部
  - カタール第1プロジェクト本部
  - カタール第2プロジェクト本部
  - ロシアプロジェクト本部
  - プロジェクト工務本部
  - 建設本部
  - 海外営業総本部
    - 海外営業第1本部
    - 海外営業第2本部
    - 海外営業第3本部

- 国内プロジェクト統括
  - 国内営業本部
  - 国内第1プロジェクト本部
  - 国内第2プロジェクト本部
  - 国内第3プロジェクト本部

図2.8　プロジェクト組織
出所：千代田化工建設株式会社「組織図」[12]（https://ssl.chiyoda-corp.com/company/organization.php　2008.4.18アクセス）

られること

　②プロジェクト・マネージャーは，広い視野と鋭い洞察力および決断力をもった適任者であること

　③プロジェクトが効果的に達成されるような組織上の地位（トップ・マネジメントに属させるか，部門に属させるか）をプロジェクト組織に与えることなどである[13]。

(4) マトリックス組織

　マトリックス組織は，その名が示すように縦だけではなく横にも調整やコミ

3. 経営組織の発展形態　43

グローバル本社
(経営戦略の立案)

(エリア)
日本
ASIA (地域本社)
US (地域本社)
EU / FHQ (地域本社／グループ財務拠点)

情報・通信分野
HOYA(株)
ブランクス事業部
マスク事業部
MD事業部
オプティクス事業部

アイケア分野
HOYA(株)
ビジョンケアカンパニー
メディカル事業部
HOYAヘルスケア(株)

ペンタックス　その他
HOYA(株)
クリスタルカンパニー
HOYAサービス(株)

グローバルベースでの事業戦略の遂行

法務支援・内部監査等

図2.9　マトリックス組織の例

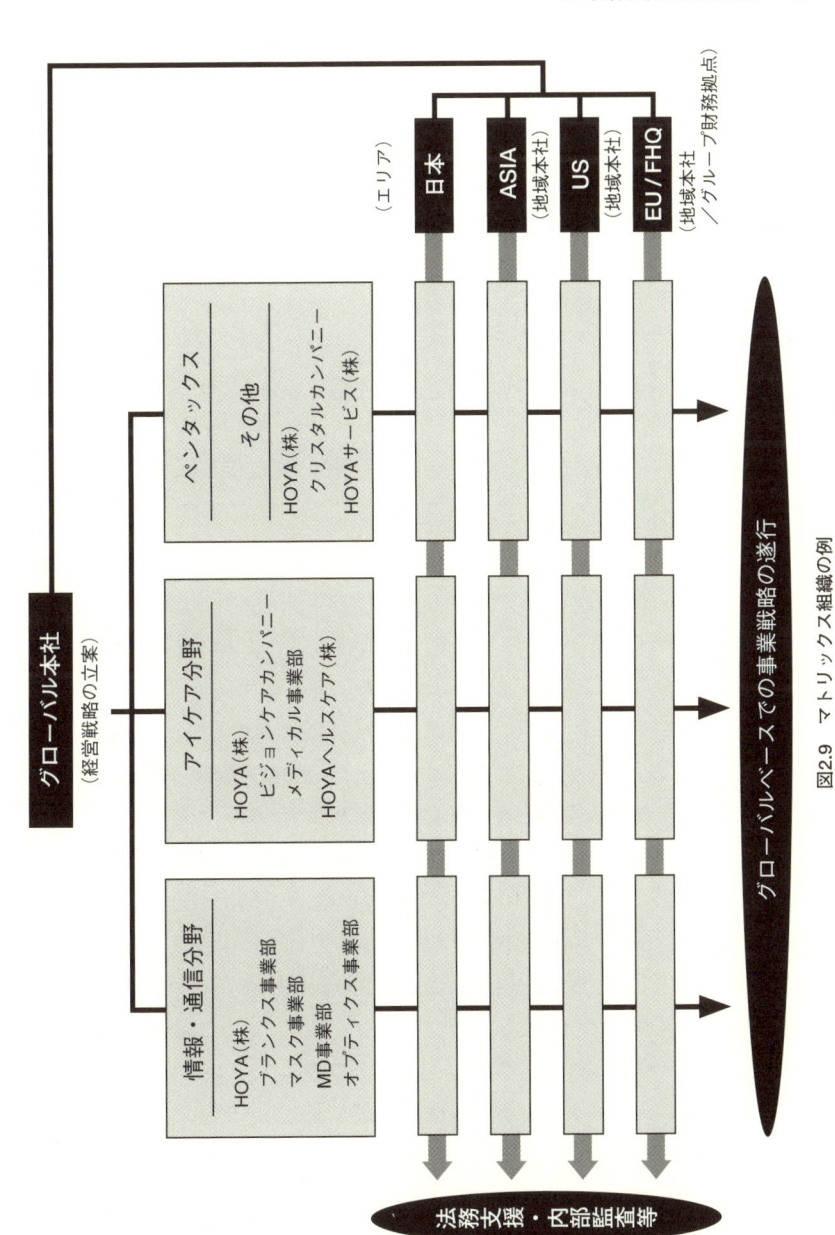

出所：HOYA株式会社「グローバル・グループ経営」(2008年4月現在)

ュニケーションの軸を入れたものとなっている。

この組織は，職能制と製品別事業部制のそれぞれの利点を同時に取り入れ，全社的な効率と事業の独立性を同時に追求しようとする組織構造である。メリットとしてあげられるものに次のものがある。

①経営資源の最適配分と有効活用
②組織の効率性と柔軟性の同時達成
③組織内のコミュニケーションの促進による協働関係の促進
④組織メンバーのバランスのとれた能力開発

しかし，同時に次のような欠点も存在し，組織の運用上重要な課題となりうる。

①命令が一元化されていないので，マトリックス・マネージャー間でコンフリクトが起きやすい
②コンフリクトが生じた場合，調整に時間がかかり意思決定に時間を要することになる
③マトリックス・マネージャー間の権限・責任があいまいになる恐れがある
④マネージャー間の人間関係に気を配る必要がある

なお，通常のプロジェクト組織は，職能別組織と格子状のマトリックスを形成しているが，最近では職能別組織とプロジェクト組織を組み合わせたプロジェクト型のマトリックス組織だけでなく，製品と職能，製品と地域，製品と職能と地域を組み合わせたマトリックス組織を採用する動きが出てきている。

(5) プロダクト・マネジャー制組織

事業部長の下に生産や販売，研究開発という職能が存在する点では事業部制組織と同じであるが，その事業部のなかに一つの製品に関して職能間の調整をするプロダクト・マネジャーが存在するという構造になっている。すなわち，プロダクト・マネジャーを事業部制組織に付加するという形態である。プロダクト・マネジャーとは，ひとつの事業部内で特定の製品あるいはブランドに関するすべてのマーケティング活動の調整を行う管理者で，事業部内の生産や販売，研究開発などの職能間の調整を担当する。

この組織構造は米国のP&Gが1920年代に最初に導入した[14]といわれ，製

品ラインが多様化している企業や多数のブランドを抱えている企業にみられる組織形態である。

(6) 経営組織の変化とその規定要因

以上，事業部制組織，SBU，プロジェクト組織，マトリックス組織について考察してきたが，このような組織形態の出現は，経済社会状況の環境変化[15]と対応していることがわかる。

歴史的にみてみれば，単一組織（ライン組織）→職能部門別組織（ライン・アンド・スタッフ組織）→事業部制組織→マトリックス組織，という流れで組織形態が変化してきている。事実，戦後においてわが国の大企業は，大半が，職能部門別組織→事業部制組織という方向で経営組織を変化させてきた[16]。

このような組織形態の変化は「発展」には違いない。しかし，たとえば職能部門別組織と事業部制組織とを比べてみた場合，後者が前者より進んだものであり，いかなる場合においても優れているとみなしてよいであろうか。

確かに後者は前者のもつ欠点をカバーしており，その点で後者が優れているのはわかる。しかしながら，ここで注意しておかねばならないのは，この2つの組織形態のいずれが普遍的に優れているか否かといった議論は有効ではないということである。

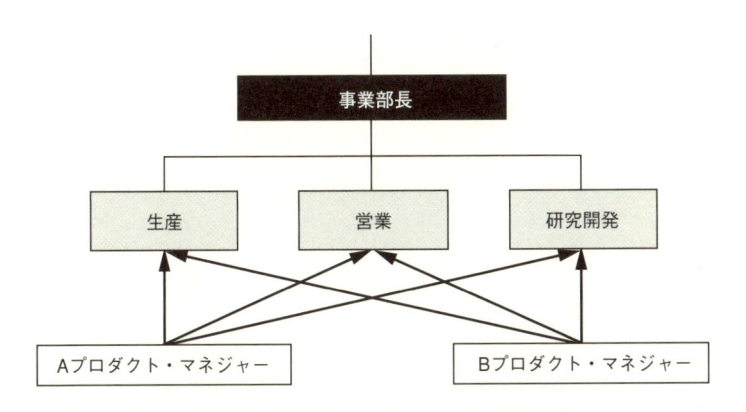

図2.10　プロダクト・マネジャー制組織
出所：坂下昭宣『経営学への招待（改訂版）』白桃書房，1999年，p.129

コンティンジェンシー理論[17]をよりどころに分析すると，どちらがよいかは環境条件によって異なることになる。激しく環境が変化し，しかも常に異質な環境におかれるような状況において，多角化戦略が展開されるような場合には，事業部制組織が適している。事業部制組織は，各組織単位が自立性をもっており，異質な環境のそれぞれに対して，迅速に対応できるからである。他方，同質的な安定した環境におかれている経営組織には，職能別組織が適しているといえる。職能別組織は，専門スタッフの利益が実現でき，共通の費用を節約しつつ中央集権的な管理ができるからである。したがって，企業が単一の事業分野に限られており，環境が安定しているときには極めて有効である。

このように，経営組織のあるべき姿は，それぞれの企業の置かれた状況によって決まってくるというものである。状況が異なれば有効な組織は異なり，状況の変化に応じて組織はそれに適応すべく変化せざるをえないということである。

注
（1） Chester I. Barnard, *The Functions of the Executive*, Cambridge: Harvard University Press, 1938, p.81. 山本安次郎・田杉　競・飯野春樹訳『新訳 経営者の役割』ダイヤモンド社，1968 年，p.84。
（2） Henri Fayol（1841-1925）。ファヨールはフランスに生まれ，1860 年に St. Etienne（École des Mines de Saint-Étienne）の鉱山アカデミーを卒業し，19 歳で技術者として炭鉱会社 Compagnie de Commentry-Fourchambeau-Decazeville で働き始め，最終的には常務として 1888 年から 1918 年まで務めた。彼自身の管理経験に基づいて管理の概念を提唱し，1917 年に発行された著書，*Administration industrielle et générale* で詳細にそれら 14 の管理原則について論述している。また，それは 1949 年に英文で *General and Industrial Management* が発行されて，古典的な経営管理論における基礎的研究であると広く考えられている。
（3） Herbert Alexander Simon（1916-2001）。企業活動で重要であることは意思決定であるとし，その研究を進めてきた人物である。彼は，意思決定に完璧を求めるのではなく，合理性を高めることが不可欠であるとして，意思決定論，組織影響論，組織均衡論を展開している。なお，経済組織内部の意思決定過程に関する研究で 1978 年，ノーベル経済学賞を受賞している。
（4） 山城　章・森本三男編著『入門経営学』実教出版，1984 年，pp.83-84。
（5） 山城　章・森本三男編著，同上書，pp.68-69。
（6） Chester Irving Barnard（1886-1961）。米国マサチューセッツ州マルデンで生まれ，実業家としてほとんどの生涯をついやす（40 年間，アメリカ電話電信会社に勤務）。彼の評判はその著書，*Functions of the Executive*（1938）および *Organization and*

Management（1948）に由来している。
（7）Frederick Winslow Taylor（1856-1915）。工場における効率を高めることを提唱した技術者。彼と Maunsel White らは高速度鋼を開発している。そして，工場管理・労働管理の方法である"Taylor Shop System"と呼ばれる科学的管理法を提唱した。
（8）テイラーの提唱した組織形態は，工場管理をいかに効率的に行うかという問題意識に基づくものであった。職能別職長制度組織であり，具体的にはトップ・マネジメントのところに工場長が位置し，管理者のところに計8名の職長が位置する。この職長の職能が計画職能と執行職能に分割され，それぞれに4名ずつの職長が配置された。そして計画職能は，①仕事の順序および手順担当，②指図票担当，③時間および原価担当，④訓練担当，執行職能は，⑤準備担当，⑥速度担当，⑦検査担当，⑧修繕担当に分かれていた。そして，この8名の職長（管理者）の下に作業者が位置づけられるという形である。
（9）スタッフ部門は，経理，人事などの共通のサービスを他の部門に対して行う権限をもっている。また，スタッフ部門は他の部門に対して管理上の助言を行う権限（助言の権限）をもって，一定の方針・企画を立案して，ラインの上司に提案する。その提案は，ラインの上司の決定を経て，あくまでラインの長の命令として各部門に伝達され，実施に移される。また，スタッフ部門が何らかの職能的権限をもつ場合もある。たとえば，原価管理のスタッフ部門の仕事などがそうである。原価管理の新しい方針と計画は，スタッフ部門によって立案され，トップの決定を経た後，各部門で実施される。その場合，その実施に関しては単なる助言ではなく，それが正しく実施されているべく必要な指示（instruction）がだされる（占部都美・加護野忠男『経済学入門』中央経済社，1997年，p.199）。ただし，この指示も命令ではない。あくまでラインの主体性が維持される。
（10）デュポン社には，多角化による典型的な事業部制の成立をみることができる。合同時の1902年から1918年までは，火薬という単一製品の量産拡大による成長であった。しかしながら，第一次世界大戦中の拡張による無煙火薬設備の過剰供給能力に対する対応策として，多角化の道を進んだ。多角化は化学を基礎とする工業を目指して下記3つの分野に進出した。①以前から進出してきた人造皮革とパイロキシリンの拡大，②大戦後最も不足した分野の1つである染料の製造，③戦後の設備能力が活用できる新製品としてのペイント，ワニス事業への進出。こうした多角化の進行によって遭遇した問題は，本社と各部門の管理の管理負担が増大したことであった。本社は数業種にまたがる各職能活動の目標設定と資源配分，各部門においては業種の異なる多数の工場，営業所，購買事務，研究所などの調整，評価に苦心した。製品開発，製造および購入日程などが市場動向に対して適切に調整できなかったのであった。さらに，1920年から21年にかけての深刻な不況で，新しい組織が必要とされるようになった。会社の経営分析を行うために委員会がおかれその小委員会が分析にあたった。その結果「根本的な問題は販売上のそれではなく，組織の問題である」とし，職能別組織から製品別組織への構造改革を提案した。この組織改革案は1921年9月に採択され，新組織は独立的事業部（各事業部は製造，販売，管理部門を最低有する）と総合本社（専門スタッフ，本社幹部からなる）をもつものとなった。この組織改革によって同社の業績は急上昇した。
（11）スタンダードオイル社の組織改革は暫定的に行われていった。それは，同社が1925年時点でデュポン社のように一部職能別集権化組織を採用し，また一部は GM 同様緩やかな分権的組織連合をとるといった複雑な組織特性を有していたからである。同

社は現業事業部，総合本社の創設の両方がもとめられ，同時に一部職能部門の再編成をも実施しなければならなかった。職能別集権組織の再編は，会社分割から生じた各職能間バランスと電力や自動車の普及に伴う市場の急激な変化に伴うものであった。さらに，分権的事業部制の誕生は，大恐慌期間中の停滞と石油過剰という環境変化による，原価と人員削減対策や現業や経営管理の能率向上の必要性からであった。なお，これは地域別事業部制の先駆けとなるものであった。

(12) 千代田化工建設株式会社では，1966年4月に組織改革を行い現業部門に対して全面的にプロジェクト・チーム・システムを採用している。さらに1968年には部課制を廃止し，同時に人事面でも部課長制を廃止した。

(13) 高宮　晋『経営組織論』ダイヤモンド社，1961年，p.209。

(14) 1920年代後半に，プロクター・アンド・ギャンブル（P&G）社は，広告部門の下に50を超えるブランド・グループを設け，ブランド・マネージャーを設置。これは，統一性のあるトータル・マーケティング・プランの必要性から生じたものであり，特定ブランドの開発と販売促進を担うものであった。ブランド・マネージャーは，通常スタッフ部門に属し，開発・製造・販売といったライン部門に対して調整の役割を担う。

(15) 組織形態とその変化を規定すると考えられる要因としては，①経済環境の変化，②人間観（社会環境）の変化などの外部的要因と，③企業規模の拡大，④組織の成熟度，⑤技術革新などの内部的要因があげられよう。

(16) なお，今日，注目されている組織形態としてネットワーク組織がある。
このネットワーク組織は，これまで考察してきた職能別部門組織における技術的専門性が取り入れられていること，事業部制組織およびマトリックス組織のそれぞれのメリットをもちあわせていることなどで，最も進んだ組織形態とみなす向きもある。しかしながら，ネットワーク組織は，これまで述べた組織形態とは次の点で決定的に異なる。すなわち，ネットワーク組織は，一企業組織を対象とした組織形態ではなく，いくつかの企業なり組織の集合体として把握される点である。このネットワーク組織形態の例としては，ベネトン，ナイキ，アップル・コンピュータなどの企業があげられる。これらの企業は，その周辺にかなり多数の取引企業をもっており，それらの企業と緩やかに連結し，ネットワークを形成している。つまり，ベネトンやナイキといった企業は，それら企業群によって形作られるネットワークの中心的機能を果たしている。そして，その周辺に製品開発を担当している企業や製造を担当している企業，物流を担当している企業があり，そのネットワーク全体ではじめてトータルな力が発揮されるようになっている。

(17) コンティンジェンシーとは「条件づける」ということ。コンティンジェンシー理論は，イギリスのウッドワード（J. Woodward），バーンズ＆ストーカー（T. Burns & G. M. Stalker），アメリカのローレンシュ＆ローシュ（P. R. Lawrence & J. W. Lorsch）などによる実証的な組織理論研究のことで，「環境が異なると有効な組織構造も変わってくる」ということである。つまり，ある組織構造が有効かどうかは，環境によって「条件づけられる」という意味である。

参考文献

Argyris, C., *Personality and Organization*, Harper and Row 1957. 伊吹山太郎・中村　実訳『組織とパーソナリティー（新訳）』日本能率協会，1970年

Argyris, C., *Integrating the Individual and the Organization*, 1964. 三隅二不二・黒川正流訳『個人と組織の統合』産業能率短期大学出版部，1969年
Barnard, C. I., *The Functions of the Executive*, 30th Anniversary ed., Cambridge : Harvard University Press, 1938. 山本安次郎・田杉 競・飯野春樹訳『新訳 経営者の役割』ダイヤモンド社，1968年
Chandler, A. D. (Jr.), *Strategy and Structure*, The MIT Press, 1962. 三菱経済経究所訳『経営戦略と組織』実業之日本社，1967年
石井淳蔵・奥村昭博・加護野忠男・野中郁次郎『経営戦略論（新版）』有斐閣，1996年
釜賀雅史『現代の企業と経営』学文社，2003年
金井壽宏『経営組織―経営学入門シリーズ』日本経済新聞社，1999年
工藤達男『基本経営管理論（新訂版）』白桃書房，1991年
Likert, R. F., *New Patterns of Management*, McGraw-Hill, 1961. 三隅二不二訳『組織の行動科学』ダイヤモンド社，1964年
McGregor, D., *The Human Side of Enterprise*, McGraw-Hill, 1960. 高橋達男訳『企業の人間的側面』産業能率大学出版部，1966年
野中郁次郎『企業進化論』日本経済新聞社，1985年
坂下昭宣『経営学への招待（改訂版）』白桃書房，1999年
Simon, H. A., *Administrative Behavior*, 3rd. ed., Free Press, 1976. 松田武彦・高柳 暁・二村敏子訳『経営行動（新版）』ダイヤモンド社，1989年
高橋浩夫・大山泰一郎『現代企業経営学』同文舘，1995年
高宮 晋『経営組織論』ダイヤモンド社，1961年
占部都美・加護野忠男『経営学入門』中央経済社，1997年
山城 章・森本三男編著『入門経営学』実教出版，1984年

第Ⅲ章
ヒューマン・リソース・マネジメント
―日本的経営の構造的変化を通して―

　企業活動では，ヒト，モノ，カネ，そして情報からなる4つの経営資源をいかに効率的に活用するかによって企業の発展が左右されるといっても過言ではない。各々の要素はそれぞれ重要な役割を担っており，ひとつが欠けても企業活動は成り立たない。とりわけ，モノ，カネ，情報を使用するヒトをなくして企業は成り立たないため，企業においてヒトは特に重要な経営資源といえるであろう。

　21世紀に入り，日本では重厚長大型産業のかげりがみえ始め，軽薄短小型の企業が増大するなど企業形態も変化し始めている。また企業グローバリゼーションの拡大や高度通信技術の活用によるIT社会が登場し，企業をとりまく経営環境も急激に変化してきている。そのような状況で，日本的経営における終身雇用を中核とした雇用システムも崩れ始め，企業で働く人々の構成や考え方，あるいはヒトの労働に対する価値観も大きく変化することとなった。その結果として，企業目標の達成や企業戦略の実現のためには人材の有効活用が一層必要不可欠となってきており，人材を重要な経営資源として位置づけた上で組織を構成する人々，すなわち企業目標の達成のために人的資源を管理し，有効活用するためのしくみを構築・運用する人的資源管理（ヒューマン・リソース・マネジメント：HRM）の重要性が指摘されている。

　この章では，まずこれまで日本企業の特徴とされてきた日本的経営についてヒトに焦点を当てて説明するとともに，日本企業の人的資源管理の変化にふれることにする。

1. 日本的経営とは

　日本的経営とは，それは暗に諸外国（とくにアメリカ）の経営方式との比較を意図しており，それらは日本の経営を特徴づけているとされる人事諸制度および労働者の行動様式などを総体的に捉えて論ずるのが一般的である。

　日本的経営の構成要素としては，一般に終身雇用制，年功制，企業内組合（OECDの対日労働報告書で指摘された三種の神器），また企業内福祉制度や稟議制度，さらに企業内移動と内部昇進制を加えることもある。

　この他に日本的なものとして指摘されるのは，企業内養成訓練，ラフな職務規定と責任・権限の不明確さ，集団的意思決定，いわゆる「根回し」を含むインフォーマル・コミュニケーション，長期的成長志向の経営スタンス，企業系列などがある。これらの諸要素によって形作られている日本的経営の基底にある考え方が日本的な「集団主義」とされた。

　このように，日本的経営はさまざまな要素から説明されるものであり，これらの諸要素はそれぞれが独立したものとしてばらばらに存在するのではなく，相互にかかわりあいをもちながら全体の社会システムとしての日本的経営システムが形成されていると理解するべきであろう。

　そもそも日本企業の経営スタイルは，戦後から1960年代にかけては，アメリカの経営と比較した場合，遅れたもの，あるいは非合理的なものとして捉えられ，概してその前近代性が強調される傾向にあった。

　しかし，1970年代からの2度にわたる石油ショック以降では，前近代的，あるいは非合理的な経営スタイルという考え方が一変することとなった。それは，低迷する欧米経済とは対照的に日本経済が堅調な成長を示したことに要因があり，その結果日本企業の経営システムやそのあり方が米国やその他の国々から注目されるようになり，日本的経営ブームが発生することとなった。

　1980年代の後半では，そのブームは去るが日本的経営への関心は失われることはなかった。とりわけ80年代後半から90年代中葉にかけて，日本企業の海外進出の急増に伴い，その海外移転の可能性が問われるに至ると新たな議論を呼んだ。また，欧米においても，従来の欧米の経営システムへの反省がなさ

れるなかで，日本的経営に対して関心が寄せられることとなった。

しかし2000年以降では，日本的経営の中核をなしていた重厚長大型産業にかげりがみられるようになり，その一方でITを中心とした技術集約型産業が登場し，日本社会の構造変化に伴い，従来の日本的経営システムは変容することとなった。さらに，グローバル化の進展に伴い，経営の世界標準化が志向されるなかで日本企業の経営スタンスも世界標準のフィルターを通して一定の修正がなされてきた。

2. 日本の経営の特徴

(1) 終身雇用制と人事制度

日本的経営を特徴づける最も重要な要素が終身雇用制である。そもそも終身雇用という言葉は，アベグレン（J. C. Abegglen）が1958年に日本の雇用制度の特質をlife-time commitmentと表現したことに始まる[1]。これは新規学卒者を定期的に採用し定年まで長期雇用しようとする慣行であり，労使間の契約によって成立するものではなく，労使相互の期待による慣行に過ぎず，大企業においては多くみられるものの中小・零細企業には必ずしも定着していなかった。

人の採用は新規学卒による定期一括採用であり，ほとんどの企業では学校卒業前の一定の時期に一斉に採用活動が行われた。その場合の新規学卒一括採用では，「職務に人を採用する」のではなく，「企業に人を採用する」というべき採用方法を基本としており，試験制度や能力主義的採用よりも個人のパーソナリティの評価，顕在能力・知識よりも潜在能力が重視された。また，中途採用は，定期採用で適当な人材が確保できないときに例外的に行われ，この場合も同様の採用基準に従って行われることが多かった。

入社後は系統的な企業内教育と訓練（長期にわたる職場での訓練＝OJT：On the Job Training）が施され，企業内におけるさまざまな部署の移動＝ジョブ・ローテーションを通して多能工化（ジェネラリスト型の人材育成）が図られて，個々の企業に適した人材を育成するものである[2]。そして，終身雇用というべき，定年までの期間をひとつの企業で全うすることになる。この終身雇

用制のメリットとデメリットを示せば次のようになる。

メリット
(1) 雇用の安定が，従業員の定着性，企業帰属意識や愛社精神，勤勉性を高めること。
(2) 雇用維持の要請が企業成長への強い動因となること。
(3) 長期的かつ安定的に人間関係が形成され，そのため情報の共有と蓄積が促されて企業競争力が強化されること。
(4) 弾力的に人材開発・配置転換が行われるとともに，新技術の円滑な導入が図れること。
(5) （投資コストの回収が容易なため）企業独自の長期的人材育成が可能となること。
(6) 労務コストが節約できること。

このように，多くのメリットを有する一方で，次のようなデメリットや問題もある。

デメリット
(1) 閉鎖的体質や排他的組織体質を生みやすく，仲間同志のもたれあいと甘えが発生しやすいこと。
(2) 雇用が硬直化しやすいことや人件費が固定費化するためコストの削減などが困難になること。
(3) 初任給の上昇や年齢構成の高齢化による平均賃金コストが高騰すること。
(4) 昇進ポストの不足や有能な若手従業員であっても昇進が遅くなるなどの弊害からモラールの喪失が起こりやすいこと。

60年代の高度経済成長期においては，日本的経営のもつ多くのメリットがみられたが，70年代になり低経済成長期になると，雇用の硬直化とともに人件費など賃金コストの高騰によってさまざまな問題が顕在化し始め，終身雇用制維持の限界が云々された。特に90年代のバブル経済崩壊以降は，各々の企業は上記で指摘されたようなさまざまな問題に直面し始めることとなった。

(2) 年功的処遇

　終身雇用制と密接不可分にかかわる年功的処遇も日本的経営の特質といえる。日本における賃金制度は年功給をベースに成り立っており、学歴や年齢・勤続年数などの属人的な基準によって決定される賃金（属人給）形態をとっていた。このような伝統的な終身雇用制のもとでは、欧米のような横断的労働市場にみられる横断賃金や職務給（職務別に賃金が決められる）ではなく年功給が中心であった。しかし、実際には職務遂行能力や貢献度を無視して機械的に学歴や年齢によって賃金が決定されるのではなく、年功給を基本として若干の職務給を加えながら職能給（労働者の職務遂行能力の判定）に基づいて賃金が決められるのが一般的であった。このような賃金制度が行われるようになった

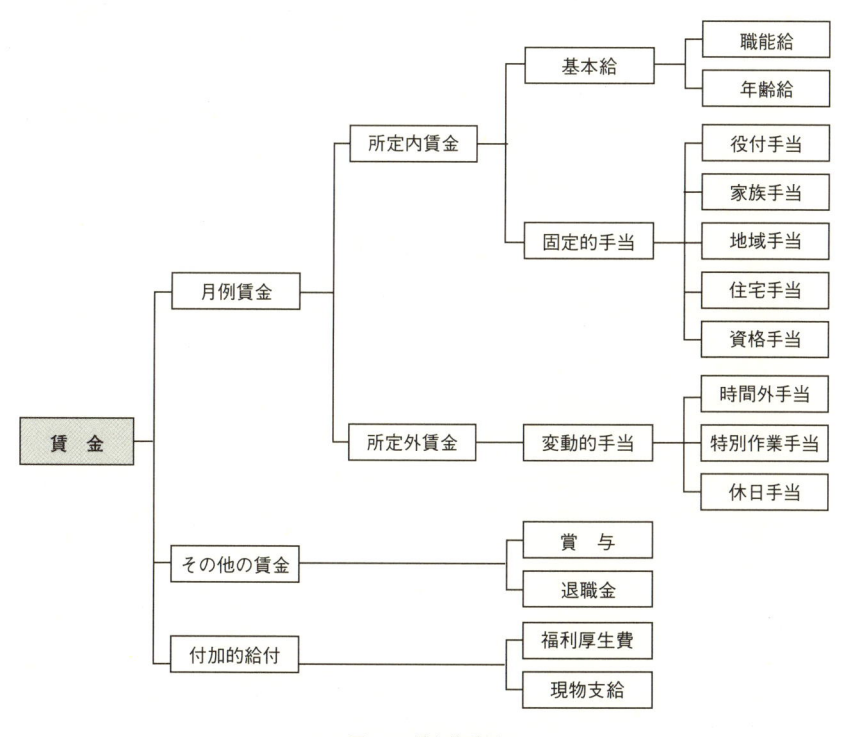

```
                                        ┌─ 基本給 ──┬─ 職能給
                                        │           └─ 年齢給
                         ┌─ 所定内賃金 ─┤           ┌─ 役付手当
                         │              │           ├─ 家族手当
              ┌─ 月例賃金┤              └─ 固定的手当┼─ 地域手当
              │          │                          ├─ 住宅手当
              │          │                          └─ 資格手当
              │          │                          ┌─ 時間外手当
  賃　金 ─────┤          └─ 所定外賃金 ─ 変動的手当 ┼─ 特別作業手当
              │                                     └─ 休日手当
              │          ┌─ 賞　与
              ├─ その他の賃金
              │          └─ 退職金
              │          ┌─ 福利厚生費
              └─ 付加的給付
                         └─ 現物支給
```

図3.1　賃金体系例

出所：竹内　裕『職能資格人事制度』同文館出版, 1992年, p.234

のは，職務内容や職種が社内の配置や移動により変化することが大きな理由と考えられる。

また，昇進においても学歴・勤続年数・年齢を基準にして行う年功昇進制が採用されてきた。それは，①ひとつの企業において勤続年数を重ねることにより，その労働者の熟練度が増すこと，②職務知識も豊富になり，所属集団での人間関係にも適応できるようになること，③人間関係をうまく処理する能力も身についてくること，さらに④年齢とともに集団をリードするリーダーシップが身につくこと，などがその採用理由と考えられる。すなわち，勤続年数とともに熟練度，職務知識，リーダーシップ能力，忠誠心や責任感などの成熟度も企業にとって増加するとみるのである。

しかし，高度成長が終わり，低成長経済期に入り企業規模の拡大が望めなくなると，年功制にもさまざまな問題点が指摘されるようになった。それらのひとつとして管理職ポストの不足がある。年功によって昇進が決定づけられる場合には，必然的に多くの管理職ポストが必要になるが，企業規模の拡大が望めない低成長経済下にあっては管理職ポストが不足することになる。くわえて，情報技術革新に基づく経営革新の進展は年功（勤続年数）と能力との乖離を発生させることとなった。

こうした問題は，企業の人事管理のスタンスをそれまでの年功人事から能力主義人事へと変化させるとともに，賃金体系も年功給中心のものから職能給および職務給を重視する方向へと移行させることとなった。また，管理職ポスト不足への対応策としても職能資格制度の導入が図られた。

3. 企業内福祉と企業内組合

(1) 企業内福祉

企業内福祉の目的は，賃金などの労働条件を補完し，賃金では対応できない従業員の多様なニーズに応えることによって，共同体意識の涵養，さらにモラールの維持・向上を図ることにある。具体的には，従業員とその家族を対象にして行われる経済的，文化的，娯楽的諸施策を意味し，法的福利厚生（法的に実施が義務づけられているもの）と法定外福利厚生（実施が任意のもの）に分

かれる[3]。
(1) 法的福利厚生の例——健康保険，厚生年金保険，雇用保険，労働災害補償保険など社会保険料の企業負担
(2) 法定外福利厚生の例——住宅，食事，医療・保健，文化・体育・娯楽，私的保険，労災付加給付，慶弔・見舞，財形などに関する費用負担

わが国の場合，法的福利費より法定外福利費が多い傾向にある。戦前の福利厚生は家族主義的援護施策としての色彩が極めて強かったが，戦後は労働者の重要な労働条件として位置づけられるようになった。

(2) 企業内組合

わが国の労働組合は，その組合員資格が特定企業の正規従業員のみに限定され企業ごとに形成されるところの企業内組合である。これは，欧米の横断的労働市場を前提とする職業別組合や産業別組合とは性格を異にする。わが国でも産業ごとに労働組合の全国組織はあるが，そこに加盟している個々の組合は完全に独立を保っており，企業内（別）組合の性格は失われることはない。企業内組合においては，幹部は当該企業の従業員から選ばれるが，その選出においては勤続年数や年齢がどうしても考慮されることになり，職制秩序がそのまま反映される場合が多い。わが国の場合，経営者と組合幹部との間には概して良好な（インフォーマルな）人間関係が成立しており，組合幹部が後に企業幹部になることは稀ではない。こうして労使協調の風土が形成されていくが，このことは組合が日本的集団主義的経営の形成・維持に積極的に貢献していることを意味する[4]。

4. 日本企業における経営組織の特質

(1) 組織構造

日本企業の経営組織は，欧米のそれとは異なり，次のように集団主義的性格の強い構造を示している。そこでは，個人の職務権限が曖昧な形で組織編成がなされている。その組織図は，合理的組織形態（一般には職能別部門組織）のあり方を示しているが，取締役会・部・課・係そして末端の一般従業員を包括

して，それぞれのレベルの集団の相互関係を表すことに主眼をおいており，欧米のように組織の末端まで個人の職位を示し，主要職位に個人名を記すということはない。また，職務分掌規定においては，職能別に設けられた営業・製造・人事などの部，またそれぞれの課ごとに具体的な業務内容が詳細に示されているものの，その個々の集団の長・個人の仕事内容については一般的・抽象的にしか示されていない。

このような企業組織は，生産現場の職務構造を柔軟なものとし，集団的作業遂行を可能とする。また，オフィスでは大部屋方式が採用される場合も多く，そこでは公式・非公式の会議による部門間調整が図られ，業務が進められることとなる。

このように，日本の経営組織においては，組織構成員の職務範囲は一応形式的には決められているものの，その職務範囲は不明瞭なものになっている。これらの組織に対する考え方は欧米企業のそれとは根本的に異なっており，集団主義的な日本企業の組織風土に適応させたものである。つまり，このような組織風土・文化を有するゆえに日本企業独特の組織編成ができあがったともいえるのである。

(2) 集団による意思決定方法

日本の経営においては，インフォーマル・コミュニケーションが重要な役割を果たしており，その意思決定の方法は稟議制度によっても特徴づけられてきた。これは，トップ・マネジメントの方針を踏まえて課内のメンバーと一緒に考えた提案を課長が関連部署に根回しし，その上で公式に稟議書を回覧し，関連する課・部長の捺印を得てトップの承認を求めるというようなコンセンサスの積み重ねによる意思決定方式である。このようなボトム・アップ型の意思決定は，責任の所在が不明確になることやコンセンサスを得るための時間を要するという欠点もあるものの，従業員ひとりひとりが経営に参加しているという意識をもつことが可能になるという観点からみれば優れた制度ということができるであろう。

この稟議制度は，そもそもわが国に古くから存在する上司の決済を得るための「伺いの制度」に由来し，明治時代に官制，次いで企業の職制に取り入れら

れた日本独自の管理制度であった[5]。戦後，企業経営が近代化されていくなかで，純粋な形での稟議制度は各種の管理制度に取って代わられ，企業によっては稟議制度という名称そのものを廃止しているところもみられるが，多くの企業では企業内の重要事項を決定するための手続きとして，稟議の手続きがそのまま使われているところもある。

(3) 生産現場の特徴

日本企業では，生産現場においても労働者の多機能工化やチーム・ワークを最も重視することや現場重視の考え方など特徴的な要素がある。

日本の労働者は，何種類も仕事ができる多能工であり，工場においてはチームワークが最も重視され，QC（Quality Control）サークルなどの小集団活動が行われる。QCサークルとは，同じ職場内で品質管理活動を自主的に行う小集団のことであるが，ここにも日本企業の集団を重視する特質が現れている。また，日本企業では常に現場が重視されている。これは，工場での改善が全体の生産性の効率や向上に結びつくという考え方に基づくものであり，QCサークルも，「現場主義」の思想に基づいている。日本企業の生産システムは，この現場主義に基づいて維持されており，エンジニアと現場労働者の双方が同時に現場に立ち，協力して生産システムの維持・改善に当たる。エンジニアと現場労働者それぞれの立場が明確に分かれている欧米企業とは異なり，日本ではトップ・ダウンで命令・指示を与えるのではなく，現場に任せ，協議によって改善を図るという方法が採られている。

トヨタ自動車が生み出し，多くの製造業に取り入れられている生産システムであるカンバン方式もこの現場主義の思想から生み出されたものとされている。この方式は，生産ラインの工程間の作業量を適切に調整していくシステムである。そのポイントは，「後工程取引」，つまり（計画に従って前工程から部品を渡されるというのではなく）後の工程がそこで必要なだけの部品量を前工程に指示し受け取るという点にあり，この前工程へ指示情報を伝えるものが「カンバン」であった。このしくみにより，必要な部品が必要なときに必要な量だけ調達できるというJIT（Just In Time）が生み出され，中間在庫は減少しその分コストが削減できることになる。このように，カンバン方式は，後工程

を情報の流れの起点としており，現場からの情報を重視している日本企業が生み出した特有のシステムといえる。

(4) 日本的経営の国際比較

これまで日本的経営を特徴づける諸要素を述べてきたが，さまざまな諸要素から説明できる日本の経営を欧米のそれと比較してみた場合には以下のように整理できる。

これまでにも日本の経営と欧米の経営とを比較した研究は多数あるが，オオウチ（W. G. Ouchi）は，彼の著である"Theory Z（邦訳『セオリーZ』1981年）"において，日本の企業とアメリカの企業の抽象モデルを対比して以下のように対照的な相違点を表している[6]。

表3.1 アメリカの組織と日本の組織との対照的な相違点

アメリカの組織	日本の組織
短期雇用	終身雇用
早い人事考課と昇進	遅い人事考課と昇進
専門化された昇進コース	非専門的な昇進コース
明示的な管理機構	非明示的な管理機構
個人による意思決定	集団による意思決定
個人責任	集団責任
人に対する部分的かかわり	人に対する全面的なかかわり

出所：W. G. Ouchi, 1981, *Theory Z*, Addison-Wesley. （徳山二郎訳『セオリーZ』CBSソニー出版，1981年，p.88）

このような，日本の経営の国際比較研究とともに，さらにより実践的な立場から日本の経営を捉えなおそうとするものもある。1980年代以降，日本企業の海外進出が活発となり，海外市場における事業展開が拡大し，日本経済のグローバル化が進展するにつれて，日本の経営手法における現地での適応化に関する研究も活発化した。

たとえば，経済同友会は，経営環境の変化に適応すべく企業革新の促進を訴え，「オープンシステムへの企業革新（1991年12月）」のなかで，日本的経営の特徴と評価をまとめている。それによると，終身雇用と年功制に基づく日本

の人事管理諸制度は人間尊重の理念に基づくものとみなされ，終身雇用と企業内教育は海外市場においても積極的に推進できるものであり，普遍性がある部分として捉えている。また，生産システムにかかわる小集団活動，生産技術重視，部門間協力も海外で積極的に推進できるものとしている。一方，ジョブ・ローテーション，ボトム・アップ，企業別組合，集団的意思決定は，現地に適応させ推進するものであるとされている。

　このような点をまとめると，日本的経営の諸要素のうちかなりのものが普遍性をもっているように思われる。他の研究でも，企業内教育による人材育成および小集団活動など生産システムにかかわる部分は，欧米やアジア諸国などのほとんどの地域で適用が可能であるとされているが，終身雇用を軸とした集団主義的な人事システムは，すべてがそのまま現地に受け入れられるとは考えにくい。つまり，生産システムにかかわる側面は，極めて技術的要素が強いことから比較的容易に受け入れられると思われるが，人事に関する側面はその地域の文化・社会状況を色濃く反映しているため，日本的経営風土のなかで生まれた制度そのままの形で移転されるとは考えにくいのである。ただそのなかでも，終身雇用は安定的な長期雇用を意味しており，企業にとっても人間尊重の経営スタンスの現れとして（とりわけ発展途上のアジアの地域において）充分に受容されうると思われる。

5．変わる日本の経営

日本の経営を変化させる社会経済的背景

　これまで日本企業が競争優位性を保つことができたのは，日本的経営における，終身雇用制と年功制によるところが大きいと考えられる。そして，長期雇用を前提として大量の新規学卒者を一括採用し，ジョブ・ローテーションや内部教育訓練を行うことにより，知識や技術を伝承するとともに年功序列によりモチベーションを保ちながら成長してきたといえる。しかし，以下のような状況がその維持を困難にしている。

　①経済成長の鈍化　　現在の経済が低成長経済の軌道上にあるということである。そして，長期にわたる不況は，終身雇用制と年功制の堅持を困難にして

きた。1960年台の高度成長期が終わり，1973年の第1次石油ショックや1985年のプラザ合意後の円高などの際には，経営環境が悪化し，生産現場を中心に希望退職などの雇用調整が行われた。1990年代のバブル崩壊後の長期不況下においても，多くの企業は人員削減を含めたリストラクチャリングによるコスト削減を余儀なくされ，企業における総額人件費管理の徹底と人件費の柔軟化が課題となった。

②企業スタイルの変化　大量生産大量消費を軸とした重厚長大型産業型企業が中心となっていた工業化時代から軽薄短小型というべきIT産業を中心としたスピードが求められる新しいタイプの企業が多く誕生してきた。このタイプの企業では，人を育てるよりも専門的な能力を発揮する人材を求めている場合が多く，企業のあり方，働き方を変化させる要因となっている。

③労働力供給構造の変化　若年労働者の減少と中高年齢者の増加という労働力供給構造の変化がある。出生率の低下などにより，若年労働力の供給は，2010年には約644万人に減少する。また，15歳～29歳層の若年労働者は，2000年の1,556万人をピークに減少する。この結果，若年労働者の確保が困難となり，雇用コストが上昇すると予想される。したがって，従来のピラミッド型組織の維持や年功的処遇は困難となるといえる。

その一方で中高年者は，45歳以上の人口は，1993年においては約5,028万人であるが2010年には約6,187万人に増加する。したがって，中高年者のうち，1947年～1949年生まれの役職適齢期にあたる団塊の世代を，従来の年功的昇進・昇格制度のもとでは，従来のように役職者として処遇することが困難となる。

④女性の職場進出　女性の職場進出がみられるようになり，これまで出産・育児などで一旦退職すると十分に能力を発揮することができなかった組織体制が見直され，これらの者も一層活躍できる社会的土壌が生まれてきた。このことからも，女性の働きやすい職場環境が求められることにより，多様な就業形態の必要性が高まっている。

⑤ライフスタイルや価値観の多様化　個人の生活を尊重する考え方が広がっていくなかで，企業の従業員に対する過度のコミットメントを問題視するようになり，いわゆるライフ・バランスが問われるようになってきた。また，ラ

イフ・スタイルや価値観の多様化が進み，労働に対する考え方も一律のものではなくなったため，企業側も個々の従業員に対して同質的かつ一律的な対応が困難となってきた。

6. 日本的経営の変化

このような環境の変化により，終身雇用制と年功序列を維持することは困難な状態になった。これまでのように，長期雇用を前提として新規学卒を一括採用し，採用した人材を長期にわたり教育し，ジョブ・ローテーションにより適材を配置するという内部調達を中心としたものから，外部から即戦力として中途採用を増やしたり，職種別採用や人的コスト削減のためのパートタイマーや契約社員の活用を図るなど，雇用形態や採用方法も大きく変化している。すなわち，21世紀に入り，企業は，生産量や収益の動向あるいは労働者のニーズなどに応じて，柔軟な人的管理と人員配置を行うことが必要不可欠になってきており，パート・タイム労働者，契約社員などいわゆる非正規従業員の活用の重要性がますます高まっている。

(1) 雇用形態の多様化

総務省による平成18年度の労働力調査特別調査（平成14年1月より労働力調査に統合）によると，正規の職員・従業員は3411万人，非正規の職員・従業員のパート・アルバイト，派遣社員は1677万人となっている。平成15年以来，正規の職員・従業員は減少傾向にあり，パート・アルバイト，派遣社員は増加傾向を示しているが，平成18年度では両者とも前年と比較してそれぞれ37万人，44万人の増加に転じている。しかし，平成13年度の調査（正規の職員・従業員は3581万人，パート・アルバイト，派遣社員は1279万人）と比較してみると，正規の職員・従業員は減少しており，非正規の職員・従業員は増加していることがわかる。また，非正規の職員・従業員の内訳をみると，パート・アルバイトが1125万人（役員を除く雇用者に占める割合は22.1％）と最も多く，次いで契約社員・嘱託が283万人（同5.6％），派遣社員が128万人（同2.5％）となっており，平成13年の調査ではパート・アルバイトが1007万人，契約社

員・嘱託が227万人，派遣社員45万人であったことからも非正規の職員・従業員が増加していることがわかる。

　すなわち，非正規職員・従業員の雇用が増加していくことは雇用形態の多様化を意味するが，平成13年以降の調査結果からも明らかなように，企業は正規職員・従業員を削減し，その穴埋めとして非正規社員の雇用を拡大させてきた。それは，人件費総額の削減という視点から固定費化しやすい人件費（賃金，賞与，法廷外福利費など）を変動費化したいという企業の戦略による部分が大きいと考えられる。

　だが雇用形態の多様化は，働く側である労働者の意識の変化にも対応するものでもある。近年では"仕事"に対する意識が多様化しており，ひとつの企業

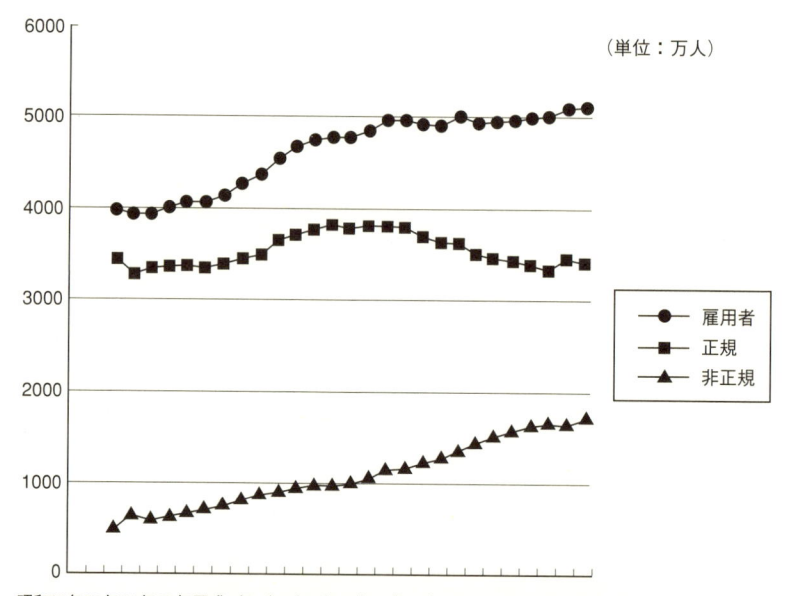

図3.2　正規雇用者・非正規雇用者の推移

出所：総理府統計局「表1，表2」『労働力調査特別調査報告』昭和56年，57年
　　　総務庁統計局「第11表」『労働力調査特別調査報告』昭和58年
　　　総務庁統計局「第2表」『労働力調査特別調査報告』昭和59年～平成元年
　　　平成2年～平成13年は，総務省ホームページ「労働力調査特別調査結果」を参照のこと
　　　平成14年～平成18年については，総務省ホームページ「労働力調査」
　　　（http://www.stat.go.jp/data/roudou/sokuhou/index.htm）を参照のこと

に縛られることを好まず，自由時間を大切にしたい，好きな時間に働きたい，あるいは専門性を生かした職で働きたい，定年退職後も働きたいなど仕事に対するさまざまな考え方が出てきている。

　労働力を必要なときに必要なだけ調達することは，雇用のジャスト・イン・タイムといえるが，改正男女雇用機会均等法，改正労働者派遣法，改正職業安定法など，これらを促進するような労働法規が施行されて人的管理も複雑化・多様化している。

　これまで，パート，アルバイトなどの非正規職員・従業員の雇用は，正規職員・従業員の補助的な業務をするものと捉えられてきたが，実際には従業員の大半がパートやアルバイトで占められていたり，あるいは職務内容や労働時間が正社員と同様であったりする。またスーパー・マーケットなどの一部の小売業態をはじめとしてパート従業員を積極的に基幹労働力化しているような企業も増加している。

　以上のことからも理解できるように，日本人の働き方は大きく変化している。このような状況は従業員の同質的一元管理を不可能にするものであって，日本

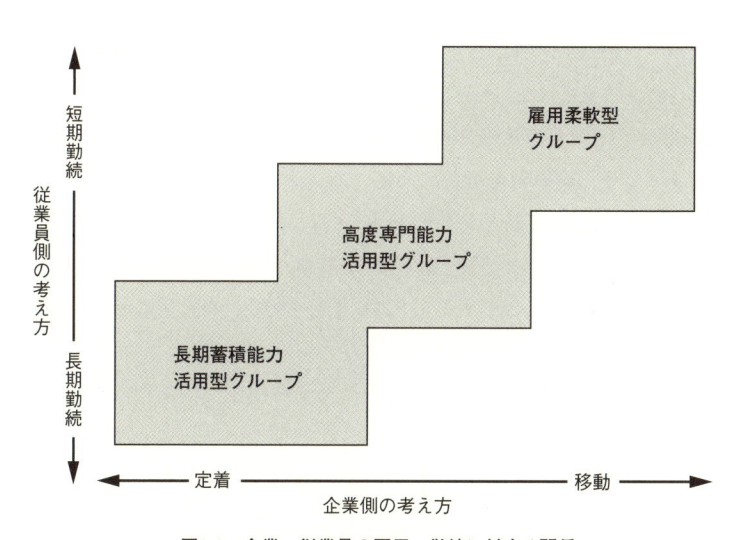

図3.3　企業・従業員の雇用・勤続に対する関係

出所：新・日本経営システム等研究プロジェクト編『新時代の「日本的経営」──挑戦すべき方向とその具体策』日本経営者団体連盟，1995年

表3.2 雇用グループ別にみた処遇

	雇用形態	対象	賃金	賞与	退職金・年金	昇進・昇格	福祉施設
長期蓄積能力活用型グループ	期間の定めのない雇用契約	管理職・総合職・技術部門の基幹職	月給制か年俸制,職能給,昇給制度	定率＋業績スライド	ポイント制	役職昇進,職能資格,昇格	生涯総合施設
高度専門能力活用型グループ	有期雇用契約	専門部門（企画,営業,研究開発等）	年俸制,業績給,昇給なし	成果配分	なし	業績評価	生活援護施設
雇用柔軟型グループ	有期雇用契約	一般職,技能部門,販売部門	時間給制,職務給,昇給なし	定率	なし	上位職務への転換	生活援護施設

出所：新・日本経営システム等研究プロジェクト編『新時代の「日本的経営」― 挑戦すべき方向とその具体策』日本経営者団体連盟，1995年。

企業の伝統的な人事システムの崩壊を意味するように思われる。

1995年段階において，日本経営者団体連盟は『新時代の「日本的経営」― 挑戦すべき方向とその具体策』（新・日本的経営システム等研究プロジェクト編）において，将来の日本企業における雇用形態や人材システムの方向性や具体策を示した。このプロジェクトでは，雇用形態は期間の定めのない雇用契約による「長期蓄積能力活用型グループ」，有期雇用契約による「高度専門能力活用型グループ」，有期雇用契約による「雇用柔軟型グループ」の3つに類型化されており，人材の育成と業務の効率化を図りつつ，仕事，人，コストを最も効率的に組み合わせた企業経営に向けた雇用ポートフォリオ論が提言されている。このプロジェクトは，その後1996年と1998年の2度にわたり調査が実施されたが，その結果として長期蓄積能力活用型が減少し，高度専門能力活用型や雇用柔軟型が増加したものの，やはり長期蓄積能力活用型が企業にとって中心のグループであり，企業の戦略決定はこのグループによって行われると考えられることから，従来の日本的経営の基本的な性質は失われることはないと予測した。しかし，企業の全体像はかつての日本企業のイメージとは大きく異なったものになる。そして，現在（2008年段階）の変化はこの枠組みの中で進行しているということができる。

(2) 採用方法の多様化

雇用形態の多様化とともに採用方法も多様化してきている。前項でも述べたように，日本企業は終身雇用を軸として大量の新規学卒者を一括して採用し，長期間にわたる社内教育やジョブ・ローテーションによって人材を育成してきた。

しかし，長引く不況と企業をとりまく急速な環境変化，あるいは競争の激化に伴い，専門的な知識や能力を有し即戦力となる優秀な人材を求める傾向が出てきた。このことはヒト本位から仕事本位へと採用の重点が移りつつあることを意味している。それは，新規学卒者を採用することだけにこだわらず中途採用を増やしている企業が増加していることや，ソニーなどの国際的な企業が実施しているように，入社時の配属先をあらかじめ限定することにより専門的な能力を有した人材や即戦力の人材を獲得するために職種別採用を行う企業が登場していることからも理解できる。

また，人々の仕事に対する意識も変化してきており，転職は恥ではなく，むしろひとつの企業で定年まで仕事をすることにこだわらず，転職することによってキャリアのステップアップをめざす人々も増えている。

また，採用時期についても通年採用をする企業も増加していることや，卒業時期が異なる外国の大学を卒業した学生を採用するなど採用時期も分散化される傾向にあるといえよう。

(3) 評価（年功主義から能力主義へ）

終身雇用制と同様に「年功制」による処遇についても，（中高年ホワイトカラーの雇用を維持していくためにも）修正を余儀なくされている。単に勤続を重ねれば一定の役職まで到達できるのではなく，企業に対する貢献に見合った処遇を行うという，いわゆる「能力主義」人事が行われるようになってきた。

この能力主義人事は，職能資格基準に基づいて人事処遇を行う制度である職能資格制度を軸に展開されてきた。この資格制度自体は戦前から存在しているが，戦前の場合は職員と工員とを区別した身分的資格制度であった。それが，戦後の民主化の過程で廃止されて，学歴に基づく年功的な資格制度が生まれた。第一次石油ショック以降は，低成長経済と高齢化の進展に伴い能力主義的処遇

を行うために職能的要素を重視した資格制度が導入され，80年以降より強化されてきた。この職能資格制度が注目された最大の理由は，短期的には昇進ポストの不足に，長期的には情報化などによる経営革新の加速化に伴い年功と能力とが必ずしも相関しなくなったということに求められる。

現在，多くの企業では昇進と昇格とを分離している。昇進とは，課長や部長などの役職上の上昇をいい，昇格とは職能資格の序列が上昇することをいう。昇給は昇格とリンクされることが多く，年功的性格は一段と弱まっている。職能資格制度のもとでは，各等級ごとに明確な職務遂行要件（キャリア，資格や研修など）に基づいた職能資格基準が設定されており，人事考課においても，この職能資格基準に基づいた職能考課（能力の評価）がより強調されている。

21世紀に入ると，従来の処遇体系に代わり実績や成果を賃金に反映させるという成果主義を導入する企業が増加し始めた。成果主義の最大の特徴は，仕事の成果が賃金に大きく影響することにある。成果主義の究極の形式は業績や成果のみが評価に結びつくものであり完全年棒制といわれる。一般的に年棒制とは，前年の業績評価と社員個人に求められる役割に基づいて向こう1年間の賃金総額を決定する制度である。諸手当，属人給，職務給など一部分を残している緩やかな年棒制もある。この制度は，大企業ほど導入している場合が多く，その適用を上級管理職に限る企業だけでなく，最近では管理職全体，あるいは一般社員にも拡大している例もみられる。

厚生労働省『平成13年就労条件総合調査』「過去5年間の賃金決定要因の変化」によると，賃金の決定要因において管理職，管理職以外の両者とも「職務遂行能力」「業績評価」「職務・職種など仕事の内容」の順に「新たに決定要素とした」あるいは「以前よりウェイトを増やした」企業が増加している。

逆に賃金決定要因として「決定要素から除外した」あるいは「以前よりウェイトを減らした」項目には，「年齢・勤続年数」「学歴」がある。

このように，管理職，または管理職以外の両者とも「業績・成果」は，「職務遂行能力」に次いでウェイトを増やしている企業が多く，逆に「学歴」「年齢・勤続年数」について決定要因から除外したりウェイトを減らしたりする企業が多くなっていることからも，大まかな流れとしては大企業を中心として「業績・評価」で賃金を決定する成果主義へと移行しているように思われる。

そして，一連の処遇体系の変化とともに，同時に，同質的・一元的管理ではなく多元的管理ともいうべき「人事の複線化」（人事体系を複数のコースで構成する施策）も実施されている。たとえば，総合職，一般職といった形で将来のキャリアについて複数のコースを設定する制度がこれに該当する。また，ナショナル社員，リージョナル社員，ローカル社員といった勤務地や人事異動の範囲について複数のコースを設定する制度もある。

このような状況に伴い，教育訓練も年功的な一律的な教育訓練ではなく，キャリア別に異なる教育訓練プログラムが必要となり，準備されている。

管理職

〈除外とウェイト減〉 / 〈新規とウェイト増〉

項目	決定要素から除外した	以前よりウェイトを減らした	新たに決定要素とした	以前よりウェイトを増やした
職務，職種など仕事の内容	0.3	0.9	0.7	15.6
職務遂行能力	0.2	1.3	1.1	33.6
業績・成果	0.3	0.9	1.1	30.3
学歴	6.5	4.2	0.1	0.3
年齢・勤続年数など	4.3	13.7	0.3	1.0

管理職以外

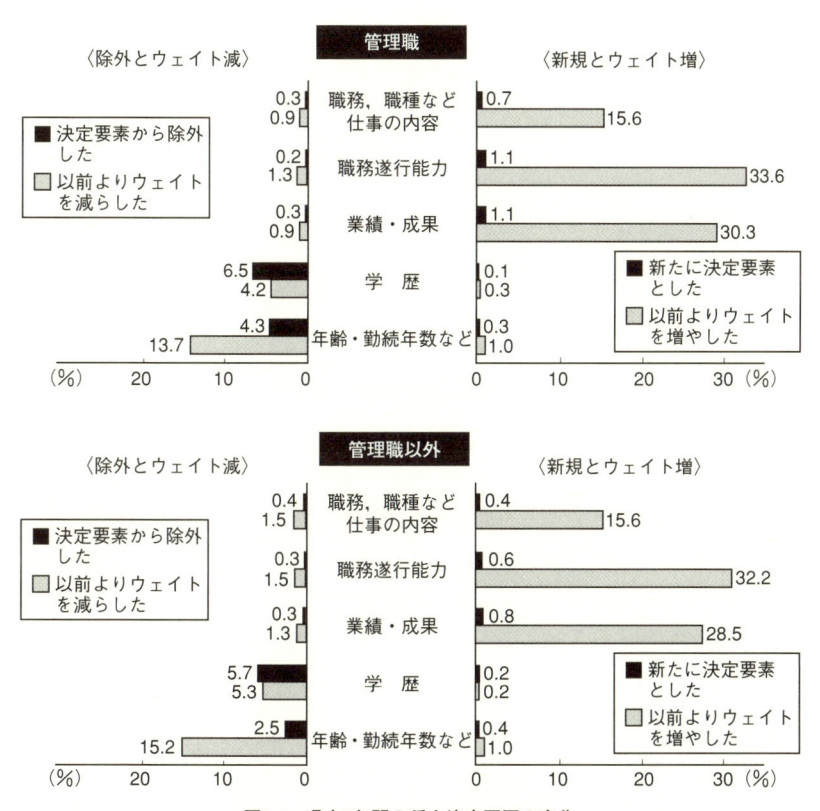

〈除外とウェイト減〉 / 〈新規とウェイト増〉

項目	決定要素から除外した	以前よりウェイトを減らした	新たに決定要素とした	以前よりウェイトを増やした
職務，職種など仕事の内容	0.4	1.5	0.4	15.6
職務遂行能力	0.3	1.5	0.6	32.2
業績・成果	0.3	1.3	0.8	28.5
学歴	5.7	5.3	0.2	0.2
年齢・勤続年数など	2.5	15.2	0.4	1.0

図3.4　過去5年間の賃金決定要因の変化

出所：厚生労働省『平成13年就労条件総合調査』

(4) 就業形態の変化

　重厚長大型産業から軽薄短小型産業が増加するにつれて，フレックス・タイム制，在宅勤務，サテライト・オフィスなど，就業形態においても変化が現れ始めている。

　フレックス・タイム制では，1日の労働時間が職場で仕事をしなければならない「コア・タイム（核時間）」とその前後の「フレックス・タイム（選択就業時間）」とに分けられ，コア・タイムは拘束されるものの，フレックス・タイムは自主的に就業時間を決定できるというものである。つまり，出社時間と退社時間が従業員の自由裁量に委ねられるという制度であり，これを実施している企業は比較的多い。これは，通勤時のラッシュ・アワーの緩和や欠勤対策として意味をもつものであると同時に従業員自らが働く時間を決定することにより労働に対するモチベーションを高める効果もある。

　在宅勤務は，従業員の住居で勤務するものであり，サテライト・オフィスは従業員の自宅で行うのではなく，本社に出社することなく，自宅から近いオフィスで業務を行うというものである。このような在宅勤務やサテライト・オフィスは，IT社会の賜物であり，会社と自宅あるいは個人の所在場所とがコンピュータの利用による情報ネット・ワークで結ばれて必要なデータのやりとりが可能となれば当然考えられる就業形態である。

　在宅勤務よりサテライト・オフィスの方がより成立の可能性は高いといえるが，データの流出などさまざまな問題を抱えていることからも双方とも勤務形態としては支配的にはなっていない。しかし，携帯電話やモバイルPCの普及により，さらに今後このような新しい形態は将来において就業形態のひとつの変化の方向性を暗示するものとして増加するといっても過言ではないだろう。

　このようなフレックス・タイム制，在宅勤務，サテライト・オフィスなどの導入が可能となるには，評価システムが仕事の成果を重視するという能力主義の思想に基づくものになっていなければならず，当然，他の人事諸制度も同時にその方向に沿って変更されていることになるだろう。

注
（ 1 ） Abegglen, J. C., *The Japanese Factory : Aspects of Its Social Organization*. Glencoe, Ill : Free Press, 1958.（占部都美監訳『日本の経営』ダイヤモンド社, 1958年）によると, 日本の「強み」と指摘された「終身雇用」という言葉は, 英語で「ライフタイムコミットメント」と書かれており, これは「終身雇用」という意味ではなく労働者と企業との間で職場共同体として生涯にわたる強い結びつきがあるという意味を表しているとされる。
（ 2 ） 日本的経営において人材の育成は極めて重要である。職種別採用とは異なり新規学卒者を一括採用し, 彼らを長期的に雇用していく日本企業の慣行の下では教育訓練は人事・労務管理上不可欠になる。
（ 3 ） 釜賀雅史『現代の企業と経営』学文社, 2003年, pp.181-182。
（ 4 ） 釜賀雅史『現代企業の構造』学文社, 1999年, p.178。
（ 5 ） 神戸大学経営学研究室編『経営学大辞典』中央経済社
（ 6 ） Ouchi, W. G., *Theory Z*, 1981.（徳山二郎訳『セオリーZ』CBSソニー出版, 1981年）

参考文献

Abegglen, J. C. *The Japanese Factory, Aspects of Its Social Organization*, 1958. 占部都美監訳『日本の経営』ダイヤモンド社, 1958年

安保哲夫・板垣　博・上山邦夫・川村哲二・公文　博『アメリカに生きる日本的生産システム』東洋経済新報社, 1991年

間　宏『日本的経営』日本経済新聞社, 1970年

伊丹敬之『人本主義企業』筑摩書房, 1987年

加護野忠夫・野中郁次郎・榊原清則・奥村昭博『日本企業の経営比較 ―戦略的環境適応の理論―』日本経済新聞社, 1983年

釜賀雅史『現代企業の構造』学文社, 1999年

釜賀雅史『現代の企業と経営』学文社, 2003年

川上哲郎・長尾竜一・伊丹敬之・加護野忠夫・岡崎哲二『日本型経営の叡智』PHP研究所, 1994年

経済同友会『オープンシステムへの企業革新』, 1991年

厚生労働省編『平成14年度版　労働経済白書』日本労働研究機構, 2002年

Ouchi, W. G. *Theory Z*, 1981. 徳山二郎訳『セオリーZ』CBSソニー出版, 1981年

労働大臣官房政策調査部『平成3年版 産業労働レポート』1991年

労働大臣官房政策調査部『日本的雇用制度の現状と展望』1997年

労働省編『平成10年版 労働白書』日本労働研究機構, 1998年

佐藤博樹・藤村博之・八代充史『新版　新しい人事労務管理』有斐閣, 2003年

佐野勝男・槇田　仁・関本昌秀『新・管理能力の発見と評価』金子書房, 1987年

新・日本経営システム等研究プロジェクト編『新時代の「日本的経営」―挑戦すべき方向とその具体策』日本経営者団体連盟, 1995年

総務省統計局統計センター『労働力調査　平成13年度結果』2001年

高木晴夫監修,慶応大学ビジネススクール編『人的資源マネジメント』有斐閣,2004 年
津田真澂『新・人事労務管理』有斐閣,1993 年
占部都美『日本的経営を考える』中央経済社,1978 年

第Ⅳ章

経営戦略

1. 経営戦略

(1) 経営戦略とは

　企業は製品やサービスを市場に提供することにより，利潤を獲得し，その存続と成長を図っている。近年では，顧客の多様化や情報の進展により企業をとりまく環境は目まぐるしいスピードで大きく変化している。そのため，企業にとっては消費者ニーズを絶えず意識した対応や競合企業に対していかに差別化を図ることができるかという柔軟な対応やスピードが求められている。このような状況下において，企業活動は進むべき方向を場当たり的に定めるのではなく，将来の方向性を十分に考慮し外部環境に適応させる必要が重要になることから経営戦略が極めて重要となっている。

　広辞苑によると，戦略（strategy）という用語はもともと軍事的用語であり，それは戦争を全局的に運用する方法を意味しており，戦術（tactics）と比較して広範囲の作戦計画を表現する場合に使用されてきた。このような軍事的用語が企業経営のなかで経営戦略として使用され始めたのは，アメリカにおいて高度大衆消費社会という段階に突入した1960年代であるとされている[1]。この時代はさまざまな商品が溢れ市場は飽和状態に達しており，既存の市場は成長機会を見出すことが困難になっていた時代である。そのため企業にとっては新たな成長分野を探し出すことが求められ，企業経営においても多角化によって事業の成長や発展を見出そうとしていた。そのような状況のもとで，企業は事

業の多角化をいかなる方法で進めていくか、あるいは多角化した事業を全社的にいかに資源配分していくかという問題に直面していた。

そのような時代にアルフレッド・D・チャンドラー（A. D. Chandler Jr.）、イゴール・アンゾフ（H. I. Ansoff）らの研究によって企業経営における戦略の重要性が示されることとなった。チャンドラーは、彼の著である『経営と組織』(1962）において、ゼネラル・モータース（GM）、スタンダード石油、シアーズ、デュポンといったアメリカの巨大企業の成長過程を実証的に分析し、これらの企業が多角化による発展過程で中央集権的な組織構造から分権的な組織構造へ移行していることを指摘した。そして「組織は戦略に従う」という命題により、戦略が組織行動と成果に影響を与えることを明らかにするとともに、「戦略とは企業の基本的長期目標・目的を決定し、さらにこれを遂行するのに必要な行動方法を選択し諸資源を割り当てることである」と定義した[2]。

いっぽうアンゾフは、「経営戦略とは企業の事業活動についての広範な概念を提供し、企業が新しい概念を探求するための明確な指針を決定し、企業の選択過程をもっとも魅力的な機会だけにしぼるような意思決定のルールによって企業の役割を補足するもの」と定義している[3]。

またその他にも持続的競争優位を達成するためのポジショニングを構築すること、あるいは企業が考えた競争に成功するためのセオリーなど[4]、研究成果の蓄積が乏しいことや歴史的に浅いことからもその概念や定義はさまざまである。しかしながら、それぞれの概念に共通するのは、企業の将来の方向またはあり方に一定の指針を与える構想であるということ、企業と環境のかかわり方、すなわち環境適応のパターンに関するものであるということ、企業のさまざまな意思決定の指針、または決定ルールとしての役割を果たすということなどである[5]。すなわち、経営戦略とは企業をとりまいている環境とのかかわりについて、企業の存続や発展をめざすために何をどのように遂行するべきかを示したものであり、企業に関与する人たちへの指針となるべきものであるといえよう。

(2) 経営戦略の基本的構造

経営戦略は、企業経営全体にかかわる戦略の総称として使用される概念であ

る。それは，企業経営に及ぼす範囲や機能，あるいは組織階層などかかわる環境によってそれぞれ①全社（全体）戦略（corporate strategy），②事業戦略（business strategy），③職能（機能）戦略（functional strategy）の3つの階層に分類することができるが，これらの階層はそれぞれ体系的にまとまり企業戦略全体を構成している。

1）全社（全体）戦略

　全社（全体）戦略とは企業経営全体にかかわるものであり，その企業が全体としてどのような企業になるのかという方向性を示すものである。この戦略では，自社の基本的事業体を明確にし，いかなる市場・製品分野において活動するかの策定がなされる。それは，各事業単位に経営資源をどのように配分するかという資源配分の決定にかかわるものであり，事業戦略や職能（機能）戦略を統合し，有機的に結びつける役割も果たしている。

　企業が全体（全社）戦略を進める場合の出発点はドメインの策定である。それは企業にとってどこに自社の生存領域を求めるかというドメインの設定であり，それを明確にすることは戦略そのものを定義するものと捉えることができる。

　ドメインの設定方法において考慮されるべき点は，①企業戦略構造の階層の最上位に位置づけられ，各個別戦略との整合性と一貫性を有していること，②十分な具体的イメージを想起させるものであり，かつ発展・深耕の可能性があること，③比較的長期スパンでの企業経営の未来性を有していることとされている。しかしこのドメインの設定は，企業の市場規模や競争地位によって表現方法が大きく異なっており，企業理念に近く抽象的なものから，より現実的で具体的なものまでさまざまである。そして，それを広く捉えるか狭く捉えるか，あるいは物理的に捉えるか機能的に捉えるかというように，どのような視点から企業を捉えるかによっても戦略展開のあり方は大きく異なってくる。

　ドメインが企業成長や発展の鍵であるということを指摘したのはレビットである[6]。彼は，アメリカの鉄道事業が衰退したのは他の輸送事業である自動車やトラックなどの代替輸送に取って代わられたという市場の衰退による要因ではなく，ドメインを輸送業として捉えず鉄道業として捉えたという近視眼的な要因に起因しているとしている。

いっぽう日本においてドメインの議論が活発になされるようになったのは1980年になってからのことである。それは，大量生産・大量消費の時代が終焉し企業にとって競争の激化や公害問題などさまざまな問題を抱えていたことによる。そのようななかで経営戦略に対する関心が高まるとともにドメインの概念も重要視されるようになり，NEC，サントリー，あるいはフジフィルムなどが自社の進むべき道を再定義するなどドメインに対する必要が高まったのである。

上記で述べたように，企業の全社（全体）戦略においてはドメインの策定が重要であり，そしてそれを具体的に示すフレームワークとして企業の方向性を示す製品・市場のマトリックス，あるいは経営資源の配分を明らかにする製品や事業のポートフォリオなどがこれに相当する。

2）事業戦略

事業戦略は，企業内のSBU（Strategic Business Unit）という単位によって戦略を分類したものであり，各事業レベルでの戦略を示している。各企業が展

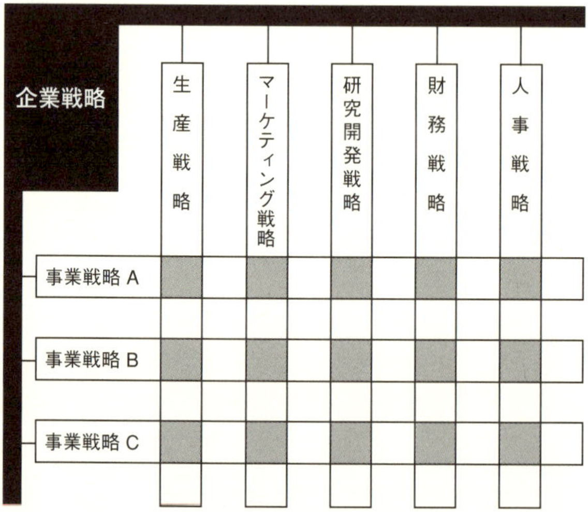

図4.1　経営戦略の体系
出所：土谷守章『企業と戦略』リクルート出版，1984年

開している事業，製品・市場セグメントにおいて，他の企業との競争に勝利できるよういかに経営資源を上手に活用し競争優位を確保できるかが焦点となる。したがってこの事業戦略における最も重要な構成要素は競争戦略である。

3) 職能（機能）戦略

職能（機能）戦略は，機能戦略単位ごとに策定されるOBU（Operational Business Unit）であり，この戦略は全社戦略や事業戦略を実行するためのものである。具体的にはマーケティング戦略，生産戦略，研究開発戦略，人事戦略，財務戦略などがこれに相当する。このレベルでは，各機能において与えられた資源を効率的に活用し，資源を極大化することに焦点が当てられる。

このように，経営戦略は階層的に捉えることができ，それぞれの戦略でさまざまな要素と意義をもっているが，それぞれの戦略は相互に関連しあい整合性をもち全体を形成しなければならない。すなわち，各レベルの戦略は相互に制約しあうため，職能（機能）戦略は事業戦略に制約され，事業戦略は企業（全体）戦略に制約されるというような関係にある。また全社戦略も，現在や将来の事業戦略や職能（機能）を無視したような関係では展開することは不可能となるであろう。経営戦略はまだ歴史的には浅く，新しい分野であるといえるが今日では経営学の中心的な概念といえるだろう。

(3) 戦略策定のプロセス

企業活動の存続や発展に重要な意味合いをもつ経営戦略の策定方法は，1960年代から1970年代にかけての戦略研究の主要なテーマのひとつとして考えられていた。戦略策定のプロセスの代表的なモデルとしてアンゾフ，アンドリュース，ホファー，シェンデルなどさまざまなモデルが提示されているが，戦略策定はいくつかのステップを踏むものとなっている。以下では，アンドリュースの戦略策定モデルを例に説明することにする[7]。

彼らは，戦略策定において戦略の識別，環境分析，資源分析，ギャップ分析，戦略代替案の作成，戦略代替案の評価，戦略の選択からなる7つのステップを踏むとしている。

1) 戦略の識別

戦略策定は，企業における現在の戦略の評価から始められる。それらは，自

社の対象としてきた市場特性やその市場における自社のこれまでの戦略の評価や,あるいは自社の市場における地位や財務状況なども合わせて検討される。

2) 環境分析

2つめのステップとして,企業が直面する主な機会と脅威を明確にする。そのために一般環境の情報と既存の業界情報や新商品や新事業などの競争的環境とを区別し分析がなされる。ここで重要な点は情報を単に収集すればよいというものではなく,KFS[8]を中心に自社にとっての機会と脅威を分析することが重要である。

3) 資源分析

このステップでは自社の強み弱みを発見し,企業の有する能力を明確にするとともに利用が可能な資源とスキルの評価が実施される。分析されるべき能力としては製品開発力,生産能力,マーケティング能力,財務能力,戦略推進能力などが相当するが,これらはKFSや競合企業との比較によって分析がなさ

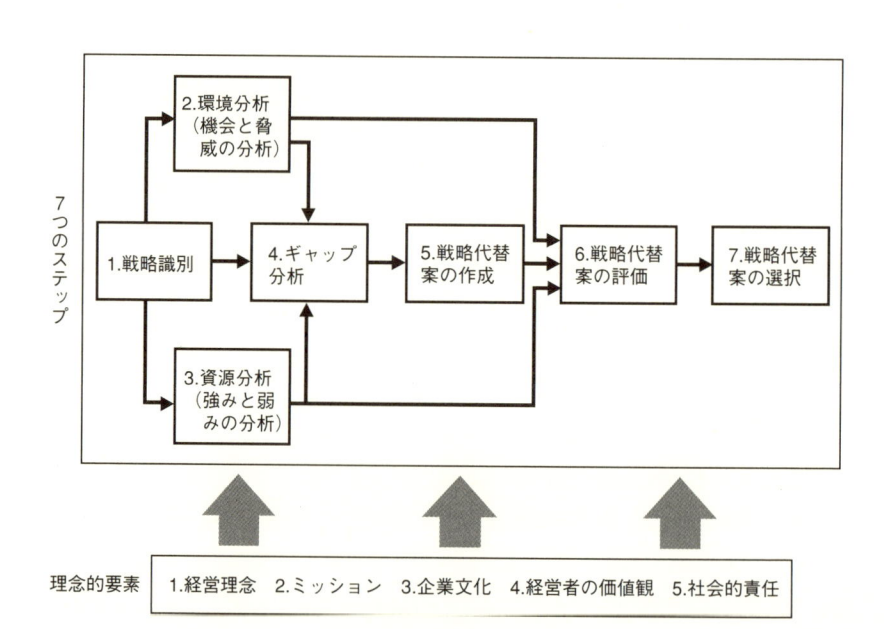

図4.2 戦略策定モデル
出所:村松司叙『現代経営学総論』中央経済社,1991年

れる。

4) ギャップ分析

　環境分析によって得られた機会と脅威とを，企業の目標や資源と対比させることにより，現在の戦略にいかなる変更がされるべきか，あるいは新たな戦略がなされるべきかを検討する。

5) 戦略代替案の作成

　これまで検討された分析結果をもとに新しい戦略代替案を策定するステップであり，最も創造性が要求される。

6) 戦略代替案の評価

　このステップでは，複数の戦略代替案を機会と脅威の観点から比較・検討をするとともに，それぞれの戦略代替案が実施された場合に生じる潜在的競争についての評価をする。

7) 戦略の選択

　最後のステップとして実施のためのひとつないしそれ以上の戦略的代替案を選択する。その場合には，選択された代替案に関して機会を最大化し，脅威を最小化する方策についても考慮される。

　このように戦略策定は，①戦略の識別，②環境分析，③資源分析，④ギャップ分析，⑤戦略代替案の策定，⑥戦略代替案の評価，⑦戦略の選択という一連のステップに従い策定される。

2. 企業戦略の類型

(1) 製品-市場マトリックス

　企業における既存事業の売り上げ拡大や収益の向上，新規事業の成功など企業の成長戦略を考える場合，アンゾフの展開した製品マトリックスの議論をあげることができる[9]。このマトリックスは，企業全体にとって，もしくは戦略的事業単位にとって考えられる成長の方向性を示しているものであり，企業がいかなる製品や市場分野を選択したり，新市場分野を創造するかという点について言及している。

　彼は，企業が対象とする市場と提供する製品を縦軸・横軸にとり，それぞれ

表4.1 製品-市場マトリックス

市場 \ 製品	既存製品	新既製品
既存市場	拡大化 (市場浸透) →	(製品開発)
新規市場	↓ (市場開発)	多角化

出所：H. I. Ansoff, *Strategic management*, Mcgraw-hill, 1965.（広田寿亮訳『企業戦略論』産能大学出版部，1969年）

を既存と新規に分類した2×2の4つの枠組みを提示し，企業がどの製品・市場分野を選択することによって発展や成長を遂げていくかという観点から企業成長の4つの方向性を提示している。この4つの枠組みは，それぞれ①市場浸透戦略，②市場開発（開拓）戦略，③製品開発戦略，④多角化戦略という4つの成長戦略を示しており企業はいずれかの戦略をとることにより成長を達成するというものである。

1）市場浸透戦略（market penetration strategy）

現有の製品分野と現在の市場分野との組み合わせによって展開される戦略である。現在企業が有する製品で，現在の市場に対して売上げの拡大を図ろうとする戦略であり，そのためにマーケティングの積極的な導入が行われる。具体的には，自社製品の売上げ拡大につながるように現有の市場分野への広告や販売促進政策など積極的なプロモーション戦略を行ったり販売経路の開拓を行うことによって，競合他社からの顧客を奪いとる，あるいは既存顧客の製品購入頻度や量の拡大をめざす，また新規顧客を獲得する方法である。

2）市場開発（開拓）戦略（market development strategy）

現有の製品分野と新しい市場分野の組み合わせによって展開される戦略である。現在の製品を新しい市場に投入することにより新市場を開発するものであり，それには2つの方法があるとされている。ひとつは地域の異なる新市場を開拓するものであり，もうひとつは製品を若干手直ししたりすることにより市

場における新しいセグメントを開拓する方法である。
3) 新製品開発戦略（product development strategy）
　新しい製品分野と現有の市場分野との組み合わせによって展開される戦略であり，新製品を開発することにより現在の市場を広げようとするものである。この戦略は，現有市場において新製品を開発したり改良された製品を投入することによりマーケット・シェアや利益の拡大をめざす方法である。
4) 多角化戦略（diversification strategy）
　新しい製品分野と新しい市場分野との組み合わせによって展開される戦略である。この戦略はこれまで当該企業がかかわりをもってこなかった新しい市場に新商品を展開する戦略である。
　このように成長戦略は4つに分類することができるが，市場浸透戦略，市場開発（開拓）戦略，新製品開発戦略のいずれも，該当する企業が従来からもっていた経営資源や蓄積されたノウハウを生かしながら成長をめざすという点で共通している。成長戦略は現有製品・市場を基盤とした拡大化戦略と製品も市場も一から立ち上げることになる多角化戦略に大きく分類することができる。一般的に企業が成長戦略を考える場合，リスクの小さい拡大化戦略を選択する場合が多いが，今日における市場の成熟化，企業間競争の激化という外部環境の変化により，従来の製品や市場だけでは成長が困難になってきていることもあり，多角化戦略が進められる機会が増えている。

(2) 多角化戦略

　多角化戦略は，これまで企業が進出していない新製品分野と新市場という未知なる分野への進出であることから，拡大化戦略と比較してリスクの高い戦略といえる。ひとくちに多角化といってもさまざまなタイプの多角化があるが，アンゾフによれば市場関連によるタイプと新製品分野における技術関連の組み合わせにより，多角化戦略も大きく4つに分類することができる。
1) 水平的多角化（horizontal diversification）
　既存製品の顧客層やタイプと同様の顧客層を対象にして新しい機能をもつような製品を販売する多角化戦略である。このタイプは，従来のマーケティング・チャネルや顧客情報などを活用するメリットが生まれることからマーケテ

ィングにおけるシナジー（相乗）効果が期待できる。そのいっぽうで，同一顧客への販売が主となるため売上げや利益の増大はみられても安定性を高めることができない。

2) 垂直的多角化（vertical diversification）

この多角化は，生産工程の垂直的方向への多角化であり，企業が原材料や部品などを生産する川上の部門や販売先の川下の部門へ事業拡大を図ろうとする戦略である。前者においては原材料の安定的確保が可能となり，後者では市場の確保が生まれるなどの利点があるいっぽうで，技術やマーケティングに関するシナジー効果を生み出すことができない点や垂直的多角化によって企業の不安定性につながるデメリットもある。

3) 集中（同心円）的多角化（concentric diversification）

既存製品と新製品との間に技術面やマーケティング面の両方，あるいは片方が何らかの類似性や関連性をもつような戦略である。このタイプではこれまで蓄積された技術面やマーケティング面を生かすことができるためシナジー効果が発生し，比較的リスクが少なく収益性も高い多角化戦略といえる。

4) コングロマリット（集成）的多角化（conglomerate diversification）

この多角化戦略は，上記にあげた戦略とは異なり技術的にもマーケティング的にも従来とは全く異なり，何の関連性ももたない未知の事業分野へ進出することを示している。方法としては，買収や合弁によって行われる場合が多く，急成長が期待される分野に対して進出して収益性を高めたりすることが可能であるが，反面シナジー効果が期待できないこともあり失敗することも多く，リスクも高い多角化戦略といえる。

(3) シナジー効果

シナジー（synergy）とは，共通経営要素の利用から発生する相乗効果のことである。アンゾフも述べているように，シナジーのなかで典型とされているものとして，生産シナジー，マーケティング（販売）・シナジー，マネジメント・シナジーがあり，シナジーは企業が多角化により新規事業に参入する際に新事業のリスクを低減させる効果をもたらす重要な要素となるとされる[10]。

①生産シナジー

　新規事業に進出する際，既存の生産設備，生産ノウハウ，技術や技術スタッフなどを共通に用いることにより，製品の1単位あたりのコストを下げることができる効果を示している。

②マーケティング・（販売）シナジー

　新規事業進出に当たって，既存の流通・販売チャネル，販売組織，顧客情報，広告媒体やノウハウ，ブランドや企業イメージを利用することにより企業全体としてのマーケティング経費の節約を生み出す効果のことである。

③マネジメント・シナジー

　既存事業でこれまで獲得してきたマネジメント・スキル，管理能力を新事業分野でも応用できるという効果をいう。

(4) 多角化の手段

　多角化を実行する手段にはさまざまな手段が考えられるが，それらは自社で独自に戦略展開を行うのか，あるいは自社のなかで新たな組織を設立して行うのか，それとも他社の力を借りたりするのかという組織間関係戦略が大きく関係する。具体的な手段としては，自社内におけるR&D，スピンアウト，M&Aなどが考えられる。

1) 研究開発（R&D：Research & Development）

　自社が有する既存の技術やマーケティングノウハウを前提として，自社が独自に開発した技術を中心に戦略展開を行う最も伝統的な新規事業開発の方式である。この手段には，既存資源に基づいて行われるため一般的には大規模な投資を必要とせずシナジー効果を期待できることや，他社とのかかわりをもたないため守秘義務を保つことができ，研究開発の結果を自社が優位に利用できるというメリットがあるいっぽうで，開発までの時間がかかるなどのデメリットもある。

2) スピンアウト（spin out）

　企業内の不採算部門やリスクの高いと思われる部門を切り離し，分離・独立させる消極的なものと企業内の独自に強みのある部門を分離・独立させたり，別会社とするような積極的なものに分類できる。積極的な手段のひとつとして，

社内ベンチャーがある。それは社内の技術とノウハウを利用し、既存事業とは全く異なる発想で切り離し、ベンチャー・ビジネスとして新事業を立ち上げようとするものである。もうひとつの手段としてはジョイント・ベンチャーがある。これには生産、技術、販売における業務提携と、2つ以上の企業が資本や技術などの資源を出しあい新会社を設立する合弁企業の設立などが考えられる。

3) M & A (Merger & Acquisition)

合併と企業買収の意味を指すが、合併とは2つ以上の企業が合同して、法的に独立した1つの企業になることをいう。合併の種類としては、2つの企業が対等な立場で合併をする対等合併、強い立場の企業が弱い立場の企業を飲み込むような形式で合併を行い、他方が消滅してしまうような吸収合併、あるいは双方とも企業が消滅して新会社が設立されるような新設合併がある。

また買収とは、他社を支配することを目的に必要な株式を取得して子会社化することである。買収には株式譲渡、営業譲渡、新株引受による譲渡などの方法があるが、このなかでは株式譲渡による買収が多い。そのうち従来から行われてきた株式譲渡による買収の方法としてはTOB (Take-Over Bid) と呼ばれる買収先企業の株式の取得価格、株数、日時などを公示して買収を行う方法とともに、LBO (Leveraged Buyout) と呼ばれる買収先企業の資産や収益力を担保にして借金で買収資金をまかなうものも増加してきている[11]。

近年、日本企業も欧米企業と同様にM&Aを盛んに行ってきているが企業イメージを損なうことや、好意的に捉えられていない部分も多く見受けられる。しかしながら、企業にとって自主的な努力により成長を図るよりも素早く企業成長が可能となることや市場シェアの急速な拡大を図ることができるなどのメリットもある。

(5) 資源配分とPPM

多角化戦略を展開する企業にとって、いかなる戦略を策定し自社資源を配分するかということは、企業の成長や発展にとって極めて重要である。この資源配分の最適化に対する有効な手段として、アメリカのコンサルティング会社であるボストン・コンサルティング・グループ (Boston Consulting Group: BCG)、

ゼネラル・エレクトリックらが開発したプロダクト・ポートフォリオ・マネジメント（Product Portfolio Management）があり，代表的なものとして4セルと9セルのものがある[12]。

もともとポートフォリオとは資産の組み合わせを意味するが，PPMが登場した背景として，1960年代にGEが巨大化，あるいは多様化しすぎた製品グループの整理を行うためにBCGに研究を依頼したことに始まる。PPMとは，全社的視点から個々の事業や製品グループを資金の必要性，貢献度，成長性に基づき整理し，それぞれの事業配分について優先順位を定めるものである。PPMを議論する際には「経験曲線」と「プロダクト・ライフサイクル」の2つの経験則の前提がある。

1）経験曲線[13]

企業経営において，経験が蓄積されるに伴って製品製造コストが低下するという経験効果の現象については古くから知られていた。BCGは，1960年代から航空旅客機や自動車をはじめとして生産財から消費財，あるいは新製品から成熟製品に至るまで幅広い製品群を対象に，製品の生産量とコストの関係を研究した。そして経験の蓄積によるコストの低下が管理，販売，マーケティング，流通などを含んだ総コストにも適応することが可能であり，ある製品の累積生産量が倍増するにつれて，その製品の総コストが20～30％という一定の率で低下することを実証的研究により発見した。

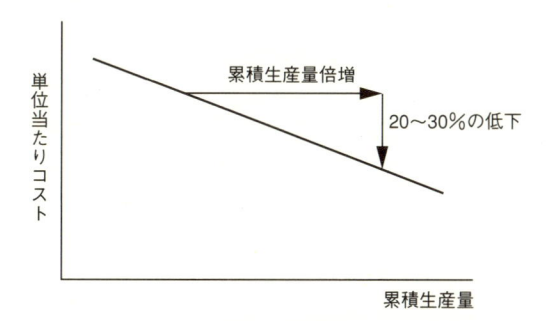

図4.3　経験曲線

出所：P. kotler, & G. Armstrong, *Principles of Marketing*, 4th ed., Prentice-Hall, 1989.（和田充夫・青井倫一訳『マーケティング原理』ダイヤモンド社，1995年）

このような経験効果が発生する要因はさまざまな要因が指摘されているが，およそ次のものを挙げることができる。

①習熟効果による労働生産性の向上
②適切な職務の専門化や効率的な作業の遂行のための改善
③原材料の節約・代替燃料の利用による製品設計の改善
④製品の標準化
⑤規模の経済性

このような要因によって発生する経験効果は，人間の思考力，活動力，技術力によって生み出されるが，経験の蓄積により総コストが大きく変化することから，企業は競合他社に対しできるだけ早く経験を蓄積する戦略をとることが必要となる。いい換えれば，市場における地位を確保するためにマーケット・シェアの獲得をめざす戦略が必要となる。

2）プロダクト・ライフサイクル [14]

プロダクト・ライフサイクル（product life cycle）とは，生物と同様に製品や事業にも誕生から衰退に至る過程があるという経験則のことを表している。具体的には，それぞれの発展段階を導入期，成長期，成熟期，衰退期の4つに分類し，その各々の段階における競争のメカニズムと有効な対応戦略の類型を整理している。

①**導入期**（period of introduction）

導入期は，製品が市場に導入されて間もない時期であり，製品名，品質や性能，効用などが十分に認知されていない未成熟な段階である。初期段階である上に売上げも多くは見込めず，生産量が少ないために製造原価も比較的大きな割合を占めており，利益が出ず赤字になる場合が多い。企業は消費者に対して，この製品の認知度を高め，購買に結びつくように広告費など多額のプロモーション費用を投入し市場拡大に努めるとともに，販売チャネルの確立などにより自社製品の基盤作りに力を注ぐ。そして，顧客の反応をうかがいながら，次の段階である成長期に進むように品質面などの製品調整を行う。

②**成長期**（period of growth）

市場に導入された製品は，顧客に認知され市場全体での需要が深まり，売上げも拡大することとなり単位あたりの製造コストや販売コストも低下するため

に利益も生み出されるようになる。同時に多くの競合企業の参入も始まって競争も激化することになり，企業はプロモーションを中心としたマーケティング活動を活発化することにより一層の市場の開拓の努力がなされる。そして，市場シェア確保のためにさらなる積極的な投資が必要となり，資金需要が生じる。いっぽうで，これらの競争に敗れた企業は脱落していくこととなる。

③**成熟期**（period of maturity）

この時期に入ると，製品に対する需要の伸びが次第に弱くなり，市場全体の成長率が鈍化し始める。これはほとんどの消費者に製品がいきわたったことを意味する。そして，過剰生産が生じることから各企業間の激しいシェア獲得競争が展開され，マーケティング競争が行われる。企業は製品価格の引き下げや販売促進費の上乗せ，製品の改善などを行わなければならず，その結果としてマーケティング・コストが増大する。このような状況のなかで限界企業が競争から脱落することになり寡占化傾向が強まる。

④**衰退期**（period of decline）

代替品や競合品の出現により，売上高や利益が減少していくため多くの企業が市場からの撤退を始める。この時期に入ると，各企業は生き残りのために，

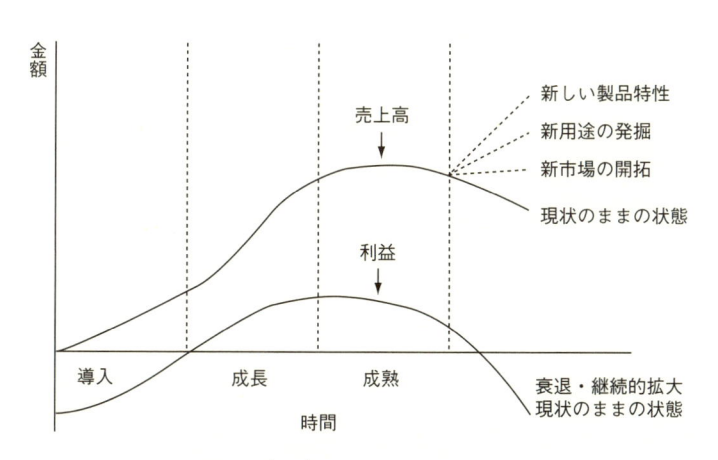

図4.4　プロダクト・ライフサイクル
出所：徳永豊編『例解マーケティングの管理と診断』同友館，1989年

現状を維持したり製品数を絞ったりして市場にとどまるのか，もしくは市場から撤退するのかというマーケティング目標を立て意思決定を行うようになる。

上記にあげたプロダクト・ライフサイクルは，企業の販売する製品の段階を認識することにより，経営戦略を優位に展開しようとするものである。しかし，これは一般的モデルであり，製品の種類，消費者の多様化，企業間競争の激化により現実とは異なる場合があることを留意すべきである。

3) プロダクト・ポートフォリオ・マネジメント（PPM）

PPMは，上記で示したように経験曲線の理論ではマーケット・シェアの重要性，そしてPLCの理論では製品や事業のライフサイクル上の地位に応じて戦略を変更すべきであるという2つの理論が意味することを踏まえて展開されている。

PPMの理論的な枠組みは，タテ軸にその製品が属する市場の年間成長率を表す市場成長率の高低をとり，ヨコ軸にその製品・事業単位における最大となる競合企業のシェアに対する相対的シェアを表すことのできるマーケット・シェアの高低をとった2次元マトリックスで構成されている。すると4つのセルが構成されることとなり，このセルに既存製品や事業領域を当てはめることにより，それぞれの特徴や取るべき戦略を確認することができるというものであ

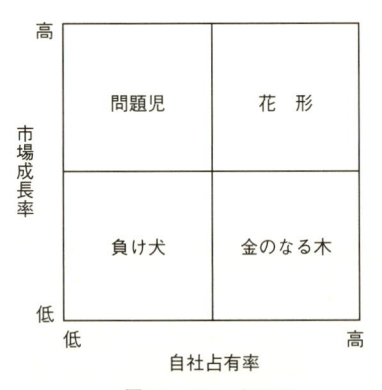

	低　自社占有率　高	
高 市場成長率 低	問題児	花　形
	負け犬	金のなる木

図4.5　4セルのPPM
出所：H. I. Ansoff, *Strategic management*, Mcgraw-Hill, 1965.（広田寿亮訳『企業戦略論』産能大学出版部，1969年）

る。各々のセルには，特徴を表すユニークな名称が付けられており，具体的に示すと次のようになる[15]。

①負け犬（dog）

市場の成長率と自社のシェアもともに低く，利益は少ないけれども投入する資金も少ない。この場合，戦略的にみていかなる意思決定を行うべきかの判断が困難である製品・事業といえるが，一般的には撤退戦略を採用する場合が多い。撤退には，顧客や流通業者からの反発を招くことも多いが，限られた資源を有効に活用するために他の成長分野に回すことにより企業全体として成長をめざすこととなる。また投入資金に余剰が発生した場合は，市場の差別化をめざして「金のなる木」の育成をすることが可能となる。

②問題児（problem child）

市場の成長率が高いにもかかわらず自社のシェアが低いため，成長市場におけるシェアの維持や拡大をするために多額の資金が必要とされる。また資金流入よりも多くの投資が必要となるため資金不足に陥りやすい。しかし，将来的には，「花形」になる可能性を秘めた製品・事業領域といえる。この製品・事業領域では，自社が強みを発揮できうるものであれば，目先の利益は度外視し

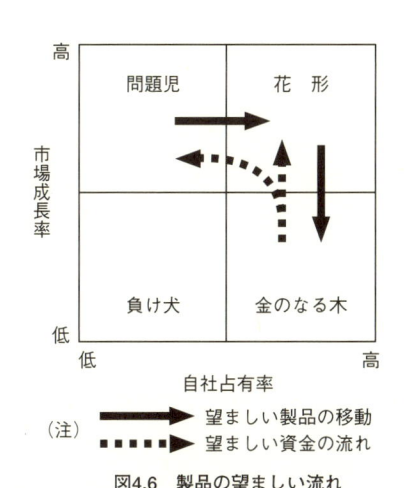

図4.6 製品の望ましい流れ

出所：河野豊弘『現代の経営戦略』ダイヤモンド社，1992年

て，徹底的に資源の重点投入を行うことによりシェアの拡大をめざし，この「問題児」を「花形」へと育成する戦略をとる。しかし，たとえ魅力的な市場であっても自社の製品・事業領域に強みを発揮できない場合は撤退戦略をとりうる場合もある。

③花形（star）

市場の成長率と自社のシェアとも高く，そのため利益率も高く資金流入も多い。しかし，さらなる成長のために投資資金も多いため，必ずしも資金的な余裕を生む状態ではない。この地位にある場合，現在の高い市場シェアを維持し，成長に従って売上げを伸ばしていくことも必要となる。そのために，市場成長率を上回るための積極的な設備投資を行う必要がある。また製品差別化のために研究開発のための費用を増やし，品質の向上や新製品開発に力を注ぐ必要もある。一般的には利益よりもシェアを重視する傾向がある。

④金のなる木（cash cow）

市場成長率は低いが，自社のシェアが高いために利益率は高く，多くの資金流入をもたらすことができる。そして，市場成長率が低いため，投資のための資金量も少なくてすむ。したがって，十分な利益を生み出し，企業にとって最も貢献度の高い製品・事業領域である。この領域では，いわゆる収穫戦略と呼ばれる，多少シェアが低下しても現在の利益を維持することが目標に掲げられる。同様に，市場成長率が低く将来性に乏しいため，できるだけ設備投資，研究開発，プロモーションを主体としたマーケティング活動は控えられることとなる。そして，獲得した資金は「問題児」や「花形」に回す場合が多くみられる。

このように，PPM は全社的な観点から，自社の製品・事業領域の戦略的な位置づけを明確にして最適な資源配分を考えるものである。したがって，自社製品・事業領域をライフサイクルに対応させながら，「問題児」から「花形」へ，「花形」から「金のなる木」へと育成するべきであるという点や，必要な資金は「金のなる木」から獲得すべきである点など，バランスの取れた製品・事業ミックスとは何かという経営戦略の指針として活用することができる。

4）9 セルの PPM

これまで述べてきたような 4 セルの PPM では単純すぎて整理できず，また

現実的ではないとの指摘から，マッキンゼー社は9セルのPPMを新たに開発した。それは，従来の基準に用いられてきた市場成長率とマーケット・シェアを市場の魅力度と自社の競争力に置き換えることにより示されている。市場の魅力度とは，市場規模，市場成長率，競合度合，収益性，利益の安定性などの要素からなり，それぞれウェイトづけされた点数で評価されるとともに平均値で示されている。同様に，自社の競争力は従来のマーケット・シェアに加えて価格競争力，品質の優位性，販売効率の要素から複合的に測定されている。そして，タテ軸に市場の魅力度，ヨコ軸に自社の強さをおき，大・中・小から構成される9つのセルに分類し，標準戦略としてそれぞれを説明している。

市場の魅力度	小	中	大
大	●本格参入判断 日和見的に成長機会をうかがうが，十分な成長が約束されないときには撤退する	●選択成長 強さが守れるものを選択し，集中的に投資する	●優先死守 強さの維持に全力を投入し，必要があれば投資を行って収益構造の維持に努める
中	●限定拡大または撤退 大きなリスクを伴わずに拡大できる方途を求め，だめなら深入りする前に撤退	●選択拡大 全セグメントではなく，収益よくかつ比較的リスクの少ないセグメントに集中投資し，伸ばす	●優位維持 大幅な投資は回避し生産性向上などにより収益性を重視しつつ，競合に対抗できる余力をつける
小	●ロスミニマイズ 撤退を回避し，固定費を除去し，ロスを未然に防ぐが，防ぎきれぬときは撤退	●全面収穫 固定費の変動費化を積極的に促進し，かつ変動費のVA／VEにより，収益最重視	●限定収穫 いくつかのセグメントにおいてはリスクを厳しく制限し，収益を重視し，競合に対しては市場地位を失うも収益性を守る

自社の強さ →

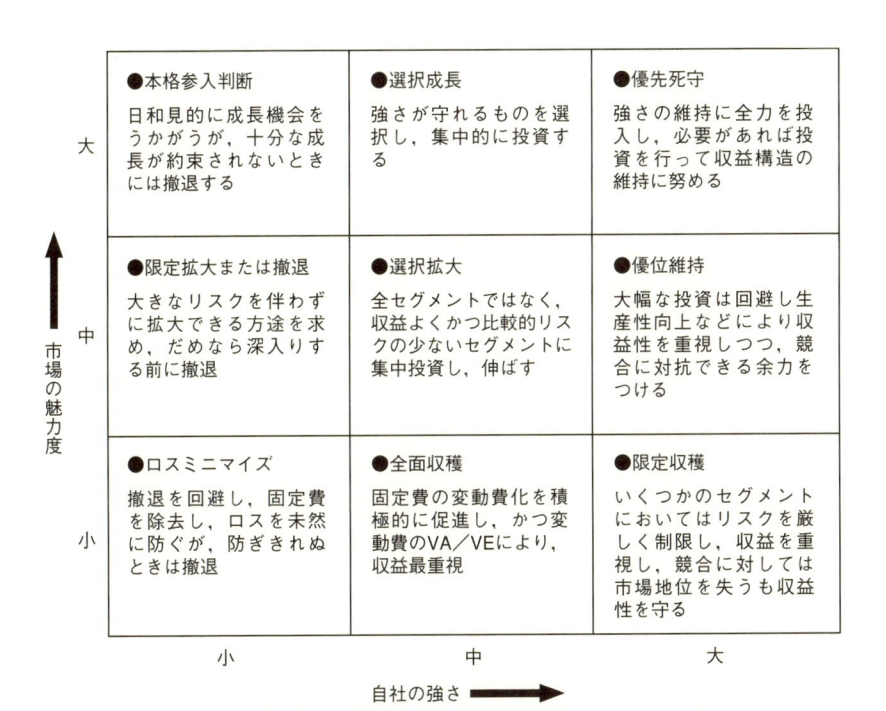

図4.7　マッキンゼー社の標準戦略
出所：大前研一『続・企業参謀』プレジデント社，2003年

3. 事業戦略の類型

(1) 競争戦略 (competitive strategy)
1) 市場の競争要因

　事業戦略，あるいは競争戦略といわれる戦略は，各事業ごとにとられる戦略であり，各製品・市場領域において競合企業に対していかなる戦略をとりうるかが焦点となる。この問題に答えたのはマイケル・E・ポーター（Michael E. Porter）であり，彼は『競争の戦略』および『競争優位の戦略』において，企業の競争にかかわる戦略パターンを類型化し提示している。

　そして，彼は企業のおかれている環境に着目し，競合市場は①既存の競合企業間の競争力の程度，②新規参入の脅威，③代替製品の脅威や圧力，④買い手の交渉力の強さ，⑤原材料や部品などの供給業者の交渉力の強さ，のそれぞれが相互にかかわりをもつ5つの要因によって規定されているとして，自社の競争関係がどのような状況にあるのかを把握する必要性があると論じた。

　加えて，ポーターは業界構造に間接・直接影響を与えるものとして政府に左

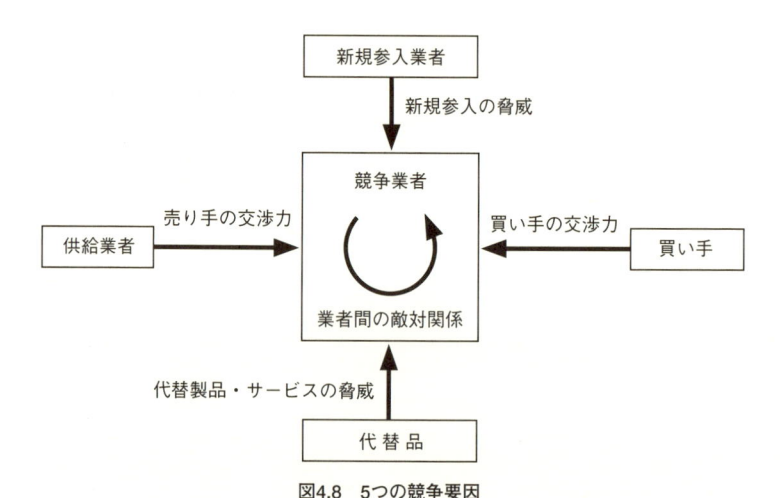

図4.8　5つの競争要因

出所：M. E. Porter, *Competitive Advantage*, Free Press, 1985．（土岐坤・中辻萬治・小野寺武夫訳『競争優位の戦略』ダイヤモンド社，1985年）

右されるとも論じた。

また、彼は5つの要因の分析を通して自社がいかなる競合関係にあるのかを知ることが重要であり、それは戦略展開において不可欠とされる自社の強みと弱みの分析を意味しているといえる[16]。

2) 競争優位の戦略

ポーターは競争優位を作りあげるための競争戦略として3つの基本戦略を類型化した。そして、彼は戦略的にターゲットとする市場をタテ軸にとり、戦略的優位性をヨコ軸にとり、各種の競争戦略を整理している[17]。

①コスト・リーダーシップ戦略

コスト・リーダーシップ戦略とは、競争企業に対して低いコストで生産や販売を行い、競争上の優位性を確保する戦略である。この戦略は、大企業でよく用いられており、低コストによるマーケット・シェアの拡大、規模の経済性による恩恵、さらなるコストダウンという好循環がもたらされるというものである。また、この戦略は経験曲線の概念が前提とされており、他の企業よりもコスト面で優位に立つためには、生産設備の拡大による規模の経済性を生かすこと、諸経費削減、R&Dや広告、販売促進などのマーケティングの削減などが必要となる。

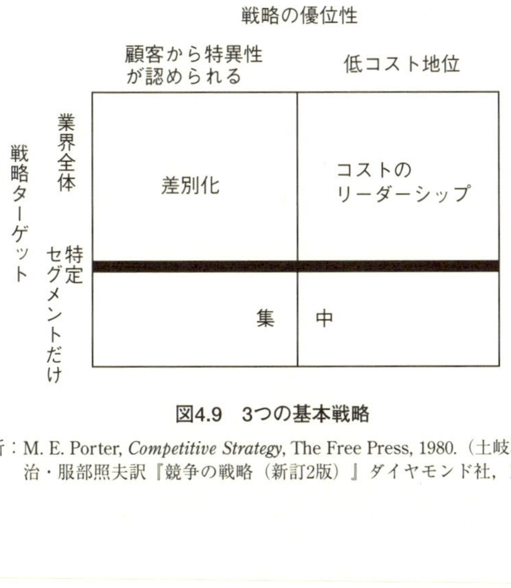

	戦略の優位性	
	顧客から特異性が認められる	低コスト地位
業界全体	差別化	コストのリーダーシップ
特定セグメントだけ	集	中

図4.9 3つの基本戦略

出所：M. E. Porter, *Competitive Strategy*, The Free Press, 1980. （土岐坤・中辻萬治・服部照夫訳『競争の戦略（新訂2版）』ダイヤモンド社、1995年）

しかし，技術革新により投資や習熟効果が無駄になってしまったり，コスト面に注目した結果としてマーケットや消費者の変化に気づくのが遅れてしまい対応を誤るというケースもある。

②差別化戦略

差別化戦略とは，他社とは異なる製品・サービスを提供することにより差別化を図り，競争企業に対して優位に立とうとする戦略である。この戦略に必要な経営資源は，製品開発能力やマーケティング能力である。具体的には，製品の設計やデザイン，製品機能や品質，ブランドイメージなどの製品面での差別化，あるいは製品サービス，アフター・サービス，ローンなどの代金支払い条件などの顧客サービスによる差別化，また広告や宣伝により企業自体のイメージを高めるという差別化などをあげることができる。

他社との差別化を明確に発揮できれば，価格競争に陥ることなく優位性を保つことが可能となるが，時間の経過により当初の差別化の優位性を維持できなくなること，あるいは他社の模倣により差別化が困難になることなどのリスクもある。

③集中戦略

集中戦略とは，市場全体をターゲットとするのではなく，市場を細分化し，地域，顧客層，製品分野などにおける特定のセグメントに資源を集中することにより他社に対して優位性を保つための戦略である。すなわち，ターゲットをある特定市場に絞り，限られた市場のなかで効果的かつ効率的に利益を獲得しようとする戦略である。この戦略を優位に進める条件として，自社の強みを生かせるセグメントを発見することが前提となる。具体的な事例としては大塚製薬や本田自動車の製品戦略，あるいはサークルKの地域戦略があげられるが，これらの企業をみても絞り込んだセグメントと全体の市場との差がなくなり，すでに集中戦略の意味をなさなくなっているなどのリスクもある。

(2) 競争地位に基づく競争戦略

競争戦略では，企業の相対的な事業規模や競争上の地位によりとるべき戦略が異なるが，フィリップ・コトラーは競争地位を①マーケット・リーダー，②マーケット・チャレンジャー，③マーケット・ニッチャー，④マーケット・フ

ォロワーの4つに類型化し，企業のとるべき戦略を提示している[18]。

①マーケット・リーダー

　当該市場において，最大の市場シェアを誇るナンバーワン企業を指すが，この企業の目的はシェアナンバーワンの地位を確保することにある。そのためには，市場における主要な顧客層を獲得することは勿論のこと，その周辺市場の顧客層も広く獲得するような全方位戦略をとる。すなわちこのリーダーのとる基本方針は，ターゲットを絞りこむのではなく市場全体を対象に豊富な経営資源を生かして自社の優位性を追求することにより，市場シェアを維持することやさらなる市場規模の拡大を目指す戦略である。ただ前述したシェア拡大の維持や市場規模の拡大の両者の戦略とも自ら積極的にしかけることはせず，受動的に対応する場合が多い。

②マーケット・チャレンジャー

　この地位にいる企業は，常にリーダーとなる企業を意識してリーダーに準ずるターゲットを狙っている。しかし，リーダーと同様の戦略ではチャレンジャーにとって優位性をもつことはできないため，リーダーとは異なるような革新的な差別化戦略が必要となる。

　具体的な差別化戦略としては，①製品面での差別化（リーダー企業の製品よりも同価格でありながら高品質であるような製品開発や革新的な新製品の投入），また②価格面での差別化（リーダーと同品質の製品を低価格で販売することなど），そして③流通面での差別化（新しい流通経路の開発やリーダーが利用できないと思われるチャネル開発など）が考えられる。

③マーケット・ニッチャー

　大手企業をはじめとして，他の分類に属する企業が市場内で網羅できない，あるいは見逃しているような隙間を見つけ出し，その隙間市場における独占的地位を構築する企業を指している。一般的にこのタイプの企業はリーダーを狙う地位にはないと思われるが，年齢，地域，流通，品質などの経営資源に何らかの独自性や優位性を有しているのが特徴である。したがって，ニッチャーのとる戦略とは，自社の強みを生かせるセグメントに経営資源を集中化する戦略をとる。このタイプの企業で大切なことは，自社における経営資源の何らかの点での独自性が絶対条件であることや他社が簡単に模倣できないということで

あろう。

④マーケット・フォロワー

基本的にはリーダーやチャレンジャーとの競合を避け，彼らの戦略を模倣する戦略をとるのが基本的戦略である。このタイプの企業では，経営資源において優位性をもたないため，リーダーやチャレンジャーと対抗する手段はもちえておらず，同様にニッチャーのように突出した独自性ももち合わせていない。したがって，このタイプの企業の戦略の中心となるのは，限られた経営資源の最大限の効率化を狙うことになる。そして，リーダーやチャレンジャーと比較してシェアでは劣るが，製品や市場の開発コストの低減やテスト・マーケティングがほとんど不要となりリスクの回避を図ることができるため，方法によってはそれなりの業績を上げることも可能となる。

このように，コトラーの4つの戦略の類型化は現実的であり，しかも企業が戦略策定を行う上で有効な分類方法となっている。

注
（1）経営戦略という用語を初めて実業界に導入したのは，1947年にゲーム理論を開発したフォン・ノイマンとモルゲンシュターンといわれているが，この概念が広く使われるようになった契機は，アルフレッド・D・チャンドラー『経営戦略と組織』（1962）によるとされている。
（2）Chandler, A. D., *Strategy and Structure*, MIT Press, 1962. 三菱経済研究所訳『経営戦略と経営組織』実業之日本社，1967年，p.13。
（3）Ansoff, H. I., *Strategic management*, Mcgraw-hill, 1965. 広田寿亮訳『企業戦略論』産能大学出版部，1969年，p.129。
（4）経営戦略に関しての概念はキャノン（J. T. Canon, 1968），アンドリュース（K. R. Andrews, 1971），ホファー＆シェンデル（C. W. Hofer & D. Schendel, 1978）などによってさまざまな定義がなされている。
（5）石井淳蔵他『経営戦略論（新版）』有斐閣，1996年，pp.6-9。
（6）榊原清則『企業ドメインの戦略論』中央公論社，1992年，p.36。
（7）村松司叙『現代経営学総論』中央経済社，1991年，p.131。
Hofer, C.W., & Schendel, D., *Strategy Formulation*, West, 1978. 奥村昭博・榊原清則・野中郁次郎訳『戦略策定』千倉書房，1981年。
（8）KFSとはKey Factor for Successであり企業が成功するための鍵として捉えられる。
（9）Ansoff, H. I., *op. cit.* 広田寿亮訳，前掲書，1969年。
（10）シナジー効果については，伊丹敬之『新・経営戦略の論理』日本経済新聞社，1984年，第6章，吉原秀樹『戦略的企業革新』東洋経済新報社，1986年，第7章を参照のこと。

(11) 奥村　宏『企業買収－M＆Aの時代』岩波書店，1990年．
(12) PPMはBCGが開発した4セル，あるいはマッキンゼー社がそれに手を加えて開発した9セルのものがあるが，いずれも既存製品や事業にかかわる戦略には適応できるが，新製品や新規事業には適応できないことや，個々の事業や製品単位で考えるためシナジー効果を発揮できないことなど問題点もある．
(13) Fleisher, C. S., 管澤喜男監訳『戦略と競争分析』コロナ社，2005年2部，戦略および競争分析テクニックを参照のこと．
(14) 徳永　豊編『例解マーケティングの管理と診断』同友館，1989年，pp.155-158．
(15) Kotler, P., & Armstrong, G., *Principles of Marketing*, 4th ed., Prentice-Hall, 1989. 和田充夫・青井倫一訳『新版・マーケティング原理』ダイヤモンド社，1995年，pp.8-15．
(16) Porter, M. E., *Competitive Strategy*, The Free Press, 1980. 土岐　坤・中辻萬治・服部照夫訳『競争の戦略（新訂2版）』ダイヤモンド社，1995年，p.18．
(17) Porter, M. E., *Competitive Strategy*, The Free Press, 1980. 土岐　坤・中辻萬治・服部照夫訳，同上書，pp.56-63．
(18) Kotler, P., & Armstrong, G., *Principles of Marketing*, 4th ed., Prentice-Hall, 1989. 和田充夫・青井倫一訳，同上書，pp.66-68．

参考文献

Aaker, D. A., *Strategic Market Management*, John Wiley & Sons, 1984. 野中郁次郎・北洞忠宏・嶋口充輝・石井淳蔵訳『戦略市場経営』ダイヤモンド社，1989年

Ansoff, H. I., *Strategic management*, Mcgraw-Hill,1965. 広田寿亮訳『企業戦略論』産能大学出版部，1969年

Chandler, A. D., *Strategy and Structure*, MIT Press, 1962. 三菱経済研究所訳『経営戦略と経営組織』実業之日本社，1967年

Doyle, P., *Value-Based Marketing: Marketing Strategies for Corporate Growth and Shareholder value*, John Wiley & Sons, 2000. 恩蔵直人監訳『価値ベースのマーケティング戦略論』東洋経済新報社，2004年

Hofer, C. W., & Schendel, D., *Strategy Formulation*, West, 1978.奥村昭博・榊原清則・野中郁次郎訳『戦略策定』千倉書房，1981年

石井淳蔵・奥村昭博・加護野忠男・野中郁次郎『経営戦略論（新版）』有斐閣，1996年

伊丹敬之『新・経営戦略の論理』日本経済新聞社，1984年

釜賀雅史『現代企業の構造』学文社，1999年

加藤勇夫『マーケティングアプローチ論』白桃書房，1982年

加藤勇夫・寶多國弘・尾碕眞編『現代のマーケティング論』ナカニシヤ出版，2006年

Kotler, P., & Armstrong, G., *Principles of Marketing*, 4th ed., Prentice-Hall, 1989.和田充夫・青井倫一訳『新版・マーケティング原理』ダイヤモンド社，1995年

Levitt, T., *The Marketing Mode: Pathways to Corporate Growth*, McGraw-Hill, 1969. 土岐　坤訳『マーケティング発想法』ダイヤモンド社，1990年

村松司叙『現代経営学総論』中央経済社，1991年

折橋靖介『経営戦略とマーケティング』白桃書房，1992年

Porter, M. E., *Competitive Strategy*, The Free Press, 1980. 土岐　坤・中辻萬治・服部照夫訳『競争の戦略（新訂2版）』ダイヤモンド社，1995年

榊原清則『企業ドメインの戦略論』中央公論社，1992年

吉原英樹『戦略的企業革新』東洋経済新報社，1986年

第Ⅴ章
グローバル経営

1. 企業活動のグローバル化

(1) 企業におけるグローバル化の背景

　21世紀に入り，国際化やグローバル化の波はますます拡大しており，これらの現象を意識せずに日常生活をおくることができないほど浸透してきている。特に企業活動におけるグローバル化の波は顕著であり，国家間の政治体制や経済システムの違いがあるにもかかわらず，国境を意識することなく展開されている。

　かつて国際的あるいはグローバルな事業規模で企業活動を展開する企業といえば，先進国に本社をおく巨大資本を有する多国籍企業（MNC）が中心であり，そして企業活動の広がりは，国内生産から始まり，輸出，その後海外生産へと段階を経て国際化を果たすというのが一般的であった。しかし，企業間の競争がますます激しさを増していくなかで，事業規模，母国籍，業種・業態も多種多様化しており，また事業展開の方法も様変わりしたことから，企業経営におけるグローバル戦略は一変したように思われる。

　企業活動のグローバル化をもたらしたのは，交通・通信・情報技術の急速な進歩によってヒト・モノ・カネの動きが拡大し，文化・社会・政治・経済面における制約や障壁の減少や変化に要因をみつけることができる。具体的には以下の点をあげることができる[1]。

　①インターネットの普及により国境の制約がなくなり，誰もが世界中の情報

を瞬時に，しかも容易に手に入れることができるようになったこと。

②通信システムや電子ビジネスの普及によって迅速性や正確性が要求される在庫管理，代金決済，資源調達，物流面でネットワークの構築が可能となり，個人や企業ベースでグローバル間の取引が進展したこと。

③政府の規制が緩和や撤廃されたことにより，国を跨いだ企業活動の提携や連携が活発化したこと。

④金融の国際化によってモノやカネのグローバル化が進展したこと。

⑤航空運賃の値下がりによる海外旅行者の増加や労働力確保のための海外労働者の受け入れによってヒトのグローバル化を加速させるとともに，文化・社会面においても交流が活発化したこと。

⑥1990年代からソビエト連邦や東ヨーロッパ諸国の社会主義体制が崩壊したり，中国が改革開放路線に基づいた社会主義市場経済を掲げるなど世界が自由競争を中心とした市場経済へ移行し始めたこと。

⑦1980年代のアジアNIES（韓国，台湾，香港，シンガポール），ASEAN（マレーシア，インドネシア，タイ，フィリピン），そして2000年代に入るとBRICs（ブラジル，ロシア，インド，中国）をはじめとしたアジア，中南米，アフリカの一部の発展途上国が急速に経済成長を遂げ始め生産拠点や市場となり始めたため企業間取引の世界的拡大が広がり始めたこと。

このように，文化・社会・政治・経済面でのグローバル化が進むなかで，企業も経営の三要素とされるヒト，モノ，カネのグローバル化を余儀なくされており，企業のグローバル化が進展している。

(2) 企業におけるグローバル化の目的と要因

国内において成功を収めた企業は，さらなる企業成長と存続を続けるためにグローバル市場への進出を企てる。しかし，企業がグローバル市場への進出を果たすための理由は，それぞれ企業特性，製品分野，地域，年代によって大きく異なっている。

従来からの貿易論では，比較優位という立場に沿った考え方を基本としてきた。これは先進国と発展途上国の国家間では経済力にかなりの格差があり，それぞれの通貨の価値に開きが発生することから，発展途上国や一人あたりの

GNPのより低い国で生産されたモノは，先進国や一人あたりのGNPが高い国で生産されたモノより安く生産することができるというものである。いい換えれば，労働賃金などの生産コスト面で相対的な差が生ずることにより，製造されたモノの価格が異なるためGNPの高い国に本社をおく企業は，生産体制をGNPの低い国に移動するようになり安価な労働コストを利用して貿易を展開する戦略をとるものである。具体的には，多くの日本企業が中国やASEAN諸国などへ現地工場を設立し，モノを生産するといった行動はまさにその労働コストに関する優位性を利用するための戦略であるといってもよいだろう。

しかし，近年において企業は，単に生産コストを抑えるという目的のためばかりではなく，さまざまな理由によってグローバル市場を見据えた戦略を展開するようになっている。そのひとつは，近年各国の所得格差が小さくなり，グローバル市場において市場の同質化・均質化傾向が起こり始めたことや，グローバル市場で同質の製品を大量に生産することが可能となったため，企業は規模の経済の恩恵を享受するために海外市場に目を向け始めたという理由が考えられる。あるいは，連結経済というべき情報・決済・在庫などを世界的に結びつけることによってコスト削減を図り，ネットワークが生み出す経済性を理由としてグローバル市場へ展開するという理由も考えられる。その結果，企業は世界的なネットワークの構築が可能となり，本国企業と海外子会社との間でのコスト削減が可能となることや，他の企業との投資の共有によるリスクの分散や対応が可能となること，世界中の情報をすばやく入手することが可能になることなど，提携・連合による相乗効果も期待できる。このように，企業はさまざまな理由によってグローバル化を展開していくことになるが，市場関連要因，生産関連要因，政治関連などを動機や目的として挙げることができる[2]。

①市場関連要因
・国内市場が成熟し，成長にかげりがみられる
・競争者の当該市場進出に対抗する
・親企業の当該市場進出に合わせる
・当該市場の急速な発展とともに市場シェアの伸びを見込んで展開する
・市場開発に有利である
・将来の基盤づくりを行う

- 当該市場における市場環境を知り，マーケティングを有利に展開する
  ②生産関連
- 自国の生産コスト高を避けるため生産コストが安価な市場を求める
- 資源調達のために有利な地域を求める
- 進んだ技術やノウハウを吸収する
- 生産のネットワークを構築し適材適所での生産体制を確立する
  ③政治関連およびその他
- 法律の規制，制約の緩い地域を求める
- 企業誘致政策を展開する地域を求める
- 輸出による経済摩擦の回避をする
- リスクを分散する

2. グローバル経営の捉え方

(1) 国際化とグローバル化

　そもそも国際化とグローバル化はいかなる違いがあるのだろうか。国際化 (internationalization) とは，inter＝中，間，相互，中間，と national＝国家の，という意味を合わせたものである[3]。つまり国際化の意味は国と国との間の関係にあり，政治，経済，社会，文化などの差異を意識しながら自国を中心として1対1で他の国との関係を考えることであり，自国と進出国との関係の構築が主体となる。

　いっぽう，グローバリゼーション (globalization) とは，地球的な規模，全世界的規模という意味をもち，基本的な考え方は国内や海外を一元的に捉えるものであり，世界はひとつであるという見識に立ち物事を考える意味合いをもつ。つまり，企業のグローバル化とは自国市場と海外市場を分けて考えるというものではなく，国境の枠組みを越えて地球規模で展開されるものであり，世界的視野のもとで有機的な連携が主体となるのである。

　このように，国際化が国内から海外へと活動拠点を拡大・進出することを指すのに対して，グローバル化は世界規模での経済経営活動の相互依存化が進展した状態を意味する。また狭義のグローバル化とは，世界市場を単一市場とし

て捉え付加価値活動を1箇所で集中的に行い、経済効率性や規模の経済性を享受する戦略を示す場合や[4]、同様にいくつかの機能領域において世界規模のオペレーションを統合するマネジメントを指す場合もある[5]。

(2) グローバル経営と多国籍企業（MNC=Multinational Corporation）

グローバル経営における担い手は、いうまでもなく世界各地で活躍している多国籍企業である。多国籍企業という用語は、企業の海外進出が盛んになった1960年代から使用され始めたが[6]、世界企業、グローバル企業などさまざまな用語が同義語として使用されており、多国籍企業の定義は国連によるもの、あるいは雑誌フォーチュン500、もしくは研究者による定義など、さまざまな見解がある。

①国連の定義（1974）

多国籍企業をTransnational Corporationと呼び、「本拠のある国以外で生産またはサービスの設備を所有もしくは支配している企業」のことを指しており、「必ずしも会社形態すなわち私的企業である必要はなく、それが協同組合、国有企業の場合もあり得る」としている。

②ハーバード大学・多国籍企業研究グループによる定義（1973）

1960年代の米国系多国籍企業を調査し、「雑誌「フォーチュン」誌の500に

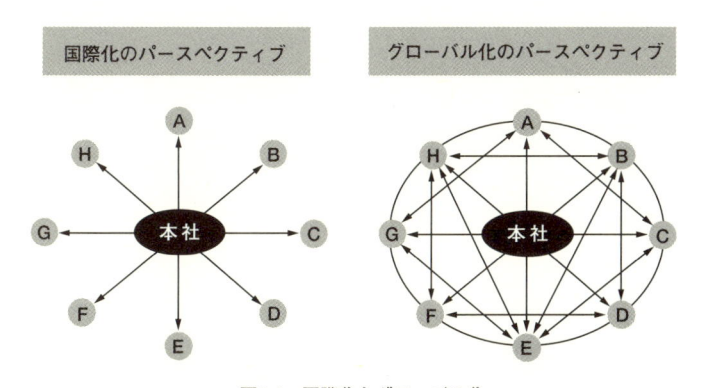

図5.1 国際化とグローバル化

出所：根本　孝編『グローバル経営』同文舘出版、p.11.

表5.1 多国籍企業の上位リスト「FORTUNE500」2006

Rank	Company	Revenues ($ millions)	Profits ($ millions)
1	Exxon Mobil（XOM）	339,938.0	36,130.0
2	Wal-Mart Stores（WMT）	315,654.0	11,231.0
3	General Motors（GM）	192,604.0	−10,600.0
4	Chevron（CVX）	189,481.0	14,099.0
5	Ford Motor（F）	177,210.0	2,024.0
6	Conoco Phillips（COP）	166,683.0	13,529.0
7	General Electric（GE）	157,153.0	16,353.0
8	Citigroup（C）	131,045.0	24,589.0
9	American Intl. Group（AIG）	108,905.0	10,477.0
10	Intl. Business Machines（IBM）	91,134.0	7,934.0
11	Hewlett-Packard（HPQ）	86,696.0	2,398.0
12	Bank of America Corp.（BAC）	83,980.0	16,465.0
13	Berkshire Hathaway（BRKA）	81,663.0	8,528.0
14	Home Depot（HD）	81,511.0	5,838.0
15	Valero Energy（VLO）	81,362.0	3,590.0
16	McKesson（MCK）	80,514.6	−156.7
17	J.P.Morgan Chase & Co.（JPM）	79,902.0	8,463.0
18	Verizon Communications（VZ）	75,111.9	7,397.0
19	Cardinal Health（CAH）	74,915.1	1,050.7
20	Altria Group（MO）	69,148.0	10,435.0

出所：http://money.cnn.com/magazines/fortune/fortune500/full_list/

リストされた米国鉱工業上位500社に含まれる，出資比率が25％以上の海外子会社を6カ国以上所有し，年間4億ドル以上に達する企業」と規定している。

③ J.フェアウェザー（Fayerweather, J.）による定義 [7]

2カ国以上の国に跨って直接投資活動に従事している企業であり，唯一の基準はその企業が輸出入，ライセンス契約，国外の工場を直接運営するなど国際的な活動をしていること（資源・各種技術の移転を基準とする）。

④ D. A. ヒーナン・H. V. パールミュッター（David A. Heenan & Howard V. Perlmutter）による定義 [8]

ヒーナンとパールミュッターは，多国籍企業の定義について構造基準，成果基準，姿勢基準などの計量化・定量化された指標から構成される「客観的指標」

が多国籍化を規定するものではなく，それらを補足するものとして定性的な姿勢基準も有用であるとして多面的に多国籍企業を測定した。

それは，親会社の経営者の海外子会社に対する経営志向性の基準であり，それぞれを「国内志向（Ethnocentric）」「現地志向（Polycentric）」「地域志向（Regiocentric）」「世界・地球志向（Geocentric）」の4つの志向に分類することにより，「ＥＰＲＧ」プロファイルとして企業経営の進化過程を組織構造，意思決定，マーケティング・プログラムなど経営活動全体から表現した。

このプロファイルでは，企業の進化過程の初期段階を，経営組織のすべてが本国人を中心とした「国内志向（Ethnocentric）」と呼ばれる経営から始まるとしている。この志向の段階では企業におけるすべての経営活動は国内市場を中心にしており海外市場はあくまでも付加的なものとして捉えられている。こうした体制のもとで企業経営は本国の政策に基づいて展開され，意志決定や人事などもすべて本国の責任で行われる。その背景にあるのは，本国企業の戦略立案・能力・意志決定など経営活動に関する知識が進出国よりも優れているとの判断からであり，市場の開拓やマーケティング戦略も親会社からトップダウン

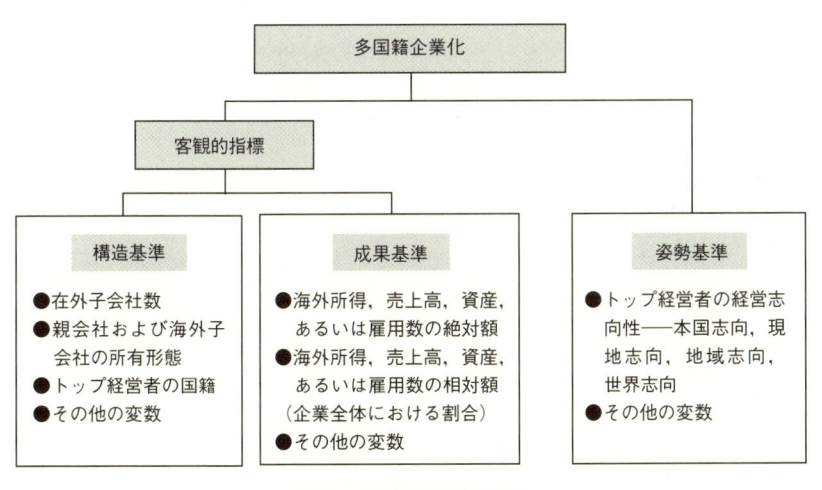

図5.2 多国籍企業化の定義

出所：D. A. Heenan, & H. V. Perlmutter, *Multinational Organization Development*, Addison-Wesley, 1979. 江夏健一・奥村皓一監訳『グローバル組織開発』文眞堂，1990年，p.17.

方式で採用される。そして海外市場で販売される製品は，本国と同様の製品もしくは若干変更を加えた程度にとどまる。このように，本国志向の段階における戦略は，海外市場に対しても国内と同様の戦略が採用されるため本国と環境差異が少なく，しかも経済面における発展途上地域に対して実施される場合が多いとされている。

次の段階では，進出国によって異なる文化的差異を考慮した上で経営活動の判断基準を取り決める「現地志向（Polycentric）」へと発展していく。この志向では，戦略・意志決定・人事などの経営活動全般についての判断基準は，進出国の実情に沿って現地子会社に大幅に権限委譲がなされる。そして，現地法人という形式で，各々の子会社が本国の親会社から独立して経営活動をするいっぽうで財務・研究開発・一般的管理など重要事項に関する決定権は本国の企業に留保されたままの場合が多い。このような志向のタイプは，現地適応の観点から判断した場合には優れているといえるが，統制不可能要因とされている文化・習慣・言語・経済状況などは現地法人によってそれぞれ異なることから，グローバル化の進展とともに親会社による子会社への協力や調整といった経営活動全体の統合が困難になる危険性もはらんでいる。

第3段階では，前段階で行われたように進出国単位で実施してきた経営の非効率性を地域単位で管理する「地域志向（Regiocentric）」と呼ばれる過程へと移行する。この志向ではアジア，ヨーロッパ，北米というように，地域性，市場のニーズ，政治・経済・文化などの環境条件が類似している地域を同一地域として捉え，地域ごとに地域本部を設置する。人事に関しては，地域本部の同一地域の中から選ばれた人が登用され，統制や意志決定など経営活動全般についても，本国企業が決定権をもつのではなく同一地域内の地域本部で協議された上で決定される。そして，親会社は地域本部が決定した経営活動をサポートする体制へと移行する。つまり地域指向の段階では，複数の似通った市場で経営活動を統合化することにより効率化をめざすものといえる。

さらに最終段階では，世界市場をひとつとみなして経営活動を行う「世界・地球志向（Geocentric）」へ成長していく。この志向では経営の意思決定に際して親会社と子会社を有機的に結合することを目的としており，本国の親会社と世界中に広がる子会社は密接な関係を保ちながら国籍や国家に関係なく世界

的に経営資源の配分を最適化しようとするものであり，意志決定は本国の親会社とともに全世界に広がる子会社の間で協議され状況に応じて決定される。そして国家という垣根が取り払われ，市場全体をひとつとみなした対応をとり始める。そのため経営戦略・立案・実行も親会社の判断にとどまらず，子会社との協議のもとで世界的な視野を考慮に入れて展開される。さらに，世界に分散する企業全体の活動についていかに効率良く配分していくかに重点が注がれる。経営組織を含む経営活動は，水平・垂直的統合を基本として全社的ネットワークを通して構築される。しかし，すべての企業が上記で述べたような過程を経て進化していくわけではなく，企業の環境条件によって多国籍化の過程は異なる。

　多国籍企業に関する定義は，多国籍企業自身が時代とともに変化してきたためさまざまな考え方が生まれている。多国籍企業に共通している特性は，複数の国において生産やサービスを展開する施設を所有するか，事実上コントロールしている企業・グループであること，あるいは世界生産，世界貿易，海外直接投資，経営資源の国際移転の主要な担い手となっていること，その活動規模や領域の大きさ，組織形態の複雑さ，意思決定における統合化・分散化など，自国をベースとした企業とはさまざまな面で異なる特徴を有することなどがあげられる。

(3) 企業活動の国際展開の論理

　企業の国際化・グローバル化へのプロセスを説明する理論としては，古くはリカードの比較生産費説に遡ることができるが，これは完全競争下における2

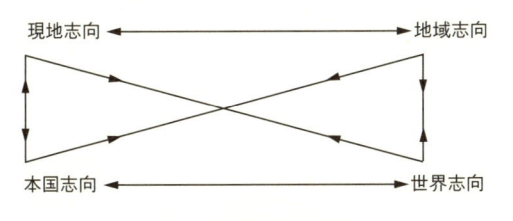

図5.3　多国籍化の方向

出所：D. A. Heenan, & H. V. Perlmutter, *Multinational Organization Development*, Addison-Wesley, 1979.
　　　江夏健一・奥村皓一監訳『グローバル組織開発』文眞堂，1990年，p.21.

国間の2つの商品におけることが前提条件となっているため今日の多国籍企業による海外直接投資を説明することはできない。このような貿易論の考え方を補足し，今日の多国籍企業による海外直接投資についての代表的な考え方を以下で述べることにする。

1) 国際プロダクト・ライフサイクル（IPLC ： International Product Life Cycle）

今日の多国籍企業による国際化・グローバル化を説明したのが R. バーノン（Raymond Vernon）による国際プロダクト・ライフサイクル（International Product Life Cycle，以下では IPLC と略す）や[9]，彼のモデルを利用して多国籍企業の国際化やグローバル化の展開を明確にしたウェルズ（L. T. Wells, Jr.）[10]の見解がある。

これらは，企業が生産する製品の寿命を表現し，製品戦略がどのような段階を経て行われていくかを明らかにした代表的なモデルである。IPLC モデルとは，人間と同様に製品にも寿命があり，新製品が導入されてから，成長，成熟といった安定的な売上げの状態を経て，やがて衰退し市場から消えていく様を表現したものであり，縦軸に生産高，そして横軸に製品ライフサイクルの各段階として導入期，成熟期，標準化期をとり，それぞれの段階を説明している。

①導入期

まず，アメリカを基準とする先進国の技術集約型産業が新製品を開発したと想定し，国内市場にその製品を導入することにより独占的な利益を享受することから始まる。この段階では，先進国内において類似品や競合品は存在しておらず，製品は差別化された状態にあり，高利潤と市場拡大が可能となる。

やがて，競合企業が類似製品を市場に導入することにより先進国の国内での競争が激しくなる。そして，先進国の国内市場では製品差別化による市場の優位性を失い，ブランドや広告，販売促進などにより，さらなる顧客の獲得をめざすこととなる。先進国の国内市場では，単一製品の生産・販売から複数製品の製造・販売が始まり，ますます顧客獲得競争が激しくなってくる。その結果，供給能力が需要を上回るようになると，余剰分を海外輸出に回すことにより，海外市場で販売利潤を求めるようになる。

②成熟期

この段階になると，進出国の政府が国内産業保護の立場から輸入障壁を設け

たり，進出国の企業によって自社商品に類似した模倣製品の生産，販売が始められるようになる。その結果，先進国の企業は，輸出から現地生産へと移行する。製品は，国際的に標準化され，競争に勝利をおさめるようにさまざまな努力がなされることになる。

③標準化期

この段階は，PLC（製品ライフサイクル）の成熟期に相当する。進出先の

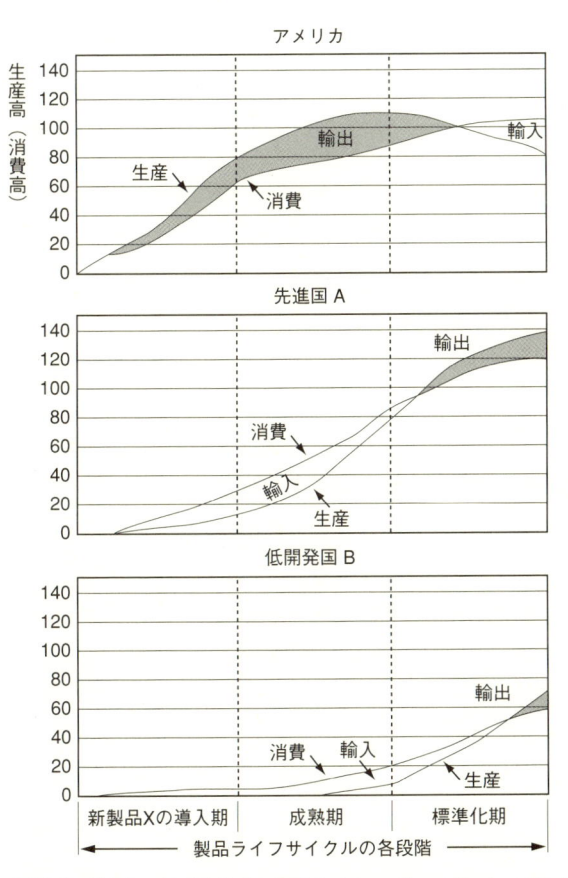

図5.4 国際プロダクト・ライフサイクルPLC：International Product Life Cycle）

出所：Raymond Vernon, International Investment and International Trade, *Quarterly Journal of Economics*, May, 1966

国々において，進出国の国内企業との競争が激化する。このタイプの製品は，すでに先進国市場内において消費が生産を下回り，生産コストが高騰するため直接投資を行っている国から製品の逆輸入を行う。そして，先進国市場内では，このタイプの製品は成熟期を過ぎ，すでに衰退期に入った製品のため需要が極めて少なくなるためそのほとんどを輸入でまかなうようになる。

つまりIPLCとは，先進国市場（バーノンが説明する場合は米国）で新製品を開発した場合，どのような過程を経て国際製品へと移行していくかを表しており，企業の発展に伴って国内段階，輸出段階，国際段階を経て，最終的にグローバル段階へと移行することを示している。

しかし，このIPLCモデルはパックス・アメリカーナを背景とした1950年代から60年代にかけてのアメリカ企業の多国籍化過程を表す場合には有効であるが，それ以降の欧州や日本の多国籍企業の過程を説明するのには有効ではないとして批判される場合もある。もっとも彼自身も近年ではIPLCモデルの有用性について限定的，選別的有効性を説くに至っている。

2）折衷理論（OLIパラダイム）

ダニング（J. H. Dunning）のOLIパラダイム[11]は，折衷パラダイムとして知られており，企業の海外生産をはじめとして直接投資を説明するのに有用な考え方として知られている。それは，企業の海外進出において現地企業と比較して有形・無形資産の保有による優位性の程度をどれくらい有しているのか，そして所有の優位が存在する場合に自らその優位を使用することにより優位性を保つことができると企業が判断する場合の基準，またどこに海外進出をするのが最も優位性を引き出すことができるかという立地優位の問いに答えたものである。いい換えれば，彼は企業が国際市場において所有優位を確立するためには，内部化優位を確保するという点に着目し，立地優位の探求や検証が必要になるという折衷理論を考案した。そして，その展開には経済や社会の複雑化に伴う多数の要素や理論を取り入れる必要性を認識し，所有特殊的優位（ownership specific advantages），立地特殊的優位（location specific advantages），内部化インセンティブ（internalization incentives）という3つの優位性の組み合わせによって市場参入が決定されることを説いた。

①**所有特殊的優位**（ownership specific advantages）

他社が所有していない技術力，ノウハウ，知識，技術開発能力，規模の経済性（メリット）などの特殊な無形資産を有することによる優位性をあげている。

②**立地特殊的優位**（location specific advantages）

進出先の立地において，他の地域と比較して優位性を有しており，誘致政策や関税・非関税などの参入障壁条件，あるいは原材料や資材などを優位に確保することができる条件，各種のインフラストラクチャーの整備などの生産条件，あるいは進出国市場の成長性，所得水準や発展段階などの市場条件が相当する。

③**内部化インセンティブ**（internalization incentives）

優良な取引先を確保するため，あるいは交渉や契約に伴う費用など，いわゆる限界費用を超える限界収益を確保できるという優位性を指している。

ダニングは，上記にあげた3つの条件が揃ったときはじめて直接投資がなされることを指摘した。そのいっぽうで3つのうち立地の優位性が存在しないと判断したときには，自社の優位性を自国内で活用し製品輸出を選択するとした。あるいは，所有特殊的優位が存在しても他の2つの部分で優勢がみられない場合には契約などライセンスを通して資源移転を選択すると指摘した。

そして，ダニングはこの3つの優位性はお互いに独立したものではなく，相互に関係しあいながらさまざまな環境の変化によって影響を受ける場合もあることなども述べた。後に，彼はさらに直接投資を天然資源型，市場探求型，効率探求型，戦略的資産探求型，貿易・通商型，支援サービス型という6つに分類して，それぞれにOLIパラダイムを当てはめ，タイプごとに直接投資の要因を表している[12]。

しかし，このOLIパラダイムは，所有の優位を企業の海外直接投資の前提条件としていたが，アリメイダ，シャン，ソン（Almeida, Shan, & Song）[13]などにより必ずしも所有の優位を前提としない企業も海外直接投資を展開しているという指摘がなされたため，新たに海外拠点を軸として競争優位を構築するという見方がグローバリゼーションを構築する理由のひとつとして登場している。

3. グローバル経営における環境要因

　グローバル市場へ参入する際には、国内市場とは異なる企業をとりまく環境要因を留意する必要がある。グローバル市場における環境要因は、企業にとって統制不可能な経済・政治・法律・文化的要因からなるマクロ環境と、統制可能な企業内環境とその中間とされるタスク環境を合わせたミクロ環境に大別することができる。さらに、ミクロ環境はマクロ環境と対比して使用され、個々の企業の経営行動に則した社会環境や経済環境であり、それは統制可能な企業内環境とその中間とされるタスク環境を合わせたものとされている。具体的な分析としては、企業に直接影響を与える供給業者、競争業者、流通チャネル、金融業者などの外部支援機関などのタスク環境と企業目標、企業文化、トップマネジメント、購買、財務、生産、人事など企業の他部門などから構成される企業内環境に分けることができる。

(1) マクロ環境 [14]

1) 経済的要因

　経済的要因とは、国内総生産（GDP）もしくは国民総生産（GNP）、経済成長率、インフレ率、失業率、産業構造、輸出構造、就業構造、外貨準備、国際収支、対外債務負担、財政収支構造、所得分布、労働賃金などさまざまなものがある。また、経済活動の基盤となる鉄道、道路、空港、港湾などの施設、あるいは労働慣行、進出国市場における競争構造や消費構造など、進出国のインフラストラクチャーなども要因となる。これらを測定し比較することによって進出国の経済成長率や国民の購買力などを基礎的なデータとして活用することが可能となる。

2) 政治・法律・制度的要因

　政治的要因とは進出国の経済政策・制度や法律と関係が深く、政権の安定性、政治体制、政府の産業・財政金融・通貨・通商政策や将来的な計画・展望などが相当する。これらの要因は、政治・経済や社会環境の変化に伴って新たな法律や規則として制定される場合もある。また法的規制とは民法や商法のように

国内企業と同様に進出企業にも適用される法律といったものから，外資法や出資比率，投資分野の制限，ローカルコンテンツ，土地取得制限，現地人雇用・登用義務のように国家独自の制約条件を課すものや，海外からの進出企業のみを対象として適用される法律もある。このように，企業が海外進出をする場合には，本国と進出国の双方の法律が適用されることになるため十分に留意しておく必要がある。

また，近年市場のグローバル化が進み国際条約・法規などが締結されるいっぽうで，国際的に取引を制限する法律や，国家や地域間で協定（自由貿易協定，共同市場，関税・経済同盟，経済統合など地域統合体制）が結ばれるなど，反グローバリズムやリージョナリズムも台頭してきている。

国際条約としては，第2次世界大戦後に自由・無差別・多角的貿易を目的にして設立されたGATT（General Agreement on Tariffs and Trade）がある。第1回の会議から第7回のウルグアイ・ラウンドに至るまで参加国は関税引き下げ処置，輸入制限の撤廃，非関税障壁の軽減，最恵国待遇の保持，農産物問題などを主体として貿易のルール作りを進めてきた[15]。そして，1995年からは国際機関のひとつとして認められたWTOのもとでモノと同様にサービス貿易，知的所有権，貿易政策審査制度や複数国間貿易協定など国家間における紛争解決への取り組みが始まっている[16]。

米ソの東西対立やソビエト連邦崩壊や東ヨーロッパ諸国における社会体制が変化していき，国家や地域の結びつきが強まっている。たとえば，EUのように単一通貨ユーロを発足させ，ヒト・モノ・サービス・資本の自由移動を基本とした強固な経済統合，あるいは米国，カナダ，メキシコ間でのNAFTAのような自由貿易協定の締結，またアジア諸国のASEAN，APECのような太平洋諸国の経済協力，さらに日本とシンガポール間のFTAなど，それぞれさまざまな問題を抱えながらも経済の地域統合がアジア・米・ヨーロッパ大陸の3極体制を中心に拡大している。

3) 文化的要因

世界に展開する企業にとって，国ごとに異なる習慣や文化についても企業をとりまく外部環境のひとつとして考慮すべきであろう。そもそも文化とは，人々がある特定社会の一員として所有し思考し行動するすべてのことを指して

いる[17]。人間は，誕生してから必然的に風土・慣習・習慣・価値観・審美観などをはじめとして文化そのものが社会・経済や人間形成の上で規範となるため，その国の人々の生活に密接に結びついていると思われる。たとえば，意思決定における人間のもつ自己集団準拠枠基準（SRC ＝ Self Reference Criterion）は[18]，意思決定や物事の判断時において無意識のうちに自分自身の文化的価値観，経験則，知識に準拠して判断してしまうことである。こうした文化・社会的概念に影響力を与える要因としては言語，美的感覚，教育水準，食習慣，社会集団，宗教，家族関係等が大きく関係することになるため，グローバル企業の担当者は自国や担当者自身のもつ SRC 概念を基準として経営を展開しようとするのではなく，常に進出国の文化的要素も考慮に入れる必要がある。

4）自然環境的要因

　世界的な環境保護に対する意識が高まるなかで，グローバル企業においても経済環境とともに地球の自然環境にも注目する必要性がある。温暖化やフロンの問題など地球環境の深刻化が叫ばれることにより，環境問題に対する意識が高まっており，20世紀型社会の大量生産・大量消費・大量廃棄型社会から循環型社会へと人々の関心も移行し始めている。そうした状況のもとで環境問題を議論するさまざまなサミットが行われ，国連を中心としてさまざまな議定書が発効されており，海洋汚染の防止，有害廃棄物の越境移動に関する規制など国際的枠組みのもとでさまざまな地球環境保全への取り組みが始まっている[19]。こうした経済・社会背景のなかで，世界的に事業展開を行うグローバル企業は，環境対応型の組織構造や経営行動への転換を余儀なくされており，環境に配慮した経営への取り組みが迫られている。グローバル企業の役割は，利益主導型の経済的な結びつきだけではなく，社会的な側面とも大きく関係しており，それらは相互に結びついているため経済的責任は勿論のこと，企業市民としての責任も重要視されることとなり，環境マネジメントシステムの構築，エネルギー管理，環境にやさしい製品開発，環境情報の開示，環境教育など地球環境を意識した経営が一層要求されることになる。

4. グローバル市場への参入形態と経営組織

　海外市場への参入形態は，大きく輸出，ライセンス契約，海外直接投資に分類される。前節で述べたように企業におけるグローバル市場への参入方式を決定する際に影響を与える要因は進出国の環境要因と自社要因に大別できる。具体的には進出国の市場規模，成長率，進出国のカントリーリスク度，進出国政府の規制・法律，インフラストラクチャー，競合環境などの環境要因と自社資源・資産・能力からなる自社の経営状況，地域特性，マーケティング戦略などさまざまな要因によって左右される。

　日本企業を例にとってみると，1960年代からの海外輸出，その後第三国を通しての海外輸出，そして，1970年代からの貿易摩擦を回避するためのさまざまな手段，1980年代半ばのプラザ合意以降における円高による直接投資の始まりというように，一般的な参入形態は海外市場への関与の度合いが深まるにつれて輸出から海外生産へと変化していくこととなるが，近年の情報社会ではそのあり方も大きく変化している。また，参入形態の分類方法にも，輸出，ターンキー・プロジェクト，ライセンシング，フランチャイジング，合弁，完全所有子会社に分類したりするものなど，さまざまな解釈の仕方があるが[20]，ここでは一般的な代表的な参入形態について，それぞれの特徴や特性を説明するとともに，企業の進化過程において組織形態がどのように変化するかという点にも着目して述べることにする。

(1) 輸　　出 [21]

　企業による海外市場の関与の仕方として一番浅いものは輸出という手段であろう。それは，本国で製造した製品を輸出するか，もしくは第三国で製造した製品を輸出することである。この形態は，大きく間接輸出と直接輸出があり，そのなかでも企業自らが積極的に行う能動的な輸出と他の業社や商社からの引き合いによる受動的な輸出のタイプに分類できる。

　間接輸出は商社を通して外国市場に販売を行う方法，海外のディストリビューター，業社（買い付け機関）を通じて販売を行う方法，そして海外の企業の

もつ流通ネットワークを利用するピギーパックと呼ばれる3通りのタイプがある[22]。

　商社を通して輸出販売を行う方法は，グローバル市場に精通していない企業にとって有用であり，商社の所有するさまざまなノウハウやネットワークを通してすべての輸出業務を委託できるため，製造だけに専念すればよいことなどのメリットを有する。また，外国の業社を通して販売する場合も同様であり，現地市場における文化，習慣，競争状況などの統制不可能となる要因を把握していることや，その国のさまざまなノウハウを所有していることから本国企業にとって大きなメリットとなる。したがってこの輸出段階では，企業自らが輸出のために事業部や販売部などの組織を設立することは少なく，数少ない担当者がその状況に応じて輸出事項に対応することとなる。

　さらに輸出量が拡大し海外市場における取引が拡大してくると，商社を利用せずに企業自らが現地子会社，販売会社，販売代理店，特約店などを活用し自社の関与を強めるようになる。その方法として直接輸出を選択する，あるいは商社の利用を継続しながら企業自らが海外市場の開拓をめざして輸出活動を始めるような2つの方法が考えられる。直接輸出を選択した場合には，国内の販売部門の中に輸出業務全般を取り扱う輸出部を設立し，為替手形，信用状，通関手続，国際輸送，海上保険などについての処理業務や海外向け製品の出荷，決済なども直接行わなければならず貿易業務が発生することになる。さらに将来的に現地の販売会社を運営するための資金や人材の確保など多くの労力が必要となるため，海外取引の窓口ともいうべき輸出部，貿易部などの部門が設立される。しかし，現実には輸出部や貿易部はその大半の業務が商社との取引が中心であるため，本来の国際的な取引に関係する部門とは程遠い段階である。

　初期の輸出段階において企業は外国市場に対して不慣れなことから受動的な輸出が多くみられるが，ある程度輸出が軌道に乗ってくると自社製品の拡大や企業成長をめざすために販売会社や現地支店を開設するなど能動的な輸出展開を始める場合が多くみられるが，自ら進出国に流通チャネルを作り上げるのは莫大なコストと時間がかかることから，進出国に精通している現地企業の流通ネットワークを利用する共同輸出という形態をとることもある。

　その次の段階として，さらなる発展をめざすために，輸出を担っていた輸出

部を国内販売事業部の一部門から独立させ，組織上の制約から解放することにより輸出業務に特化した部門を設立する企業や，輸出部が輸出業務を効率的かつ効果的に実施するために海外の主要地域に海外事務所や，海外製造子会社などを設立する企業も登場してくる。製造子会社を設立する理由は，①現地国政府の輸入量制限や規制による国内産業保護政策に対して，現地国の国際収支の改善や雇用機会の創出を増やす現地国への貢献を示すことにより製品輸出の拡大による貿易摩擦を回避する目的，②顧客の近くで生産・販売することによるマーケティング戦略におけるメリットの享受が考えられる。この段階は，将来的に国際市場における市場拡大をめざし適材適所での生産体制を確立することや，マーケティング戦略を優位に展開するための準備段階と考えられる。そのため現地市場の状況（競争状況，物価など）や消費者動向（消費者ニーズ，ライバル企業）などの情報を収集し，一層の海外市場における取引の強化に努めるようになる。しかしこの時期の現地市場における主な経営活動はすべて進出先の海外事務所に任せる場合が多く，本国企業との連絡や調整は本国企業の海外輸出部の担当者が出張という形式で現地に出向くことが多いと指摘されている[23]。

(2) ライセンス契約

海外輸出によって自社製品の販売数量が一定量に達すると，現地生産の可能性を模索し始めることになる。現地生産体制に移行するためには企業をとりまくさまざまな統制不可能要因を探るための多くの資金や人的資源が必要となる。そのリスクを低減するひとつの方法としてライセンス契約がある。

ライセンス契約とは企業（ライセンサー）がある一定の期間を定めて海外の企業（ライセンシー）に対し，製造技術の指導，マーケティングノウハウの提供，商標・デザインの使用を認める対価として使用料を受け取るものである。その契約方法は製造委託契約，フランチャイズ契約，マネジメント契約に分類できる。この契約方法のメリットは，①現地経営に慣れていない企業でもグローバル市場へ自社ブランド製品を投入できること，②貿易摩擦をはじめとする現地市場でのトラブルを回避しやすいこと，③現地情報の探索にかかる資金投入量が少なくて済むことなどのメリットがある。

しかし現地市場との接触が少なく間接的な情報しか手に入らないため,ライセンシーとの間で契約上のトラブルやライセンシーの状況を把握できないことから本国企業が希望する戦略の展開が困難になるなどのデメリットもある。

1) 製造委託契約[24]

製造委託契約には,①経営活動のすべてをライセンシーに任せて運営させる方法,②製造だけをライセンシーに委託する方法,③原材料を支給し,製造加工だけを委託する方法の3つが考えられる。この契約方式の欠点は時間が経過するのに伴い,ライセンシーが製造技術を習得し自ら生産・販売を行いライセンサーの競合相手となる可能性が出てくることや,ライセンサー自らが直接投資を行うようになった場合など,ライセンサーとライセンシー間でトラブルも多くみられる[25]。

2) フランチャイズ契約[26]

コンビニエンスストアやファミリーレストランなど日本でもよく知られている契約方法であり,事業者であるフランチャイザーがフランチャイジーと呼ばれる個人業主や企業に対して一定期間,地域を限定して事業を運営する権利を与えるものである。この契約は,一般消費財の分野でよく目にする形態であり,製品やサービスの供給のみならず製造から販売までのすべての経営活動を含む契約である。この方法はフランチャイジーが土地や店舗などの資金を負担し,フランチャイザーは経営管理についての指導責任をもつという方式であり,商売のノウハウを所有していないフランチャイジーと経営ノウハウをもつフランチャイザーの共同経営ということになる。フランチャイザーにとっては,①現地の消費者に対して直接アプローチをする手間を省くことができること,②経営面での多くの時間や資金を節約できること,③自社ブランドで素早く市場拡大を図ること,などのメリットがある。しかし,近年では市場の動きが早くフランチャイジーにとって当初の計画どおりに利益を確保することができないために契約解除を申し出るなどフランチャイザーとフランチャイジー間でトラブルが多くなっている。

3) マネジメント契約[27]

この契約は,経営の知識・経験・技術を所有するにもかかわらず,自社の資金や設備が不足している場合に,資金や設備は豊富であるが経営ノウハウをも

たない企業と契約を結ぶ方法である。前者は，事業経営のノウハウを提供したり，経営診断などのバックアップをすることにより，相互協力のもとで事業を拡大する方法である。この方法では，実際に事業を展開する企業が，時間の経過とともに経営ノウハウを習得するようになると，自らが独自で事業を展開するようになるため契約が破棄される場合も多い。

(3) 直接投資

次の段階では，それまでに開拓した海外市場をさらに発展させ，海外市場における確固たる地位を築くために，海外現地法人として販売子会社を設立し自社ですべての海外取引を行う直接投資の段階に移行する。そして海外に設立された現地子会社は，本国から輸入した製品の販売を行うだけではなく，販売後のアフターサービス，現地市場の動向や情報の収集，販売促進活動や広告など経営活動をより深めていくこととなる。

販売子会社を設立した当初は，現地組織に対して大幅な権限と責任が与えられるため自律的子会社として本社からの制約を受けることは希であり，本社と子会社間の連絡・調整は輸出部の担当者による子会社への出張で済ませることが多い。しかし販売子会社の規模や地域が拡大するにつれて，海外駐在員として本社から担当者を駐在させ，現地企業それぞれの統制を図るようになったり，グループ全体として経営効率を図る目的のため各子会社の活動を統制するように変化してくる。

さらに経営活動が進化してくると，現地国では販売をするだけでなく製造部門も加えた製造子会社を設立するようになる。そして最終的には，自社で工場を建設し，製造から販売に至るまですべての経営活動を行うようになる。

企業のタイプによっては，直接投資に対するリスクに対する慎重さから合弁事業の設立や企業買収などの方法で直接投資を行う場合もある。

1) 合弁事業 [28]

ライセンス契約の発展型とも考えられるこの方式は，ジョイントベンチャー（joint venture）と呼ばれ，共同出資者としてのパートナーと合弁で企業を設立する方法である。こうした方法で直接投資を行う背景には以下にあげる理由が考えられる。

①進出先の政府が外国の企業に対して法的な規制や圧力をかけるケース
　②進出先の政府とパートナーとの密接な関係があるケース
　③現地市場における競争が激しく自社単独で直接投資をするよりも合弁形態のほうが多くのメリットがあるケース
　④経営資源に余裕がないケース
が考えられる。合弁パートナーと相互に信頼関係を築き上げるためには，パートナーとなる相手企業の国の文化，社会習慣などをはじめとして消費行動，製品や広告などのマーケティング，経営管理方式など本国と異なる経営環境や外部環境にも充分に配慮する必要がある。

2）企業買収[29]

　Merger & Acquisition の略語である M&A（企業買収）は，合弁，買収の双方を意味する用語である。それは特定企業のもつ資産や営業権の一部，もしくは全部を取得し経営権を手に入れる方法である。この方式は起業から成長，拡大という企業の進化過程を経ずに，直接経営ノウハウを獲得し事業経営に携わることが可能となる。そして，新規事業への参入が容易であり企業の多角化や拡大戦略に有効な方式である。日本では，バブル期に欧米の企業を買収するケースが多くみられたが，近年では外資系企業が日本企業を買収するケースが多くみられる。しかし，日本では買収のイメージは好いものといえず，企業イメージ低下や企業風土の悪化，買収された企業の従業員の扱いなどにも十分に配慮する必要がある。

3）戦略同盟

　グローバル企業において，相互に利益を得る戦略的に重要な目標を達成するための2社あるいはそれ以上の提携を戦略同盟と呼んでいる。この形態は2社間の単なるライセンシングからジョイントベンチャーや研究開発の共同事業体でもみられ，その目的は以下のとおりである[30]。
　①自社の優位性を保つための防衛手段
　②リーダーの地位にない企業同士が協力関係を築くことにより巻き返しを図るための手段
　③企業における特定事業単位において生き残るための手段
　④リーダーの地位にない企業が事業を生き残りの手段として活用し再編成を

試みる

4) 自営企業 [31]

　企業自らが100％出資の完全所有子会社を設立し海外市場へ参入する方法である。この方法のメリットは経営方針の徹底，人事権の掌握，マーケティング戦略など生産から販売までのヒト・モノ・カネといったすべての企業活動を把握できることにある。海外市場での経営が軌道に乗れば，本国への逆輸入や第三国への輸出のようなグローバルな事業展開が可能となる。

　しかし，経営活動のすべてを自社で行わなければならないため，投資コストも他の参入形態と比較して膨大となるため現地市場からの急速な撤退は困難になる。したがってこの方法で海外市場へ参入する場合には，現地視察などを含めた市場調査を十分に行い，事業が成功するかを十分に見定める必要がある。

　上記のような企業の海外進出方法は，自社の資本力・経営風土・製品特性・マーケティング戦略・意志決定などさまざまな要因をもとにして決定される。海外市場への関与の度合いとリスクは比例し大きくなることを考慮し，海外戦略は判断されなければならない。

注
（1）加藤勇夫・寶多國弘・尾碕　眞編著『現代のマーケティング論』ナカニシヤ出版，2006年，p.213。
（2）田内幸一・堀出一郎編著『国際マーケティング』中央経済社，1994年，pp.17-18。
（3）大矢野栄治『国際経済の考え方』中央経済社，1996年，pp.1-8。
（4）Bartlett, C., & S. Ghoshal, *Managing Across Borders : Transnational Solution*. Boston, MA : Harvard Business Press, 1989. 吉原英樹監訳『地球市場時代の企業戦略』日本経済新聞社，1998年。
（5）Ball, D., & McCulloch, W., *International Business*. Boston, MA : Irwin/McGraw-Hill, 1992.
（6）多国籍企業という用語は，1960年に「1985年における企業と管理」と題するシンポジウムに先立ち配布された，海外事業を展開する米国企業の諸問題に関する報告書の中で，米国テネシー渓谷開発公社の長官であったD.E.リリエンソール（Lilienthal, D. E.）がはじめて使用した用語とされている。
（7）Fayerweather, J., *International Business Management : a conseptual framework*, McGraw-Hill, 1969. 戸田忠一訳『国際経営論』ダイヤモンド社，1975年。
（8）Heenan, D, A. & Perlmutter, H, V., *Multinational Organization Development*, Addison-Wesky, 1979. 江夏健一・奥村皓一監訳『グローバル組織開発』文眞堂，1990年，pp.7-9。

（9）Vernon, R., *Sovereignty at Bay.* Basic, 1971. 霍見芳浩訳『多国籍企業の新展開』ダイヤモンド社, 1973年, pp.71-81。
（10）Wells, L. T., "A Product Life Cycle for International Trade?", *Journal of Marketing*, 32, (3), July, 1968, pp.1-6.
（11）Dunning, J. *International Production and the Multinational Enterprise.* London: Allen and Unwin, 1981.
（12）Dunning, J. *Multinational Enterprises and the Global Economy.* Workingham, England : Addison-Wesley., 1993.
（13）Almeida, P., Song, J. & Grant, R. M. 'Are firms superior to alliances and markets? An empirical test of cross-border knowledge buildings.' *Organizations Science*, **13**（2）, pp.147-162.
（14）加藤勇夫『マーケティングアプローチ論』白桃書房, 1982年, pp.253-260。
（15）通産省編『通商白書 平成4年度版』大蔵省印刷局, 1992年, p.226。
（16）経済産業省「対外経済総合サイト」参照のこと（2005.8.10）(http://www.meti.go.jp/policy/trade_policy/wto/round/index.html)。
（17）自由国民社『現代用語の基礎知識』2003年, pp.190-195。
（18）角松正雄監訳『マーケティングの国際化』文眞堂, 1989年, pp.23-24。
（19）長岡　正編『環境経営論の構築　朝日大学産業情報研究所叢書6』成文堂, 2002年, pp.46-54。
（20）Hill, C., *International Business.* Boston, MA : Irwin, McGraw-Hill, 2001.
（21）竹田志郎編『国際経営論』中央経済社, 1994年, pp.83-84。
（22）小田部正明, クリスチアン・ヘルセン『グローバルビジネス戦略』同文舘, 2001年, p.178。
（23）熊田喜三男編『国際マーケティング戦略』学文社, pp.95-98。
（24）堀出一郎『実戦国際マーケティング』日本経済新聞社, 1985年, pp.54-55。
（25）明治乳業とレディーボーデンは1971年にライセンス契約を結び高級アイスクリーム市場を作り上げた。しかし, その後ボーデン社が日本法人を設立し, 自社で販売を始めることとなったため明治乳業とボーデン社の間で問題が起こった。
（26）Root, F. R., *Foreign Market Entry Strategy*, AMACOM, 1982. 桑名義晴訳『海外市場戦略』HBJ出版局, 1984年, pp.16-19。
（27）田内幸一・堀出一郎, 前掲書, 中央経済社, 1994年, pp.76-77。
（28）田内幸一・堀出一郎, 同上書, pp.78-80。
（29）田内幸一・堀出一郎, 同上書, pp.81-85。
（30）小田部正明, クリスチアン・ヘルセン, 前掲書, pp.196-197。
（31）竹田志郎編, 前掲書, p.48。

参考文献
浅川和宏『グローバル経営入門』日本経済新聞社, 2003年
Ball, D., & McCulloch,W., *International Business*, Boston, MA: Irwin/McGraw-Hill, 1992.
Bartlett, C., & Ghoshal S., *Managing Across Borders: Transnational Solution*, Boston, MA : Harvard Business Press, 1989. 吉原英樹監訳『地球市場時代の企業戦略』日本経済新聞社, 1998年

Cateora, P. R., & Keaveney, S., *Marketing-An International Perspective*, Richard D. Irwin, 1987. 角松正雄監訳『マーケティングの国際化』文眞堂，1989 年
Dunning, J., *International Production and the Multinational Enterprise*, London : Allen and Unwin, 1981.
Dunning, J., *Multinational Enterprises and the Global Economy*, Workingham, England: Addison-Wesley., 1993.
Heenan, D, A. & Perlmutter, H, V., *Multinational Organization Development*, Addison-Wesky, 1979. 江夏健一・奥村皓一監訳『グローバル組織開発』文眞堂，1990 年
Hill, C., *International Business. Boston*, MA : Irwin, McGraw-Hill, 2001.
堀出一郎『実戦国際マーケティング』日本経済新聞社，1985 年
黄　磷『新興市場戦略論』千倉書房，2003 年
加藤勇夫『マーケティングアプローチ論』白桃書房，1982 年
Kotabe, M., & Helsen, K., *Global Marketing Management*, 2nd ed., John Wiley & Sons, 2001. 横井義則監訳『グローバルビジネス戦略』同文館出版，2001 年
熊田喜三男編『国際マーケティング戦略』学文社，2004 年
長岡　正編『環境経営論の構築　朝日大学産業情報研究所叢書 6』成文堂，2002 年，pp.46-54。
中村久人『グローバル経営の理論と構造』同文館出版，2006 年
根本孝編著『グローカル経営』同文館出版，2004 年
Root, F. R. *Foreign Market Entry Strategy*, AMACOM, 1982. 桑名義晴訳『海外市場戦略』HBJ 出版局，1984
佐藤憲正編著『国際経営論』学文社，2005 年
竹田志郎編『国際経営論』中央経済社，1994 年
Vernon, R., *Sovereignty at Bay*, Basic, 1971. 霍見芳浩訳『多国籍企業の新展開』ダイヤモンド社，1973 年

第Ⅵ章
マーケティング

1. マーケティングとは

　企業が持続的な成長を達成し存続を確保するためには，自社の顧客を獲得し，その維持に努めなければならない。この顧客の獲得と維持に大きくかかわっているものが「マーケティング」である。

　マーケティングは，「MARKET-INGと2つに分ければ，〈市場→動詞化〉ということで，つまり市場を対象とし，企業の対市場活動で動態的に変化していく市場に対し，企業が創造的に適応していく活動である」[1]といえる。

(1) マーケティングの定義

　マーケティングは20世紀初頭のアメリカに誕生し，今日までに約1世紀しか経過していない，まだ新しい領域の学問である。マーケティングの定義についてはさまざまな見解が提示されているが，アメリカマーケティング協会（AMA：American Marketing Association）の定義がよく引用されるため，本稿でもこれを紹介する。AMAは，これまでに1935年のアメリカマーケティング教育者会議の定義を1948年に踏襲し，1960年にこの定義を再確認，そして50年後の1985年に改訂，その後2004年に再改訂した[2]。2004年の新しい定義は以下である。

　「マーケティングとは，顧客に価値を創造し，伝達し，引き渡すため，そして組織とそのステークホルダーにベネフィットを与えるような方法で顧客関係

を確立するための一つの組織機能であり，一連のプロセスである（Marketing is an organizational function and a set of processes for creating, communicating, and delivering value to customers and for managing customer relationships in ways that benefit the organization and its stakeholders.）(3)」。

ここで，1935年と1985年の定義を掲げ，時代の変遷によるマーケティングの捉え方を概観してみる。

1935年：「生産者から消費者，あるいはユーザーへ商品やサービスの流れを方向づけるビジネス活動の遂行（The performance of business activities that direct the flow of goods and services from producer to consumer or user.）」。

1985年：「マーケティングとは，個人および組織の目標を満足させる交換を創造するために，アイディア・商品・サービスについての着想，価格設定，プロモーション，流通を計画し，実行する過程である（Marketing is the process of planning and executing the conception, pricing, promotion, and distribution of ideas, goods and services to create exchanges that satisfy individual and organizational objectives.）」。

以上から，時代とともにマーケティングの対象は，商品やサービスからアイディアにまで広がり，2004年ではそれらを「価値」という言葉で表している。また，マーケティングの主体が営利を目的とする企業に限定されることなく，非営利組織（政府，学校，生協，NPOなど）や個人をも含むようになった。

さらに，2004年と1985年の定義を比較すると，マーケティングが組織だけではなく，株主や顧客，取引先，従業員，地域住民などのステークホルダーにも利益を与えるとしている。また，1985年の定義ではマーケティングを後節で詳述するマーケティング・ミックス（製品政策，価格政策，プロモーション政策，流通政策）の計画と実行のプロセスであるとしているのに対し，2004年の定義では，顧客価値の創造・伝達・配送とともに，顧客との良好な関係を管理することであるとしている。

このようにマーケティングの主体や対象は拡大してきたが，マーケティングは，生産から消費への単なる流れに関連するものではなく，組織やその組織の利害関係者が相互に利益を得，満足を実現する理念であり，行動であるといえる。

(2) マーケティング・コンセプトの変遷

マーケティングは，理念と行動の2側面をもつ。理念は，マーケティングの基本的な考え方を示すものでマーケティング・コンセプト（marketing concept）と呼ばれている。前述のマーケティングの定義は，マーケターの行う行動を要約したものである。また，行動はマーケティングに含まれるさまざまな活動を意味している。マーケティングの定義が時代によって変化しているのは，時代背景の違いによって，マーケティングの基本的な考え方が変化しているからである。このマーケティング・コンセプトの変遷について，アメリカの市場を例にみると表6.1のようになる。

まず，第一段階は「生産志向」である。1920年ごろまでのアメリカでは，製品はまだ比較的少なく，需要に対し供給不足の時代であった。「ものは作れば売れる」時代のため，企業は生産と生産システムの能率向上に傾注し，製造業者は自己製品の販売への努力をほとんど必要としなかった。

第二段階は「販売志向」である。フォード・システムによる流れ作業に象徴される大量生産システムの発達により生産力が膨大になると，次々に生産される製品をいかに販売していくかが最大の関心事となり，「作ったものをいかにして売るか」という考え方のもと，特に広告や人的販売などが活動の中心となった。

第三段階は「マーケティング志向（顧客志向）」である。第二次世界大戦後の経済発展に伴い，生産が消費を上回る状態が続くようになると市場の動向を見据えた企業活動が重要視され，市場調査や製品計画によって「売れるものをいかに作るか」という考え方に移行した。ここでは，市場を形成する顧客（消費者）のニーズや欲求に焦点が当てられ，製品が消費者にわたった後もその製品が消費者の期待に応え，満足を与えられることが必要になったのである。

第四段階は「マーケティングの社会的志向（人間志向）」である。1960年代後半から1970年代になると，コンシューマリズム，インフレーションや失業などの経済的混乱，大気汚染・水質汚濁といった産業公害，資源やエネルギーの不足などの社会問題が顕在化して，企業と社会とのかかわりあいが重視されるようになった。さらに1990年代からは地球温暖化をはじめとする地球環境問題がクローズアップされ，企業はさらに社会や自然環境との調和を求められ

表6.1 マーケティングの発展

年代	生産状況 （市場状態）	志向	焦点	企業哲理	手段	目的
〜1920	生産過少 （売り手市場）	生産志向	生産	いかにものを作るか	生産技術	生産能率向上による利益
1920〜1930 1930〜1950	生産消費均衡 生産過剰 （買い手市場）	販売志向	製品	作ったものをいかに売るか	広告 人的販売	売上高による利益
〜1960年代	生産過剰 （買い手市場）	マーケティング志向（市場志向，顧客または消費者志向）	顧客 （消費者）	売れるものをいかに作るか	市場調査 製品計画	顧客（消費者）満足による利益
1960年代後半〜	生産過剰 （買い手市場）	マーケティングの社会的志向（人間志向）	消費者市民（消費者利益，社会利益）	消費者市民のニーズと要求に適合した売るべきものをいかに作るか	統合された経営諸活動	消費者市民の満足による利益

注：1940年代の第二次世界大戦中ならびに戦後期は，一時的に生産過少，売り手市場であった。
出所：加藤勇夫『マーケティング・アプローチ論　その展開と分析〔増補版〕』白桃書房，1982年，p.11

るようになってきた。このような時代では，「消費者市民のニーズと欲求に適合した売るべきものをいかに作るか」というマーケティングの社会的志向（人間志向）が重視されるようになっている[4]。

(3) マーケティングと販売の違い

　一般にマーケティングというと営業や販売（セリング）と混同されることが多いが，前述のマーケティング・コンセプトの変遷でもふれたマーケティング志向と販売志向を対比させてその相違点をみてみる。図6.1に示すように，販売志向は「作ったものをいかに売るか」，つまり作った製品は売りたいという企業側のニーズ（工場）から始まり，既存製品に焦点を当て，利益を生む売上高を達成するために猛烈な販売や販売促進を用いて消費者に強引に売り込むものである。他方，マーケティング志向は市場を出発点とし，顧客のニーズに

注目し，顧客の欲しがる製品やサービスを提供することによって顧客満足を創り出し，その満足に対して支払われる対価からの利益を獲得するためにすべてのマーケティング活動を調整するものである。販売は製品やサービスが売れれば終わりとなるが，マーケティングは顧客の求める製品やサービスを創造し，それらが供給・消費されることによって顧客のニーズを満足させるまで終わることはない。このように両者は出発点，焦点，手段，目標ともに相違があり，販売が短期的成果の追求であるのに対して，マーケティングは長期的視野に立った成果を求めるものである。

2．経営の中のマーケティング

　作れば売れるという時代には，マーケティングの考え方は必要なかったが，競争が激化し，ものが売れない状況になると企業におけるマーケティングの重要性が高まってきた。

　企業におけるマーケティングの役割について，P. コトラーはその役割（位置づけ）に対する見解の変化を図6.2 に示している。

　これによれば，マーケティングは当初，財務・人事・生産などといった他の機能と同等に重要な機能としてみなされている (a) が，売上の減少や企業成長の鈍化とともに他の機能より重要である (b) と捉えられるようになる。そしてマーケティングは企業の使命，製品，市場を定義し，他の機能を引っ張って顧客に報いるものであることから，主要機能はマーケティングであり，その他は

	出発点	焦点	手段	目標
販売概念	工場	既存製品	販売およびプロモーション	売上増加による利益
マーケティング概念	市場	顧客ニーズ	統合的マーケティング	顧客満足から得られる利益

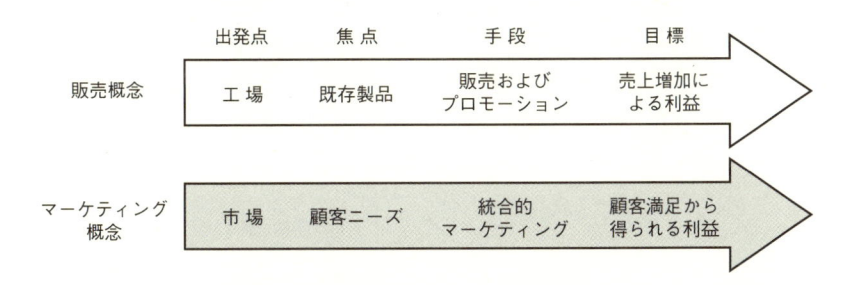

図6.1　販売概念とマーケティング概念の対比
出所：P. Kotler & G. Armstrong, *Principles of Marketing*, 12th ed., Pearson Educaion. 2008, p.10.

支援機能である (c) と考えるようになる。その後，マーケティングを前面に出すより顧客を企業の中心に据えることによって，すべての機能が顧客を見つけ，顧客に応えるために協力して活動する (d) と考えるようになり，最終的には，顧客のニーズを正しく理解し，満足させるためにはマーケティングが中心的役割を担うことが必要である (e) と見解が変化してくる。市場（顧客）を第一に考え始めた企業にとっては，マーケティングによって得られた情報により他の機能に働きかけて，すべての機能が顧客満足に向けて協調的に活動することが必要であり，そのためにはマーケティングがその統合的役割を担うことになる。今日の企業におけるマーケティングは顧客と企業を結ぶ存在として，各機能の

(a) 対等な機能部門としてのマーケティング

(b) より重要な機能部門としてのマーケティング

(c) 主要な機能部門としてのマーケティング

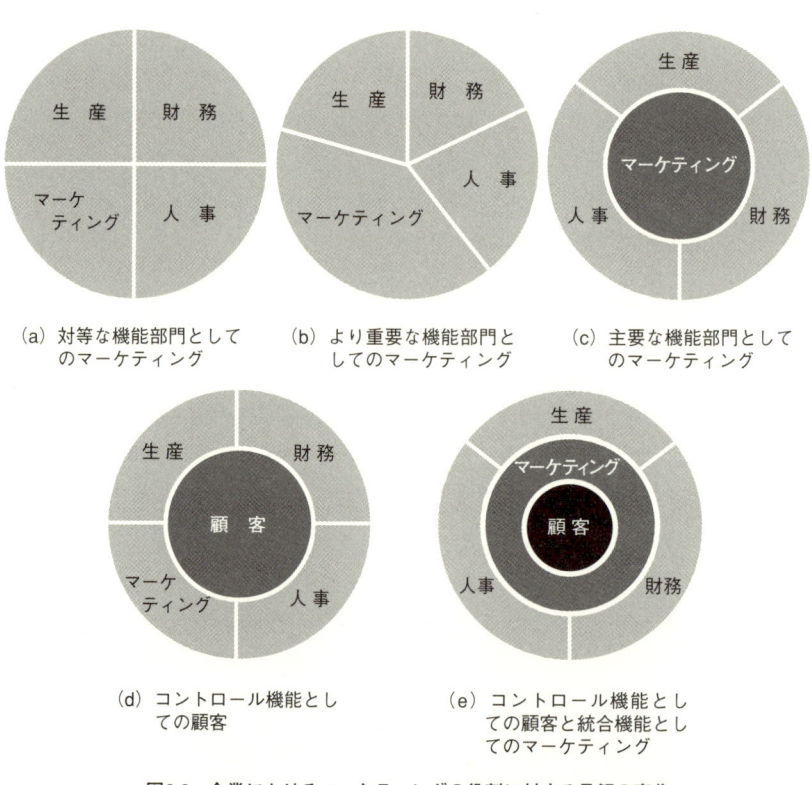

(d) コントロール機能としての顧客

(e) コントロール機能としての顧客と統合機能としてのマーケティング

図6.2　企業におけるマーケティングの役割に対する見解の変化
出所：P. Kotler, *Marketing Management*, 10th ed., Prentice-Hall, 2000.（恩蔵直人監修『コトラーのマーケティング・マネジメント（第10版）』ピアソン・エデュケーション，2001年，p.34）

マメジメントを行う上での中心的な役割を担う重要なものである[5]。

3. マーケティング活動の進め方

かつて P. ドラッカーは「マーケティングの最終目標は販売を不要にすることである」と述べている[6]。現代の企業に求められているマーケティング志向のもとでは、顧客のニーズが出発点となってビジネスが展開される。理想的なマーケティングが実践されている企業では、顧客ニーズをしっかり反映した製品やサービスが創られ、口コミやパブリシティによってその良さが広まるため、販売努力がなくても売れるといわれている。この売れるしくみを作ることがマーケティングの役割であり、そのしくみを計画し実行するマーケティング活動をマーケティング・マネジメントという。

マーケティング・マネジメントの主な意思決定事項は、「ターゲティング（targeting）」「セグメンテーション（segmentation）」「ポジショニング（positioning）」「コンセプト（concept）」「マーケティング・ミックス（marketing mix）」などである。そこでこれらの意思決定要素によって構成されるマーケティング・マネジメントの作業は図6.3に示すような流れで行われる。以下、この流れに沿ってマーケティング・マネジメントの基礎的な枠組みをみてみる。

ステップ1：マーケティング目標の確認　マーケティング・マネジメントを展開する上で、最初に行わなければならないのは、個々の製品・サービスや事業に関する目標を明確にすることである。このマーケティング目標は、企業経営の最終到達目標ではなく、個々の製品・サービスや事業について、一定期間に何（売り上げ、シェア、利益率など）を、どの程度まで達成しようとするのかを具体的に設定するものである。

ステップ2：ターゲット、ポジショニング、コンセプトの設定　マーケティング目標が確認されると、次はその目標が達成できそうなターゲットやポジショニング、コンセプトを検討し、明確にしなければならない。

ターゲットとは、その企業が相手にしたい中心的顧客である。市場には無数の顧客が存在する。企業としてはすべての顧客のニーズに対応でき、誰からも愛され受け入れられることが理想であるが、実際には顧客のニーズは多種多様

であるために大方の製品やサービスの買い手は特定の層に限定される。そこで「誰が顧客か」を見極め，見当はずれの顧客にアプローチして買ってもらえないといった非効率的なことがないようにする必要がある。

また，顧客はさまざまなニーズをもっているが，年齢やライフスタイル，地域といった特性によって独特の選好や行動を示すことがある。たとえば，化粧品会社をみれば，歳を重ねるに従って肌の状態が変化するため，年齢層に応じた効能をもつ化粧品を提供している。消費者は同じようなニーズをもつ顧客層や似た行動をとるグループに分けることができるため，このグループ化（セグメンテーションという）を行うことによって顧客のニーズを絞り込み，マーケティングの効果や効率を高めることができる。消費財における市場のセグメン

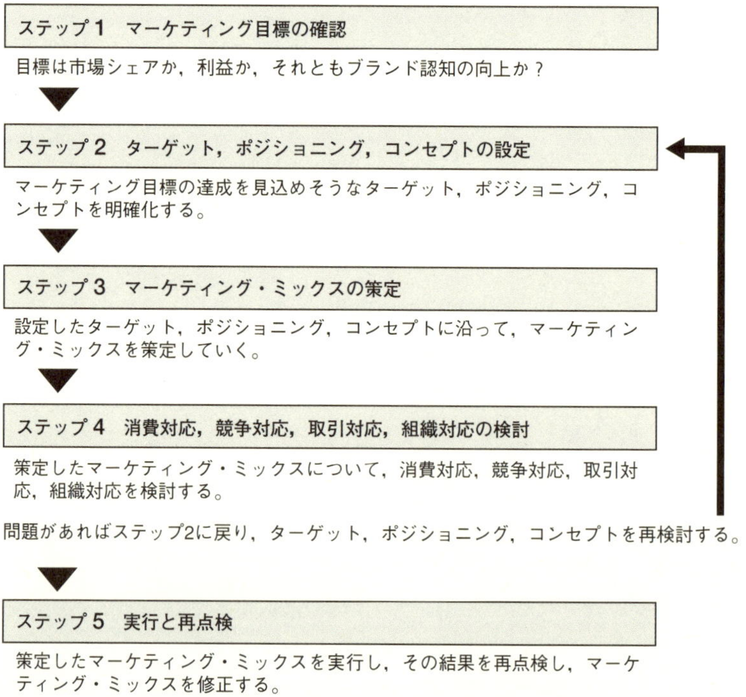

ステップ1　マーケティング目標の確認
目標は市場シェアか，利益か，それともブランド認知の向上か？

ステップ2　ターゲット，ポジショニング，コンセプトの設定
マーケティング目標の達成を見込めそうなターゲット，ポジショニング，コンセプトを明確化する。

ステップ3　マーケティング・ミックスの策定
設定したターゲット，ポジショニング，コンセプトに沿って，マーケティング・ミックスを策定していく。

ステップ4　消費対応，競争対応，取引対応，組織対応の検討
策定したマーケティング・ミックスについて，消費対応，競争対応，取引対応，組織対応を検討する。
問題があればステップ2に戻り，ターゲット，ポジショニング，コンセプトを再検討する。

ステップ5　実行と再点検
策定したマーケティング・ミックスを実行し，その結果を再点検し，マーケティング・ミックスを修正する。

図6.3　マーケティングマネジメントの作業の流れ
出所：石井淳蔵・嶋口充輝・栗木　契・余田拓郎『ゼミナール マーケティング入門』日本経済新聞社，2004年，p.45

表6.2　市場セグメンテーションの基準

地理的基準	国・都道府県・気候
人口統計的・社会経済的基準	性別・年齢・世代・家族構成　所得・職業・教育
心理的基準	ライフスタイル・個性
行動的基準	製品の利用状況・購買頻度・製品に求める価値，製品に対する態度

テーションの具体的な基準は，表6.2のようである。

　次にターゲット市場が決まると，そのターゲット市場のなかで自社の製品やサービスをどのようなポジションに位置づけるのかを決める必要がある。競争環境のもとでは，自社の製品やサービスが競合他社のそれと比較して，消費者に肯定的な認識をもってもらうことが重要である。このポジショニングしだいでこのあとのマーケティング・ミックスの展開が大きく異なってくる。

　つづいてコンセプトの設定であるが，これは企業が製品・サービスによって「顧客にどのようなベネフィット（便益）を提供しようとしているのか」を検討する。顧客は製品そのものが欲しいのではなく，その製品が提供するベネフィットを求めている。コンセプトの設定では，設定されたターゲットやポジショニングとの関係を考慮し，顧客のニーズを捉え，本当に欲しい，あるいは本当におもしろいと思わせるものになっているかどうかがポイントとなる。

　ステップ3：マーケティング・ミックスの策定　　コンセプトが固まると，次はそれを具体的な活動に落とし込むための計画であるマーケティング・ミックス（製品，価格，流通，プロモーション）を策定していく。これについては次節で詳述する。

　ステップ4：消費対応，競争対応，取引対応，組織対応の検討　　次は，消費対応，競争対応，取引対応，組織対応の4つの観点から，策定したマーケティング・ミックスが適切かどうかを検討する。このチェックによって問題点が見つかれば，ステップ2にもどりターゲット，ポジショニング，コンセプト，マーケティング・ミックスを再検討する。

ステップ5：実行と再点検　策定したマーケティング・ミックスを実行に移し，実行する節目節目でマーケティング目標の達成状況をみながら消費対応，競争対応，取引対応，組織対応において問題が発生していないか再検討し，問題があればマーケティング・ミックスを修正する[7]。

4. マーケティング・ミックス

　前節で概観したように，マーケティング目標が明確化され，ターゲット市場やコンセプトが固まれば，次は実際に製品・サービスを顧客に提供する活動に移らねばならない。つまりマーケティング・ミックスの策定である。

　マーケティング・ミックスとは，あるターゲット市場に対し企業が用いる活動や手法の組み合わせのことである。具体的には，どのような製品・サービスにするか，またそのブランドはどうすべきか，価格はいくらが適当か，どこで売れば消費者に買ってもらいやすいか，どのような販売促進の方法が効果的か，といった要素について意思決定することである。

　このマーケティング活動の内容を，E. J. マッカーシーは，「製品（Product）」「価格（Price）」「流通（Place）」「プロモーション（Promotion）」という4つの要素にまとめた[8]。この4つの要素は，その英語の頭文字をとってマーケティングの「4P」と呼ばれている。また，顧客側からこの4Pをみて，「4C」と呼ぶこともある[9]。以下では，この4Pの内容について説明する。

(1) 製品政策：Product

　製品は，有形財の場合には製品，無形財の場合にはサービスと呼んでいるが，ここでの製品（product）にはサービスも含まれている。製品政策とは，企業がどのような製品を作るかを決定することである。つまり市場調査，需要予測，消費者の購買行動調査などによって収集したデータにより決定されたコンセプトに基づいて，顧客に提供しようとするベネフィット（便益）を反映した製品の決定である。

　ここでベネフィットについて整理してみる。すなわち顧客は何を買うのかということである。たとえば化粧品の場合，消費者は化粧品というモノそのもの

が欲しかったわけではなく，その化粧品を使用することによって得られる美しさが欲しいために購入する。つまり製品とは，性能や色，デザインなどの物理的な特徴だけではなく，その製品を所有したり，使用したり，消費することで，そこから得られる価値や満足を提供するものであると考えることが必要である。この価値や満足がベネフィットである。

現代のような競争下では，同じようなベネフィットを提供する企業が多数存在する。企業は多くの競合製品のなかで，自社の製品に特徴を出すことにより，競合製品との違いを強調して自社製品に対する顧客の支持を得ようとしている。これを製品差別化というが，どの側面で製品の特徴を出すかということが問題である。そこで図6.4に示すように，製品を3つのレベルに分けて考えると，第1に，製品の最も中心にあるのが「製品の核」といわれるもので，顧客の問題解決を行うための製品の基本的な機能や価値を指す。化粧品でいえば，美しくなるという希望であり，時計でいえば正確に時を刻むことである。第2は，中核となるベネフィットを提供するために形作られた実態としての「製品の形態」である。顧客は，自らの問題解決の手段や優れた価値を提供する機

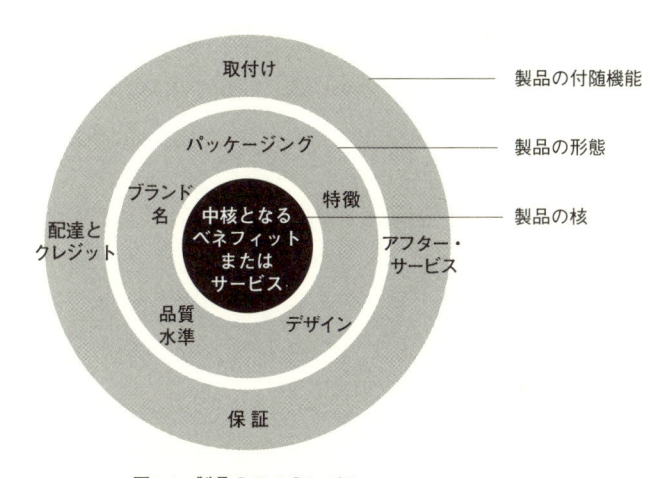

図6.4 製品の三つのレベル

出所：P. Kotler, & G. Armstrong, *Principles of Marketing*, Prentice-Hall, 2001.（和田充夫監訳『マーケティング原理（第9版）』ダイヤモンド社，2003年，p.349）

能だけに反応して購買しているだけではなく，製品のブランド，デザイン，パッケージング，特徴，品質なども重視している。これらの要素が異なれば，製品購入の際の比較対象となる競合製品も異なってくる。第3は，「製品の付随機能」で，「製品の形態」レベルで提供される製品に付随したサービスやベネフィットである。これは，製品の取付けやアフターサービス，保証などである。製品の差別化は，「製品の核」レベルで差別化できればよいが，それが難しければ，「製品の形態」「製品の付随機能」のレベルで差別化し，多くの競合製品のなかから自社製品を選んでもらうようにする必要がある。

以上のように，製品は目に見える特徴だけでなく，顧客のニーズを満足させるさまざまなベネフィットの束として捉えられるので，製品政策はこの製品の3つのレベルにおいてそれぞれ検討し，どのような製品を提供するのかを決定しなければならない。

ところで，製品には人間と同様に，ライフサイクル（寿命）があるとされ，製品が市場に導入されてから廃棄されるまでの一連の流れをプロダクト・ライフサイクル（Product Life Cycle：PLC）といっている。製品は，売上高や利益，競争状況の変化によっていくつかの段階を経過する。この過程を導入期，成長期，成熟期，衰退期の4つの段階に区分するものが典型的である。図6.5に示すように，ある製品が開発され，市場に導入される「導入期」は，製品の誕生時期で消費者はその製品を知らないため売上高は少ないが，やがて時間の経過とともに製品の知名度や評判が上がり，売上高が加速度的に増加する「成長期」となる。この時期は利益も上昇するが，競合企業の参入によって競争が激しくなる。やがて市場は飽和状態となり，売上高は頂点から下降傾向になっていく「成熟期」となる。そして新製品の登場や流行の変化などによって売上高・利益ともに急激な下降をする「衰退期」となっていく。このPLCは，製品の物理的な機能低下によるものではなく，その製品の市場における利益に焦点を当てたライフサイクルを指している。

企業は，自社の製品やサービスがライフサイクルのどの段階にあるのかを十分に認識し，成熟期のものには早めに製品改良などをして寿命を延ばすようにし，衰退期のものは市場からの撤退（廃棄）時期の検討を行うなどにより，長期的に売上高や利益を確保できるように考えなければならない。

(2) 価格政策：Price

　顧客が製品・サービスを購入するかどうかは，製品そのものの機能やベネフィット，付随的なサービスだけでなく，その製品購入のために支払う金額も重要な要素となるため，価格政策についても十分検討せねばならない。価格については，いくらに値段を設定するかという価格設定と，設定した価格をどう管理していくかという2つの問題がある。

　まず，価格の決定方法については，基本的に需要と供給のバランスによって決定されるものであるが，企業の一般的な価格設定の考え方は，費用（コスト），競争，需要の3つを考慮している。

　費用（コスト）重視型の価格設定としては，コストプラス法と呼ばれるものがある。これはコスト（製造原価や仕入原価）にマージン（利益）を加えて価格を決定するものである。これは最も基本的な設定方法といえる。

　競争重視型の価格設定は，競争相手が設定した同種の製品の価格を参考に設定するものである。とくにガソリンのように製品の品質に差がないような製品に多い。

　需要重視型の価格設定とは，ある製品やサービスについて，これくらいなら支払ってもよいという買い手の値ごろ感を調べ，それに合った価格を設定する

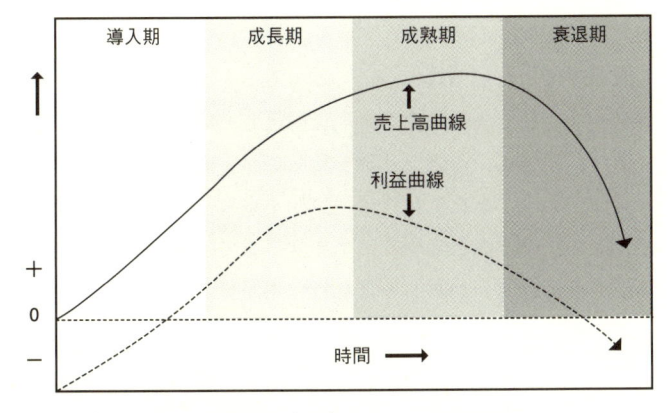

図6.5　典型的なプロダクト・ライフサイクル
出所：藤芳誠一編『ビジュアル　基本経営学』学文社，1999年，p.148

ものである。これは製品やサービスのベネフィットに対する消費者の知覚によるものなので、安ければよいというものでもない。この消費者の心理的な反応に基づいた価格設定には、名声価格、慣習価格、端数価格、価格ラインなどがある。

①名声価格：威光価格ともいう。製品の価値を明確に示すことが難しいような美術品や宝飾品など、高価格なほど評価が高くなるような製品に用いられる設定方法である。

②慣習価格：長期間一定の価格であるために、その価格が消費者の意識の中に定着し、消費者が購買慣習上認めているような価格をいう。たばこ、自動販売機の清涼飲料、ガムといったものの価格が該当し、これより低価格にしたからといって大幅に需要が増えるものではない。

③端数価格：100円ではなく98円、あるいは1万円ではなく9,800円といった価格設定がこれにあたる。キリのよい価格とするのではなく、端数をつけることによって、その価格差以上に安いというイメージを与える設定である。

④価格ライン：同じ製品のなかで、高級品、中級品、普及品といったように、製品を所定の基準の価格帯に分けて、消費者が選びやすいように提供する設定方法である。

以上のように、費用（コスト）、競争、需要といった3つの価格の決定方法をみてきたが、現実的にはこのどれか1つを選ぶというのではなく、それぞれの視点を統合して価格設定は行われている。

次に、新製品の価格設定方式についてみてみると、一つは新製品発売の初期段階で高価格を設定し、高価格でも早期に購入したいという高所得者層のニーズをすくいあげ、開発費や販売促進費を比較的早く回収しようとする「上澄み吸収価格政策」がある。またこれとは逆に、市場導入の初期から低価格に設定し、いち早く大きな売上高と市場シェアを獲得して、長期的に利益を得ようとする「市場浸透価格政策」がある。これは日用雑貨品に採用されることが多い[10]。

さらに価格に関する政策は、その製品の価格を決めるだけではなく、地域や時間、あるいは取引条件などによって異なる設定をし、価格を管理していくことも重要なことである。

(3) 流通政策：Place

　製品，価格のほかに，どのようにその製品を消費者に届けるかという「流通（Place）」の要素を決めなければならない。生産者から消費者へと製品を売買する道筋のことをチャネルという。流通政策は，生産から消費に至る製品の社会的・物理的移転を円滑かつ有効にするチャネルの構築を検討することである。

　まず，流通は生産と消費の架橋となる役割があり，その間にある時間的，場所的，社会的隔たりを埋めるものである。これらの隔たりは，次の3つの流通によって埋められている。

　①商的流通：所有権の移転による取引の流れ。卸売業や小売業が担当する（社会的隔たりを埋める）。

　②物的流通（物流）：モノが移動する流れ。輸送業，倉庫業などが担当する（場所的隔たり，時間的隔たりを埋める）。

　③情報流通：情報が移動する流れ。販売情報や商品に関する情報などの交換が行われる。

　ここで，商的流通において生産者のチャネルに関する意思決定を検討するとき，考慮する点はチャネルの長さ（長い短い），幅（広い狭い），開くか閉じるかといった問題である。

　①チャネルの長さ
　これはチャネルに含まれる段階の数である。
　・生産者→消費者
　・生産者→小売業者→消費者
　・生産者→卸売業者→小売業者→消費者
　・生産者→卸売業者→卸売業者→小売業者→消費者

　大別すると上記のようになる。これは生産者から消費者に直接販売するのか，それとも卸売業や小売業といった中間業者をどれくらい使うのかといった問題である。直接販売は自社の意向どおりに行うことができるかもしれないが，接することができる消費者の数が限られる点もある。販売のノウハウをもった中間業者を使用することは効率的であるが，コスト面を考慮して判断することが必要である。

②チャネルの幅

　一定地域において取り引きをする販売店の数のことである。販売店の数が多ければ広いといい，少なければ狭いという。食料品や日用雑貨品のような最寄品はチャネルの幅が広いほうが，消費者にとって入手が容易となり便利である。けれども生産者にとっては自分の思いどおりにコントロールできない可能性が高くなる。

③開くか閉じるか

　これは併売か専売かということである。併売は自社製品と競合製品が一緒に売られることで，専売は自社製品のみを販売店に扱ってもらうことである。専売は併売に比べ，品揃えやアフターサービスなどが充実でき，製品イメージの保持といった点で生産者のコントロールが可能である。しかし，消費者にとってはさまざまな製品を比較購買することができないという不満が生じるかもしれない。

　チャネルの構築に当たっては，消費者が購買しやすい点を中心に考えることが必要で，購買頻度の高い最寄品であればチャネルは広く，長く，開く傾向になる。提供する製品の性格，生産者の能力，消費者の購買行動を考慮してチャネルに関する意思決定を行う[11]。

(4) プロモーション：Promotion

　製品，価格，流通の方針が確定すると，次にその製品の存在，用途，有用性などを消費者に知らせることが必要である。この一連の活動をプロモーションという。プロモーションとは製品に関する情報を多くの消費者に対して発信する情報提供活動であり，その意思決定の焦点は情報（メッセージ）の内容，伝達手段の検討である。

　プロモーション活動は，広告，人的販売（販売員活動），パブリシティ，セールスプロモーション（販売促進）の4つに分類される。

　①広告とは，有料のメディア（媒体）をとおして，広告する側のメッセージを非人的な方法で伝えるものである。プロモーションにおいては，この広告の影響力が大きいため，最も多く使われる手段である。広告の媒体としては，テレビ，ラジオ，新聞，雑誌といったマス媒体をはじめ，ダイレクトメール，電

車の中吊り，屋外看板，新聞などの折込，インターネットなどさまざまなものがある。

②人的販売は，セールス・パーソンによる販売促進活動のことである。これは，他のプロモーション活動と比較して双方向のコミュニケーションができることが特徴であり，それゆえにこのセールス・パーソンの販売力（営業力）の養成と活用が重要である。

③パブリシティ（publicity）とは，報道機関に自社の企業活動や製品に関する情報を提供し，ニュース，記事，番組として取り上げてもらうための活動のことである。企業が発信した情報を記事やニュースとして取り上げるか否かは報道機関側にあるため，パブリシティは報道機関という第三者機関の判断による客観性が高まり，消費者への信頼度を高めることになる。また，パブリシティは原則無料である。

④セールスプロモーションは，上記の広告，人的販売，パブリシティ以外の販売促進活動で，これらの活動を支援するものである。景品，サンプルの配布，ノベルティ（記念品），展示会などがこれにあたる。

企業は，この4つの活動の1つを行うのではなく，製品のタイプに合わせてこれらをどう組み合わせて販売促進を行うのかを検討しなければならない[12]。

5. これからのマーケティング

これまでは，マーケティングの考え方とその活動内容をみてきた。整理してみると，①マーケティングは，顧客満足を提供し，そこから利益を得るために市場（顧客・消費者）を重視した活動である。②顧客満足を提供するためには，ターゲットの選択，ポジショニングやコンセプトの設定，そして4Pを統合したマーケティング・ミックスの策定を行い，マーケティング戦略を計画し実行することが必要である。

マーケティングは，時代の変化とともにその考え方も変化してきたことは既にふれたが，これからのマーケティングにおいては，特に「企業の社会性」が大きな課題であるといえる。地球環境問題への対応は，21世紀を生きる人類の課題となってきている。また近年，企業の不祥事が頻出しているが，これも

消費者の信頼を裏切ることになり、企業が社会的責任を問われている。これまでは顧客が満足することを中心に考えてきたが、これからは顧客だけでなく、企業をとりまく地球環境をも含んだ関係者（ステークホルダー）の満足を考えたマーケティング活動がより一層求められている。

注
（1）三上富三郎編著『新マーケティング入門』実教出版、1989年、p.6。
（2）大坪　檀「MAKETING NEWSトピックス」『マーケティング ホライズン』2004年11月号、(社)日本マーケティング協会、2004年10月、p.17。
（3）加藤勇夫・寶多國弘・尾碕眞編著『現代のマーケティング論』ナカニシヤ出版、2006年、p.4。
（4）加藤勇夫「マーケティングの発展」『商学への招待―ビジネス・ヒューマンへの道』ユニテ、2007年、pp.73-76。
（5）Kotler, P., *Marketing Management*, 10th ed., Prentice Hall, 2000. 恩蔵直人監修『コトラーのマーケティング・マネジメント（第10版）』ピアソン・エデュケーション、2001年、p.34。
（6）Drucker, P. F., *Management : Tasks, Responsibilities, Practices*, Harper & Row, 1974. 上田惇生編訳『マネジメント』ダイヤモンド社、2001年、p.17。
（7）石井淳蔵・嶋口充輝・栗木　契・余田拓郎『ゼミナール マーケティング入門』日本経済新聞社、2004年、pp.45-48。
（8）McCarthy, E. J., *Basic Marketing : A Managerial Approarch*, Richard, D. Irwin, 1960. 栗屋義純監訳『ベーシック・マーケティング』東京教学社、1978年、p.65。
（9）4Pに対応する消費者側からみた4Cとは、製品（Product）→顧客の抱える問題の解決（Customer solution）、価格（Price）→顧客が支払う費用（Cost）、流通（Place）→顧客の購買時の利便性（Convenience）、プロモーション（Promotion）→顧客へのコミュニケーション（Communication）である。石井・嶋口・栗木・余田、前掲書、p.35。
（10）相川　修『マーケティング入門（第4版）』日本経済新聞社、2007年、pp.158-168。
（11）薄井和夫『現代マーケティング戦略』大月書店、2003年、pp.110-112。
（12）相川　修、前掲書、pp.179-187。

参考文献
愛知学院大学商学部編『商学への招待―ビジネス・ヒューマンへの道』ユニテ,2007年
相川　修『マーケティング入門（第4版）』日本経済新聞社,2007年
Drucker, P. F., *Management: Tasks, Responsibilities, Practices*, Harper & Row, 1974. 上田惇生編訳『マネジメント』ダイヤモンド社,2001年
藤芳誠一編『ビジュアル　基本経営学』学文社,1999年
石井淳蔵・嶋口充輝・栗木　契・余田拓郎『ゼミナール マーケティング入門』日本経済新聞社,2004年

加藤勇夫・寳多國弘・尾碕　眞編著『現代のマーケティング論』ナカニシヤ出版, 2006 年
Kotler, P., *Marketing Management*, 10th ed., Prentice Hall, 2000. 恩蔵直人監修『コトラーのマーケティング・マメジメント（第 10 版）』ピアソン・エデュケーション，2001 年
Kotler, P., & Armstrong, G., *Principles of Marketing*, 9th ed., Prentice Hall, 2001. 和田充夫監訳『マーケティング原理（第 9 版）』ダイヤモンド社, 2003 年
Kotler, P., & Armstrong, G., *Principles of Marketing*, 12th ed., Pearson Educaion, 2008.
McCarthy, E. J., *Basic Marketing: A Managerial Approarch*, Richard D. Irwin, 1960. 栗屋義純監訳『ベーシック・マーケティング』東京教学社，1978 年
三上富三郎編著『新マーケティング入門』実教出版，1989 年
薄井和夫『現代のマーケティング戦略』大月書店，2003 年

第Ⅶ章

企業と情報

1. 企業における情報の役割

(1) 企業活動における情報の重要性と役割

　コンピュータの発達やインターネットの普及などにより，現代社会の企業活動における情報の重要性はますます高まっている。企業活動の全体的な方向や具体的な活動を決定するためには，社会経済の状況，市場および競争企業の動向，顧客のニーズなどの外部情報を確実に把握し判断していく必要がある。それらの判断に従って経営計画を立案し，企業活動をコントロールし，顧客が望むものをタイミング良く効率的に提供するためには，企業内部の各部署および各部署間，さらに関連する他の企業との間で情報の処理をシステム化して，より速くより正確に情報伝達していく必要がある。

　これら情報のやりとりは，人間の音声言語による直接伝達が基本である。目に見える範囲・声の届く範囲内でのコミュニケーションは音声言語が一番速いからである。しかし，内容の確実性からすると紙に書いた文字や図表の方が優れている。したがって，パソコンによる通信が一般的になるまでは，情報を正確に紙に書いて確実にやりとりすることが重要であった。そこでの情報の役割は，仕事に関する共通認識を仲介することであった。

　いっぽう，人間の行う作業や人間の能力を超えるような作業の機械化が進むと，人間と機械との間の情報交換が必要になってきた。人間の音声言語を機械が完全に理解することは困難なので，機械が理解できるマシン語が開発され，

電気信号を経由して人間と機械のコミュニケーションが可能となった。そして人間は，できるだけ速くできるだけ正確に機械に作業させようと考え，機械本体（ハード）と機械を動かすプログラムや作業に必要なデータ（ソフト）の開発に力を注いだ。機械の処理が正確になると，入力されるデータとしての情報の適正さが重要になる。インプットされる情報が正確でないと間違ったアウトプットが生産されるからである。したがって，企業にとっては，外部情報のなかから必要な情報を選択することが重要であり，その選択した情報を企業内部で迅速に正確に使うことのできるシステムを作り上げることが必要になるのである。

当初，上記のような情報伝達や情報処理システムは，個々の企業やひとつの企業グループによってバラバラであり，それぞれが独自システムを開発し，他企業グループと競いあっていた。しかし，情報関連技術と通信技術が発達し，情報の電子化・オンライン化が進み，全体的共通的な情報収集・加工・伝達ができるようになってくると，情報は世界中どこの企業でも共通して使えるようになってきた。時間と空間が相対的に短縮され，世界中のどこにいる相手とでもほとんど瞬時に情報のやりとりができるようになったのである。しかし，それにより重要な機密情報をどれだけ守ることができるかという新たな課題に対処しなければならなくなった。現代企業にとって，世界中を飛び交う情報をどれだけうまく活用できるか，そして情報に関する十分なリスク管理をしていくことが重要な鍵なのである。

(2) 情報処理のシステム化

企業にとって情報は重要であるが，情報がそこにあるだけでは何も役に立たない。情報を収集し，選択し，加工し，または作成し，伝達あるいは発信するという一連の処理をすることによりはじめて役に立つのである。

当然，企業内のそれぞれの部署において，仕事しやすいように情報処理をシステム化することになる。製造工程であれ事務処理であれ，入ってきた情報を的確に判断し，適切な速さで正確に伝えていくことが重要である。

このような情報処理システムの例として，製品製造業ではCAD（Computer Aided Design）・CAM（Computer Aided Manufacturing）システムと呼ばれる

コンピュータを活用した設計・製造システムがある。事務処理では，仕入れ，売上げ，在庫，給与等に関する業務の計算，集計，出力業務を機械化することにより，情報処理の正確性とスピードを向上するEDPS（Electronic Data Processing System）と呼ばれるシステムがある。

しかし，ひとつの部署内だけで完結した閉じたシステム（クローズド・システム）では，貴重な情報を全社で使うことができないので無駄が多い。したがって，情報の不足や重複がないように，企業内あるいは企業グループ内で統一された情報処理システムが作られることになる。そのような統一されたシステムを作る技術やソフトはEAI（Enterprise Application Integration）と呼ばれる。これは，異なるシステムを互いに連結し，異機種間のデータを有機的に連携することにより，素早い意思決定や効率的な企業経営を実現するものである。

しかし，ひとつの企業あるいは企業グループだけで完結したシステムもまだクローズド・システムだといえる。生産者が中心であった時代には，企業グループが互いに競争して，独自のクローズド・システムの構築に力を注いでいた。その結果，消費者は不便な思いをし，高い買い物をすることになったのである。それが，顧客重視の考え方が広がり，情報通信技術が発達すると，他のグループとも共通したデータが使え，互いに協力しあったほうが顧客のためになる，そのほうが顧客に選んでもらえるようになると考えられるようになった。それがQR（Quick Response）やECR（Efficient Consumer Response）と呼ばれるシステムであり，メーカー，卸売業者，小売業者が連携して流通システム全体を効率化し，さらに発展したSCM（Supply Chain Management）という考え方のもと，流通の全過程の情報と製品の流れが効率化された。

そして現在，企業のみでなく一般市民の世界中の情報が，インターネットを介してどこでも使えるようなシステムが作り上げられ，情報はますますその重要性を増している。それと同時に，企業が保有しているさまざまな情報が外部に流出しないシステムや，企業外部からの不正なアクセスから防御するシステムも，情報技術の進展とともに常に改善していかなければならないという重要な課題を，企業は課せられることになるのである。

2. 経営情報システムの発展

(1) MIS (Management Information System)：経営情報システム

　経営情報システムとは，狭義には MIS と呼ばれる経営への情報活用システムの考え方であり，広義には企業経営で活用する情報システムの総称として用いられている。本章では，広義の経営情報システムの発展を，MIS（狭義）という情報活用段階，DSS という意思決定支援段階，SIS という競争優位策定段階の3つの段階に分けて理解していく。

　日本企業でコンピュータが使われ始めたのは，1950年代後半からである。それにより，人間の手作業で処理していた情報をコンピュータで処理することができるようになり，正確でスピーディな事務処理が可能となった。1960年代中ごろ，コンピュータの情報処理能力が高まり，多くの情報を企業内部に蓄積することができるようになると，次は管理者・経営者の意思決定[1]に役立つような情報を提供するシステムが構築できるのではないかと考えられた。情報が，企業内の階層（経営者，部門管理者，作業管理者，作業者）を移動する間に不正確になったり途中で止まったりすることを防ぐため，企業内に蓄積された情報を直接経営者に伝達すれば，正確に迅速に伝わるであろうと考えられたのである。

　このような概念が MIS（狭義）であるが，多くの情報のなかから意思決定に必要な情報を適切に選択できるようなシステムを構築することは，当時のコンピュータ能力ではできなかった。したがって，MIS（狭義）は，各部署で処理された情報を統合して，定期的に管理者・経営者に伝達するという情報システムであると考えられ，その後の DSS という情報システム概念に引き継がれていくことになった。

(2) DSS (Decision Support System)：意思決定支援システム

　DSS とは，「非構造的[2]または半構造的な問題について役員や上級管理者の意思決定を柔軟性，即応性をもって支援しようとする意思決定指向型のシステム」[3]であり，1970年代に提唱された。

1970年代中ごろ，通信回線や個別端末といったハード面が発達し，データベースやモデルベースなどのソフトウェアが開発されると，意思決定者が自分で端末を操作し，コンピュータと対話しながら情報を活用することができるようになった。このような技術的な発展により，狭義のMISでは達成できなかった意思決定の支援ができるようになったのである。

意思決定のプロセスは，情報を集め（情報収集），集めた情報から複数の解決案を考え出し（情報設計），それらの案から満足できる案を選ぶ（情報選択）という3段階に分けることができる[4]。

情報収集段階でのDSSの役割は，企業をとりまく社会的経済的環境，市場と顧客，競争企業の動向など，あらゆる方面のさまざまな情報から，必要な情報の収集を支援することである。情報設計段階でのDSSの役割は，過去の事例などから，決定者の代替案を補完するような案を提示するなどして，代替案の創出を支援することである。情報選択段階でのDSSの役割は，複数の案の結果をシミュレーションを実行して推定するなど，決定による結果を比較できるような形で提示し，決定の支援をすることである。

このようにDSSは，意思決定者の決定の支援をすることが目的であるため，技術や環境の変化によりシステムが変わる。ES（Expert System：エキスパートシステム）と呼ばれる，人工知能の技術を応用して意思決定の支援をするシステムも開発され，DSSのなかに組み込まれてきた[5]。今後もDSSは，技術の発展とともにその内容を変えながら開発され続けるであろう。

(3) SIS（Strategic Information System）：戦略的情報システム

SISは，1980年代半ばごろから使われ始めた言葉である。しかしSISは，企業経営にコンピュータを活用するシステムではあるが，MIS（狭義）やDSSとは異なり，管理者・経営者の意思決定を支援するものではない。SISは，競争優位を確立するために，戦略的に情報システムを活用する，つまり，情報システムそのものが戦略実現のために用いられるのである。

SISを構築するには企業間・企業内のネットワークとデータベースが不可欠である。企業間のネットワークとして開発されてきたシステムとしては，EOS（Electronic Ordering System：オンライン発注システム）やEDI（Electronic

Data Interchange：電子データ交換) などがある。それらの内容については第3節で詳しくみていくことにするが，このような，競争優位を確立するためにネットワークを活用したシステムは，SIS という言葉が使われる前からできていた。アメリカではアメリカン航空の座席予約システム[6]，日本では花王の小売店発注端末システム，ヤマト運輸の荷物追跡システムなどがその例である。これらのシステムは，SIS を意図して確立したものではなく，情報技術をうまく経営に活用しようとした結果できあがり，それが競争優位の構築に結びついたものである。その後，SIS の重要性が認識され，1980年代末ごろから，多くの企業で SIS の構築が始められた。

このように，SIS の概念が普及したことにより，企業経営における情報システムが大きく変化した。それまでの MIS（狭義）や DSS は，人間の仕事を支援する目的で情報システムを構築したのに対し，SIS は情報システムそのものを経営戦略に活用するものである。これにより，情報の重要性が認識され，情報が経営資源のひとつとして考えられるようになった。また，それまでの情報システム部門は，システムの構築や運営を行っていればよかったが，経営戦略という経営者からの要求に応えていく必要が出てきた。そのため，情報システム部門は情報技術と経営戦略そしてますます発展する通信技術を統合するという重要な役割を果たす部門となった。

(4) 経営情報システムの今後

これまで経営情報システムは情報技術とともに発展してきた。本章で取り上げた MIS，DSS，SIS という概念だけでなく，ADP（Automatic Data Processing：自動データ処理)[7] などの情報処理技術，OA（Office Automation：事務業務の自動化)[8] や BPR（Business Process Reengineering：業務の抜本的な改革)[9] という業務の効率化，SCM（Supply Chain Management：供給連鎖マネジメント，第3節参照）という企業間を超える情報システムなど，ますます高度にそしてスピードアップしている。さらに，インターネットを活用したウェブの出現により取り扱う情報量が飛躍的に拡大した。情報の量だけでなく内容も変化している。ウェブ[10] の世界では企業側だけでなく消費者もかなり自由に情報を受発信できるので，これまでとは異なるマーケティング，これ

までとは異なるマネジメントが展開される。したがって，これまでとは全く異なる概念の経営情報システムが構築される可能性もある（すでにウェブ2.0（Web2.0，第4節参照）という新しいビジネスが登場している）。

同時にそこにはさまざまなリスクも存在している。今後は，情報のリスク管理を扱う経営情報システムも重要になるであろう。

3. 生産と販売に関する情報システム

(1) 生産に関する情報システム

現在，私たちの身の回りにあるものは，そのほとんどがどこかの工場で作られた製品である。それらの製品が，工場から直接私たちの手元に届けられることは希であり，通常は販売会社を経由している（図7.1）。メーカーや販売会社は，できるだけ多くの利益を生み出すため，さまざまな情報を入手し分析し経営に活用している。したがって，製品が市場に出てくるまでには生産のプロセス，販売のプロセス，流通全体のプロセスにおいて多くの情報システムが存在することになる。ここではまず，製品の生産に関連する情報システムについてその概要を理解していく。

生産とは，市場や消費者の望む製品を，企業がもっている諸資源（ヒト，モノ，カネ，情報など）を使って原材料から作り出すことである。製品を作り出すためのプロセスは，一般的に，原材料あるいは部品の調達，入荷，製造，出荷であり，そのそれぞれのプロセスで調達管理，入荷管理，製造工程管理，出荷管理を行う必要がある。それと同時に，そのプロセス全体に関連して，製品の品質を管理する品質管理，生産量や日程計画などを管理する生産管理，材料や部品そして製品をどのように搬送するかという搬送管理，そして，製品を作

部品メーカー等 → 製品メーカー → 販売会社等 → 市場

図7.1　製品流通のなかの生産

るコストを管理する原価管理が必要である（図7.2）。

　製品を生産する現場では，どのような製品（仕様，品質等）をいつまでに（納期，作業時間等）どれだけ（数量）作るかが課題である。1970年代までは，同じ種類の製品を長期間にわたって大量に生産すればよく，各部署が生産基準情報や標準時間に従っていればそんなに問題はなかった。しかし，生産現場の情報が現場内のあちこちに散らばっていると非常にロスが多い。そこで，1980年代に入ると，生産現場における品質・進捗度・実績等の情報を統合して現場管理者に提供するPOP（Point of Production：生産時点情報管理）という情報システムが現れた。POPシステムは，①加工や組み立てを行う機械，②治工具，③空調機器や原材料の供給設備など生産を支援する設備，④ワーク，⑤作業者，のそれぞれから生の情報を吸い上げ，現場管理者にその情報をわかりやすい形で提供し，現場管理者の判断に基づいた指示を現場に伝達するシステムである。これにより現場管理者は，的確で素早い指示を現場に伝達することができるようになった。

　一方，製造プロセス全体の生産計画にコンピュータを活用した情報システムとしては，1970年代初頭から，生産計画に基づいて生産に必要な資材・部品の所要量を算出するMRP（Material Requirement Planning：資材所要量計画）という手法が広まった。製品を製造するには，多くの構成部品がいつどれだけ

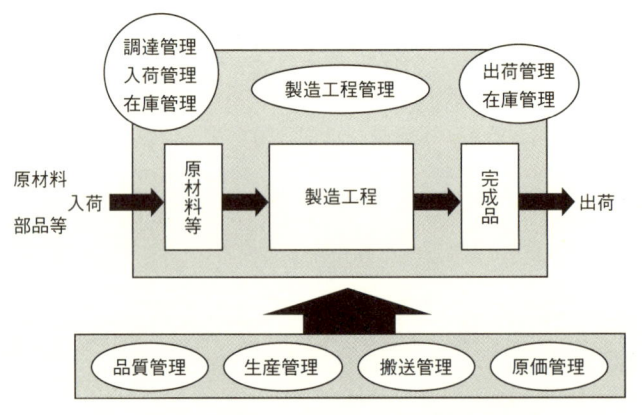

図7.2　製品を作り出すプロセスと関連する管理

必要かを具体的に準備しなければならないが，MRPは，基準生産計画と部品表そして在庫情報から，適切な数量と時期を算出するものである。そして，1980年代からは，消費者の個性化，多様化が進み，顧客満足という考え方も現れ，市場の需要変動に応じて製品の種類や生産量を変化させることが要求されるようになった。そこで登場してきた情報システムがMRP II（Manufacturing Resource Planning：製造資源計画）である。このシステムは，原材料や部品のみでなく，人材，設備，資本など製造に必要なすべての資源の計画や管理を統合的に行うものである。1990年代になると，このMRP IIがさらに全社的に広められ，ERP（Enterprise Resource Planning：企業経営資源計画）という情報システムになった。このシステムの考え方は，企業内のすべての経営資源を有効に活用するために，経営資源を企業全体で統合して管理して最適に配分していこうとするもので，その結果，企業内の各部門でデータが共有され，効率的でスピーディな経営活動が行われることになるのである。このERPは，ひとつの企業内での考え方であるが，関連する製品の流通全体を顧客の観点から考えたものがSCMである（SCMについては後述する）。

　ところで，市場のニーズに合った製品をタイミングよく適切な数量だけ生産するには，生産計画から製品の完成までのそれぞれのプロセスで物と情報が効率よく流れなければならない。上記の生産現場での情報システムと生産計画での情報システムをつなぐシステムとして，MES（Manufacturing Execution System：製造実行システム）[11]が1990年代に現れた。MESは，工場全体のバランスを考えながら工程ごとの製造指示を生産現場に伝え，現場からはリアルタイムの加工状況の連絡を受け次の行動に導くという，計画と現場の両方向の情報を伝えるシステムである。さらに，生産計画と製造現場にとどまらず，製品開発から流通・販売まで，企業の全活動をLANやデータベースで統合し，市場の情報に基づいて流動的に対応して柔軟に品種や生産量を切り替えるような生産を実現している。このようなシステムをCIM（Computer Integrated Manufacturing：コンピュータ統合生産）と呼んでいる。

　なお，具体的な製品設計においても，かなり早い時期からIT化が進められてきた。設計の支援をコンピュータで行うことをCAD（Computer Aided Design：コンピュータ支援設計）という。ただ図面を書くだけでなく，その

データを使って部品構成表を作成したり，強度解析をしたり，多様に活用できる。CAD のデータを使って加工用機械に入力するプログラムを作成する CAM（Computer Aided Manufacturing：コンピュータ支援製造）というシステムや，複雑な製品形状の性能予測をする CAE（Computer Aided Engineering：コンピュータ支援エンジニアリング），実験や検査で使用する CAT（Computer Aided Testing：コンピュータ支援検査）などがある。

以上のように，生産に関する情報システムは，生産プロセスの各部門の効率を高め，販売や物流など企業内の他の部署との連結を強め，さらに市場の変化に柔軟に対応できるように発展してきた。今後も情報技術の進展と社会環境の変化に合わせてますます高度にそして多様に変化していくであろう。

(2) 販売に関する情報システム

次に，製品の販売に関する情報システムについて理解していく。工場で生産された製品は，図7.3の販売会社等（卸売業者，小売業者，運送業者，倉庫業者等：まとめて流通業者という）を経由して私たちの手元に入ってくる。その販売会社等は，別々の企業である場合もあればひとつの企業である場合もあるが，ここでは卸売業者と小売業者を合わせて考えていくことにする。

製品を販売するには，まず顧客のニーズや景気の動向，競争他社の製品など市場に関する情報を収集し分析する必要がある。その情報に基づいて，適切な製品を適切な数量だけタイミングよく仕入れ，製品別あるいは顧客別など分類し，移動し，店頭に配置し，販売促進活動をして売上げに結びつけるのである。このプロセスは，多くの場合，卸売業者と小売業者が関連し協力して成立している。そのそれぞれのプロセスで入荷・仕入管理，出荷・売上管理等を行い，そのプロセス全体に関連して，製品の種類や在庫を管理する在庫管理，利益や

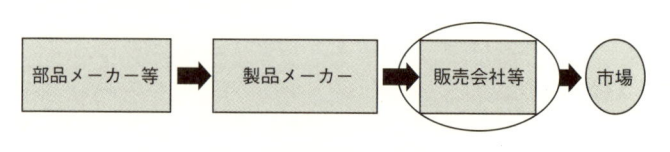

図7.3 製品流通のなかの販売

キャッシュフロー，債権債務等の財務管理，顧客情報等機密情報の管理等が必要であり（図7.4），販売活動においては複数の企業間で共通する情報システムを活用することも多い。

　製品の流通過程の最大の問題は在庫である。完全に受注生産の製品であれば在庫問題はないのであるが，その場合には完成品が顧客の手に渡るまで時間がかかる。したがって，ある程度の見込み生産に調整・変更等をしながら，顧客の望む製品をなるべく時間をかけずに顧客の手に渡るようにする，そのために情報システムを活用するのである。

　在庫について顧客に一番近いところから考えてみよう。商品を店頭で販売する場合，よく売れる商品（売れ筋商品）とあまり売れない商品（死に筋商品）が出てくる。死に筋商品はそのまま損失（見切りロス）[12]につながる。したがって，小売り店舗は，売れ筋商品の在庫をもち，死に筋商品をもたないようにしたいところである。そのためには個々の商品の販売状況を把握する（単品管理）必要があり，そのような考え方から普及したシステムにPOSシステム（Point of Sales System：販売時点管理）[13]がある。

　POSシステムは，販売時にバーコードのついた商品をスキャナで読み取り，販売時点でその商品に関するさまざまな情報（代金，仕入，配送など）を本部

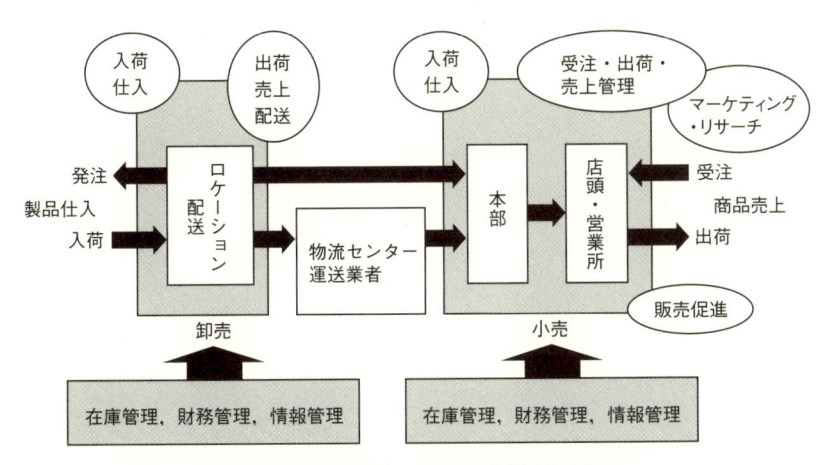

図7.4　製品を販売するプロセスと関連する管理

に送ることにより，素早い対応ができるシステムである。POSシステムの導入により，いつどのような商品がどのような顧客に売れたかという商品情報のみでなく，売上げや利益情報もリアルタイムに把握することができるようになった。特に，限られたスペースで適切な品揃えで利益を出す必要があるコンビニエンス・ストアにとっては，必要不可欠なシステムである。しかし，商品の入れ替わりが早くなり，品揃えが売れ筋商品に偏る結果，商品の選択肢が少なくなり，本当に顧客の望む商品が揃えられるかというと疑問が残る。

　一方，売れ筋・死に筋商品がわかったところで，仕入れのシステムがそれに対応していなければ商品はうまく流れない。同一の企業であれば仕入部門へ，外部の企業であれば卸売業者へ，商品の発注に関する情報が迅速で正確に伝わらなければ効果がない。そこで，コンピュータをオンラインで結び，商品発注情報を送受信するEOS（Electronic Ordering System：オンライン発注システム）が登場した。当初は同一企業の店舗と仕入部門間の個別的なシステムであったが，次第に小売店舗と卸売業者との間で直接受発注する形態になった。EOSの導入により，発注時間が短縮され，ミスも減少し，在庫が削減されていった。さらに，1980年ごろからは，同一企業グループ間だけでなく，どの小売業者とどの卸売業者との間でも取引できるように，オープンなインターフェースを採用したEDI（Electronic Data Interchange：電子データ交換）[14]が普及してきた。

　このように，POSシステムとEOS，EDIを活用することにより，小売業者と卸売業者間では迅速，正確，確実に，大量のデータを低コストで伝達することができるようになった。しかし，それだけでは，多様な顧客のニーズに完全に対応することはできない。つまり，生産者も巻き込んだすべての企業間に情報ネットワークを構築しなければ，どこかで製品が滞留し，そこに不良な在庫が発生することになるのである。

(3) 生産と販売の統合

　小売業者が，顧客のニーズに対応して，売れ筋商品を店頭に置いて死に筋商品を排除することにより，不要な在庫を削減しようとすれば，当然，生産者はそれに合わせて製造を調整しなければならない。そうしなければ，作った製品

3. 生産と販売に関する情報システム

のうち出荷できなかった分は不良在庫になってしまうからである。

このような製品の流通にかかわる企業間の業務協力という考え方が，1980年代から1990年代にかけてアメリカで起こった。QR（Quick Response：生産・流通の合理化）[15]やECR（Efficient Consumer Response：効率的な消費者対応）[16]である。QRは，流通過程のムダを省き，より安価な商品を消費者に提供していこうという考え方で繊維業界において展開され，ECRは，製造業者，卸売業者，小売業者が協力して低コストで消費者のニーズに対応していこうとするもので，加工食品業界で展開された。業界が異なり，言葉が異なるが，めざすところは同じで，ネットワークを活用することによって業種を越えた戦略提携を実現し，コスト削減を進めながら消費ニーズに迅速に応えようということである。

こうした考え方がさらに進み，1990年代後半になると，SCM（Supply Chain Management：供給連鎖マネジメント）が現れた。SCMとは，製品の製造から消費者の手に渡るまでの製造・物流・販売のすべてのプロセスにおいて，情報と製品の流れを効率化して，極力無駄を排除しようとする考え方である。SCMでは，製造・物流・販売をひとつのシステムと考え，全体最適の観点から効率化を進め，迅速に，低コストで顧客に製品を届ける仕組みを作るのである。

SCMにより，そこに参加する企業は，顧客のニーズに柔軟に対応しながら，少ない在庫と低コストでスピーディな事業が展開できるというメリットがあり，それは同時に，流通過程での間接費をカットできる分，顧客へも安く製品を提供できることになるのである。

代表的な事例としてデルコンピュータのシステムが有名である。デルコンピュータは，それまでのパソコン業界とは異なり，インターネットを活用した注文生産システムを確立し，世界最大のパソコンメーカーになった。

以上のように，情報・通信技術の発展と普及により，生産・販売に関する情報システムも個別企業から企業グループへ，さらにすべての企業とのネットワークへと発展し，顧客のニーズに柔軟に対応できるシステムを構築してきた。常に顧客からものを考えることにより，企業側も顧客側もともにメリットを受けることになるのである。インターネットが一般家庭にも普及した現代では，さらに世界中の市場・顧客の観点から事業を見直すことが必要になる。そのよ

うなインターネットにかかわる情報システムについては，次節でみていくことにする。

4. 企業と情報の新しい潮流

(1) インターネットとウェブ

　インターネットは，世界中のネットワークを接続したネットワークであり，アメリカの軍事目的のネットワークが原型であるといわれている。1980年代には研究用として使われていたが，1990年代になると一般でも使われるようになり，1993年にWWW（World Wide Web：ワールド・ワイド・ウェブ，以後ウェブという）が出現してから，ビジネスや個人ユーザーに広く使われるようになった。現在のようにインターネットが普及したのは，パソコンなどの低価格化，ハードディスク等記録媒体の大容量化，そしてウェブの出現によるところが大きい。ウェブとは，インターネットに蓄積された情報を簡単に入手できるシステムのことであり，世界中に張り巡らされたクモの巣のように情報を送受信できるところから名づけられたといわれている。

　インターネットの出現により，企業活動は大きく変化した。わざわざ店頭まで足を運んでもらわなくても，インターネット上のホームページで商品を紹介し，そこで契約を取ることもできるようになった。インターネットに向かない商品もあるが，書籍や事務用品などについては専門業者も現れ，非常に多くの取引がインターネット経由で行われるようになっている。このようにネットワーク上で取引をすることをEC（Electronic Commerce：電子商取引）という。ECには企業と消費者（B2C, B to C：Business to Consumer）以外にも，企業と企業（B2B, B to B），消費者と消費者（C2C, C to C）がある。C2Cの取引の例としてはネットオークション[17]がある。

　ECでは，これまでの取引のように，売れ筋商品に注目してそこに資源を集中して投入する方法ばかりではない。たとえ死に筋商品であっても，世界中のどこかにはその商品を欲しいと思っている顧客がいる可能性があり，そしてその顧客を探すのにそんなにコストもかからない，そういった販売方法もある。いわゆるロングテールをターゲットにするのである。ロングテールとは，恐竜

の尻尾を意味する言葉で，売上数の多い商品を左から並べてグラフを書く場合，途中から売上数の低い商品が右に長く伸びる部分のことであり，その売上数の低い商品に焦点を当てる販売方法のことをいう。

インターネットの技術を企業内の社内ネットワークに適用したものをイントラネットという。イントラネットにより，企業内の情報伝達は格段に向上するとともに，職員が自宅や外出先からも社内と同じ環境で仕事ができることになる。自宅勤務やサテライトオフィスでの勤務も可能であり，通勤時間のロスや小規模居室の活用等コストダウンにつながる。このような企業外でコンピュータを使って仕事をすることをモバイル・コンピューティングという。最近では携帯電話もかなり進化し，携帯パソコンやPDA（Personal Digital Assistants：携帯情報端末）とともにモバイル機器として注目されている。1999年にiモードが出現し，携帯電話のインターネット端末化が急激に進み，現在では，テレビ電話やデジタルカメラとしての機能も充実し，今後ますます携帯情報端末として進化していくと考えられる。

(2) 消費者が参加する新しいウェブ

インターネットがビジネスに活用され始めた1995年ごろからネットビジネス[18]が急激に拡大し，ネット関連事業への過剰投資が膨れ上がり（ネットバブルといわれる），結局2000年春ごろにネットバブルは崩壊した。しかし，内容の充実した一部の堅実な企業は生き残り，その後も着実に事業展開していた。その代表的な企業がグーグル（Google）である。グーグルは，インターネット上で目的とする情報を検索するシステム（検索エンジンという）を提供する企業である。現在，インターネットを利用して情報を探す場合，ほとんどの場合検索エンジンを利用することになる。つまり，検索エンジンのサイト（インターネット上での場所）は非常に多くの人の目にふれることになる。そこで，検索エンジンを利用した企業広告が活発化してきた。それが検索連動型広告である。検索連動型広告とは，検索のために入力されたキーワードと関連性の高い広告が，検索画面上に掲載されるものであり，既に広告手段としてかなり活用されている。

一方，インターネット上に個人でウェブサイトをもつ人も増え，そこでは個

人からの情報発信が行われている。自己紹介や趣味，日記などをウェブサイトに掲載することから開始され，個人間で情報交換やコミュニケーションが進められるようになり，新しいメディアとしてブログが誕生した。ブログは，WebとLog（日誌）を合わせた「Weblog」（ウェブログ）を省略したものである。注目すべきブログの使われ方は，口コミ情報である。一人のユーザーとしての意見は，企業側の出す広告より信頼され，他の多くの人々に大きな影響を与えるので，企業としてもその広告効果に注目せざるをえない。個人が使用するブログあるいはホームページの一部に広告を掲載するコンテンツ連動型広告も広まっている。個人には広告を通じて収入（アフィリエイト収入）が入り，企業は広告を掲載する機会が増加するので双方がプラスになる。このようなインターネットに掲載する広告は，クリックされてはじめて広告費の負担が発生する（P4P：Pay for Performanceと呼ばれる方式）ので，従来のメディアを通じての広告より確実性が高くしかも低コストであるため，今後このような広告市場はさらに拡大していくと考えられる。

　ブログやホームページ以外にもインターネット上で情報交換する場がある。SNS（Social Networking Service：ネットコミュニティ）と呼ばれる会員制や招待制のウェブサイトで，参加者の紹介によるインターネット上の交流の場を提供するサービスである。サービス提供側の収入源は，サイト内に掲載される広告や，商品推薦による紹介料である。

　このように，現在，インターネット上では，利用する人々が自分たちで情報を発信しメディアを作りあげている。それをCGM（Consumer Generated Media：消費者生成メディア）という。企業としては，そのCGMで発信される情報が商品の売上げや企業のイメージに影響するので，どのように活用していけるか検討する必要があるだろう。

　以上みてきたように，利用者や消費者の参加を重視したこれまでにない新しいインターネットの技術やサービスなどを総称してウェブ2.0（Web2.0）と呼んでいる。2.0とは，ソフトウェアを大幅にバージョンアップする場合にちなんだ言い方で，従来の延長線上ではない新しいウェブの活用法を意味している。その最も大きな特徴は，ウェブ上で情報や機能が製作者の手を離れて利用者によって加工されるという点である。従来のウェブ（これをウェブ1.0：Web1.0

という）は，製作者が作ったサイトやソフトウェアを利用者は単に利用するだけであったが，ウェブ2.0では，利用者が他ソフトウェアを活用するなどして新しいものを作ることができるし，製作者もそれを期待しているのである。

今後ますます発展していくであろうウェブ2.0では，利用者が発信する情報の活用が重要である。これまで企業は，企業の内部での情報システムを整備し，その範囲を関連企業間に拡大し，さらに顧客重視の考え方を基本として生産から販売までを全体として考えるSCMにより情報システムを構築してきた。その方向はクローズドからオープンである。ウェブ2.0の発展がどのような変化をもたらすかまだみえないのであるが，ますます情報量は増大し，ますますオープン化が進み，企業活動と顧客の活動がさらに密接することは間違いないであろう。企業の協力者でもあり顧客でもある利用者の発信する情報をどのように企業活動に組み入れるかが今後の課題であろう。

5. 情報のリスク管理

(1) コンピュータウィルスと不正アクセス

情報通信技術の進展とインターネットの普及により，企業が扱う情報量は飛躍的に増大し，しかも処理スピードはアップし，さまざまな場面でオープン化が進んでいる。その結果，資源の有効活用やコストダウンにつながるのであるが，その反面，コンピュータウィルス（以下，ウィルスという）による被害やインターネットからの不正アクセスによる被害や情報漏えい，企業内部の情報管理運用ミスによる情報漏えいなど，その危険性や社会的な影響も同時に計り知れないほど増大している。したがって，情報のリスク管理は今後ますます重要になる。

まずウィルスについて考えてみよう。ウィルスとは，経済産業省の定義によれば，「第三者のプログラムやデータベースに対して意図的に何らかの被害を及ぼすように作られたプログラムであり，次の機能を一つ以上有するもの。①自己伝染機能：自らの機能によって他のプログラムに自らをコピーし又はシステム機能を利用して自らを他のシステムにコピーすることにより，他のシステムに伝染する機能 ②潜伏機能：発病するための特定時刻，一定時間，処

理回数等の条件を記憶させて，発病するまで症状を出さない機能 ③発病機能：プログラム，データなどのファイルの破壊を行ったり，設計者の意図しない動作をする等の機能」[19]である。

ウィルスによる被害には，自社の被害としてはパフォーマンスの低下やシステムダウンなどがあるが，より重大な被害は外部に影響のある情報漏えいである。内部機密情報や顧客情報が流出することによる信頼失墜，損害賠償，被害調査や復旧コストの発生など，その社会的な被害は甚大である。

ウィルス対策としては，すべてのコンピュータとサーバにアンチウィルスソフトを導入し，常に最新の状態にしておくことが重要だが，最終的にはコンピュータを利用する者の注意にかかっている。ウィルス感染のほとんどが電子メールの添付ファイル，ウェブサイトからのファイルダウンロード，フロッピィディスクなどの記録媒体からであることを考えると，利用者が注意すればほとんど防げるものなので，企業内教育を充実し，コンピュータの適切な運用に心がけることが重要である。

次に，不正アクセスについて考えてみよう。不正アクセスとは，正規のアクセス権をもたないものが，他人のID・パスワードを奪取・盗用してその者になりすまし，あるいは認証サーバをだますなどして，それに従属する目標の端末を利用可能にすることをいう。

代表的な不正アクセスとしては，ソフトウェアの保安上の弱点（セキュリティホール）を悪用した内部情報の漏えい，削除，変更や，パスワードの窃取，メールサーバを悪用した迷惑メールのばらまきなどがある。

不正アクセスの対策としては，企業外部のインターネットと内部ネットワークの間に許可したアクセスのみ通過させ，不正アクセスを防止するファイアーウォールというシステムの設置，セキュリティの監視システム，パスワードの頻繁な変更，電子署名[20]などがある。不正アクセスについては，利用する個人レベルで可能な対策はパスワード管理程度であり，企業側での確実な対策が望まれる。

(2) 情報セキュリティ

企業が取り扱う情報には，経営情報や製品情報という企業自体の内部機密情

報のほかに，顧客情報や社員情報およびそれらに付随する個人情報がある。セキュリティとは，安心や安全，信頼ある状態を持続することである。したがって情報セキュリティとは，企業が取り扱う情報を安全な状態に保つことをいう。ISMS（Information Security Management Systems：情報セキュリティマネジメントシステム）認証基準によれば，情報の機密性，完全性および可用性の維持とされており，その3つがそろってはじめて情報セキュリティが維持されることになる。機密性とは，アクセスを認可された者だけが情報にアクセスできることを確実にすること，完全性とは，情報および処理方法が，正確であることおよび完全であることを保護すること，可用性とは，認可された利用者が，必要なときに，情報および関連する資産にアクセスできることを確実にすることである。つまり，情報の漏えいを防ぎ，情報の間違いや改ざんを防ぎ，情報の喪失・紛失を防ぐことである。

　企業にとって，最も注意しなければならないことは個人情報の漏えいである。個人情報漏えいの原因は，JNSA（Japan Network Security Association：日本ネットワークセキュリティ協会）の2005年度調査報告書[21]（図7.5下）によれば，非技術的な人為ミス（紛失・置忘れ，目的外利用）が44％，非技術的な犯罪（内部犯罪・内部不正行為，不正な情報持ち出し，盗難）が30.5％，技術的な人為ミス（設定ミス，誤操作，管理ミス）が18.7％とそのほとんどが人に関連する原因であり，技術的な対策不足（バグ・セキュリティホール[22]，ウィルス，不正アクセス）はわずか3.4％であった（ただし，2006年度の調査によると，ウィルスによる事故が12.2％に増加している）。このことは，前項（1）でみてきた外部からのリスクであるウィルスや不正アクセスより，企業内の社員の自覚に起因するリスクの方が大きいことを意味している。

　また，漏えい経路について同じくJNSAの調査（図7.5上）によれば，媒体（紙媒体，可搬記録媒体，パソコン本体）が82.4％と断然多く，インターネット（ウェブ・ネット，Eメール）は12.9％であった。これもやはり，企業内の社員が情報をもち出したことに起因することが多いと考えられる。これらのことから，情報セキュリティの対策としては，技術的，制度的な対策は当然であるが，それ以上に社員の情報セキュリティ意識を高めることが重要であるといえる。

(3) 情報セキュリティマネジメント

　情報セキュリティ対策として，①外部からの不正アクセスを技術的に防御する，②情報に関する社内規定や利用基準を作り確実に守るという管理運営上の対策，③情報はどこかで誰かに見られていて常に外部に漏れる可能性があることを全員が認識できるような教育を行う，という対策が必要であることがわかった。ここでは，それらを詳しくみることはせず，企業内で情報の流れを監視し正規の記録として保管するフォレンジックシステム（Forensic System：法的証拠能力をもつ情報管理システム）と，企業の情報セキュリティマネジメン

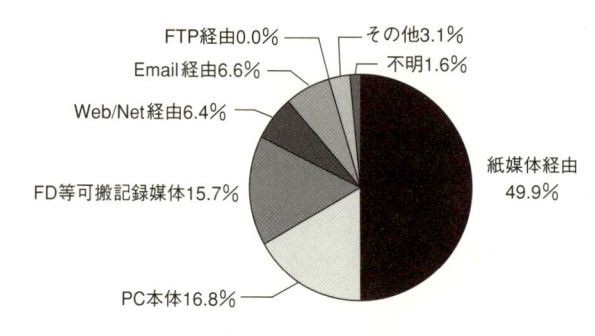

個人情報漏えい経路別の件数割合
- 紙媒体経由 49.9%
- PC本体 16.8%
- FD等可搬記録媒体 15.7%
- Web/Net経由 6.4%
- Email経由 6.6%
- FTP経由 0.0%
- その他 3.1%
- 不明 1.6%

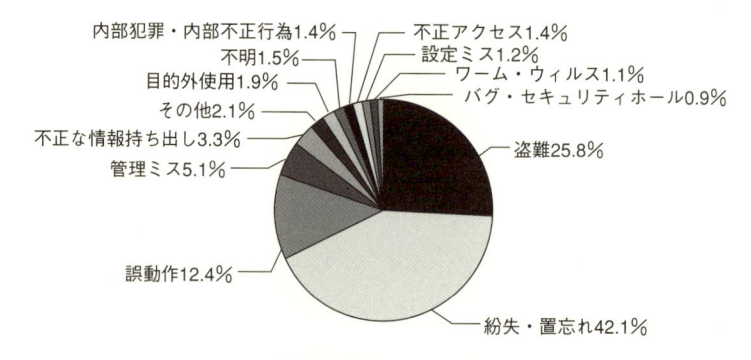

個人情報漏えい原因の件数割合
- 紛失・置忘れ 42.1%
- 盗難 25.8%
- 誤動作 12.4%
- 管理ミス 5.1%
- 不正な情報持ち出し 3.3%
- その他 2.1%
- 目的外使用 1.9%
- 不明 1.5%
- 内部犯罪・内部不正行為 1.4%
- 不正アクセス 1.4%
- 設定ミス 1.2%
- ワーム・ウィルス 1.1%
- バグ・セキュリティホール 0.9%

図7.5　個人情報漏えいの原因と経路
出所：JNSA2005年度情報セキュリティインシデントに関する調査報告書。このグラフの著作権は日本ネットワークセキュリティ協会にある。

トシステムの認証について理解していくことにする。

　フォレンジックシステムとは，企業内での情報活動の記録（これをログという）を収集し，保管し，分析することによって，内部統制力を強化し同時に証拠データの保存を行うものである。ログには，インターネットへのアクセス履歴，ファイル・サーバへの操作履歴，メール送受信履歴，ソフト稼動履歴などさまざまなものがあるので，これらのログを適切に収集・保管・分析することにより，不正侵入の特定と追跡，サーバトラブルの原因追及，閲覧されたウェブページの特定などが可能になる。同時に企業内でパソコンを使用する場合の内部牽制になり，さらに外部に対する証拠（監査への証拠，事件時の証拠）にもなるのである。このシステムに必要な要素は，データ収集時の信頼性，保管時の電子署名やタイムスタンプ[23]，データの滅失や毀損の防止，複数のログの相関分析，ネットワーク遮断機能などである。このシステムは，米国で2002年に成立したSOX法[24]の日本版である金融商品取引法（日本版SOX法）が導入された場合にも重要な役割を果たすと考えられている。

　情報のセキュリティマネジメントシステム（ISMS）については，品質マネジメントシステムのISO9000，環境マネジメントシステムのISO14000のような国際基準が制定されている。これまでのISMSは，情報セキュリティマネジメントを実践していくためのガイドラインに該当する部分が国際規格として制定されていた（ISO／IEC 17799：2000，2005年にISO／IEC 17799：2005）。そこには，セキュリティの基本方針，情報セキュリティのための組織，資産の管理，人的資源のセキュリティ，物理的および環境的セキュリティ，通信および運用管理，アクセス制御，システムの取得・開発および保守，情報セキュリティ事故の管理，事業継続管理，適合性という11の項目が示されている。そして，2005年10月に，必ず実施しなければならない項目を示す要求事項の部分も国際規格として制定され（ISO／IEC 27001：2005），それに伴いこれまでのISO／IEC 17799もISO／IEC 27002と番号が変更され統一される予定であり，今後ISMSはISO27000シリーズとして認証されると予想されている。

　ISMSは，他のマネジメントシステムと同じようにPDCAサイクルが基本となっている。情報セキュリティ対策の具体的計画・方針を策定し（Plan），計画に基づいて対策を実施・運用し（Do），実施した結果を監査・評価し

(Check)，改善策の定着または見直しをする（Action），このPDCAサイクルを回すことによりセキュリティのレベルを常に向上しながら，企業の情報を適切に保護することができるのである。

　現在そして今後とも，情報はすべての企業にとって最も重要な経営資源である。その情報を保護することは，企業の最重要課題である。企業は，情報マネジメントに関するそれぞれの方針のもと，情報リスクを評価し，リスク対応計画を立案・実行し，結果を評価・監査して継続的に改善を行うISMSのシステムを構築し，その上で個々の技術的対策や社員教育などを推進していかなければならない。

注
（1）意思決定とは，ある行動をする場合，いくつかの代替案のなかからひとつを決定することであり，企業活動は意思決定のつながりであるともいわれる。
（2）意思決定には構造的決定と非構造的決定がある。構造的決定とは，決定の基準やルールがあらかじめわかっており，問題の構造は明確で，反復性をもっている決定である。非構造的決定とは，決定の基準やルールがあらかじめわかっておらず，問題の構造が明確でなく，反復性がないものである（島田達巳・高原康彦『経営情報システム（改訂版）』日科技連出版社，2004年，p.28）。
（3）島田達巳・高原康彦『経営情報システム（改訂版）』日科技連，2004年，p.20。
（4）島田達巳・高原康彦，同上書，p.29。
（5）詳しくは，同上書第8章，意思決定システム（DSS）とエキスパートシステム（ES），pp.258-289参照。
（6）アメリカン航空のセーバー座席予約システムは，予約端末を旅行代理店に配置してオンラインで直接に予約ができるようにしたシステムである。自社だけでなくライバル他社の座席予約もでき，ホテルやレンタカーの予約まで行う当時としては画期的なシステムであった。
（7）ADPとは，自動的にデータを抽出し，データ処理を自動的に行うこと。
（8）OAとは，オフィスの業務に情報技術を適用して，オフィスの生産性を向上しようという考え方。
（9）BPRは，事業の再構築（restructuring）ではなく，仕事のやり方（business process）を白紙から抜本的に考え直すことである。
（10）ウェブとはWWW（World Wide Web）の略で，世界各地のコンピュータにおかれて公開されている文書ファイルを，簡単に見ることのできる仕組み。
（11）MESには，①生産資源の配分と監視，②作業のスケジューリング，③差立て・製造指示，④仕様・文書管理，⑤データ収集，⑥作業者管理，⑦製品品質管理，⑧プロセス管理，⑨設備の保守・保全管理，⑩製品の追跡と製品体系の管理，⑪実績分析の11の機能がある。
（12）見切りロスとは，商品を店頭に並べたが売れなかった場合のロスである。

(13) POSシステムでは，本部にメインコンピュータを設置し，各店舗の事務室にストアコントローラという商品データの収集・送信，売上計算，在庫管理，給与計算，証明・設備コントロールなど多数の機能をもつコンピュータ，そしてレジに代金の計算等をするPOSターミナルとバーコード読み取りのスキャナを設置する必要がある。かなり大規模な設備投資になるので，大手チェーン店が圧倒的に有利である。
(14) EDIとは，「異なる組織間で，取引のためのメッセージを，通信回線を介して標準的な規約を用いて，コンピュータ間で交換すること」である（裴俊淵『現代企業における生産と流通』文眞堂，2005年，p.43）。
(15) QR推進協議会の定款によれば，QRとは，「繊維製品の生産，流通関係の取引当事者が情報処理技術を活用しつつ相互に協力して，消費者に対し，適切な商品を，適切な場所に，適時に，適量を，適正な価格で提供することを目指して，生産，流通の各段階での合理化を実施し，その成果を生産者，流通関係者，消費者の間で分け合おうとする具体的な方法」である。
(16) ECRとは，EDIをベースにして，業種の境界を超えてデータを交換することにより，物流の迅速化や在庫の削減，適切なタイミングの生産を実現することをめざしている。
(17) ネットオークションとは，ウェブサイトに商品を出品し，商品名，写真，状態，最低価格，入札期限，配送方法，支払方法などの情報を掲載して入札者が現れるのを待ち，期限内に最も高値を提示した入札者と連絡を取りあい，商品と代金を交換するネット上の取引である。
(18) ネットビジネスとは，インターネットビジネスの省略で，インターネットを使ったビジネスモデルの総称である。したがって，ヤフー（Yahoo）やグーグル（Google）などのサーチ・エンジンの検索サイトも，電子商取引も，ネットビジネスになる。
(19) 通商産業省告示『コンピュータウイルス対策基準』2000年，第952号の2用語の定義（1）。
(20) 電子署名とは，本人が作成したことを証明するための署名情報で，電子署名及び認証業務に関する法律によれば，「電磁的記録（電子的方式，磁気的方式その他人の知覚によっては認識することができない方式で作られる記録であって，電子計算機による情報処理の用に供されるものをいう。以下同じ）に記録することができる情報について行われる措置であって，次の要件のいずれにも該当するものをいう。①当該情報が当該措置を行った者の作成に係るものであることを示すためのものであること。②当該情報について改変が行われていないかどうかを確認することができるものであること」と定められている。
(21) 詳細はJNSA日本ネットワークセキュリティ協会のホームページを参照のこと（http://www.jnsa.org/）。
(22) バグとは，コンピュータプログラムに含まれる誤りや不具合のこと。セキュリティホールとは，設計ミスなどによって生じた，システムのセキュリティ上の弱点のこと。
(23) タイムスタンプとは，電子データが作成された時刻を証明する技術で，そのデータがいつから存在しているのか，その時刻以後検証時刻までの間に誰にも改ざんされていないことを証明するものである。
(24) SOX法は，2001年米国のエンロン株式会社の不正会計工作事件に端を発し，企業の財務報告書の信頼性を保証するための内部統制強化をめざして2002年7月に成立した法律である（Sarbanes Oxley法）。監査人の独立性，会社の責任，財務ディスク

ロージャーの強化,証券アナリストの利益相反,証券取引委員会の財源と権限,ホワイトカラーに対する罰則の強化,企業不正および説明責任などが規定されている。

参考文献

裴　俊淵『現代企業における生産と流通—拡張した延期・投機論の構築を目指して—』文眞堂,2005 年

Davenport, T. H., *Process Innovation − Reengineering Work through Information Technology −*, Ernst & Young, 1993.

EC 研究会『全図解　Web2.0 ビジネスのしくみ』あさ出版,2006 年

日立製作所編,小林偉昭監修著,織茂昌之・金野千里『よくわかる　企業セキュリティ入門—事業継続(BCM)と SOX 法—』日刊工業新聞社,2006 年

国領二郎『オープン・ネットワーク経営』日本経済新聞社,1996

奥井規晶『サプライチェーンマネジメント戦略の実践』オーエス出版,1999 年

大脇錠一・城田吉孝・河邊匡一郎・玉木徹志編『新マーケティング情報論』ナカニシヤ出版,2003 年

酒巻　久・キャノン電子情報セキュリティ研究所『最新　情報漏洩防止マニュアル—日本版 SOX 法,個人情報保護法,e-文書法施行で求められるコンプライアンス—』アスキー,2006 年

島田達巳・高原康彦『経営情報システム(改訂版)』日科技連,2004 年

清水龍瑩編著『エキスパート・システムによる　最新企業評価論』千倉書房,1993 年

Simon, H. A., *Administrative Behavior −A Study of Decision-Making Processes in Administrative Organization−*, The Free Press, 1976. 松田武彦・高柳　暁・二村敏子訳『経営行動—経営組織における意思決定プロセスの研究』ダイヤモンド社,1992 年

高井貞夫『利益をもたらす ISO9001:2000　解釈と運用』東京電機大学出版局,2001 年

田中克政『情報セキュリティ・マネジメント入門—ネットワーク時代の経営リスク管理—』日本経済新聞社,1999 年

寺本義也編著『現代経営学講座 4　企業と情報化』八千代出版,2003 年

第VIII章
財務報告

1. 会　　計

(1) 会計の定義と分類

　会計は英語で「accounting」であり，その語源が「account」＝「説明する」であるように，財産を委ねられた**受託者**が，財産を委ねた**委託者**に対して，その財産の管理・運用について説明するための手段として発達してきた。

　現代社会において，この会計は，「経済主体による経済活動を認識し，貨幣額で測定・記録し，利害関係者に伝達・報告する行為」であると定義することができ，さまざまな経済主体によって会計が行われている。主な経済主体は，個人や家庭，企業，政府や地方自治体であり，個人や家庭において営まれる経済活動を対象とした会計が**家計**であり，企業において営まれる経済活動を対象とした会計は**企業会計**，政府や地方自治体において営まれる経済活動を対象とした会計は**公会計**と呼ばれている。また，宗教法人や学校法人，その他の非営利組織においても会計が行われている。

　企業会計をさらにその目的によって分類すると，株主や銀行，取引先などの企業外部の利害関係者に対して報告する目的で行われる**財務会計**（外部報告会計）と，企業内部においてトップダウン形式で行われる意思決定情報の伝達や，ボトムアップ形式で行われる業績管理報告などのために行われる**管理会計**（内部報告会計）に分類することができる。財務会計はさらに法的基盤をもった**制度会計**とそれ以外の会計に分類することができ，制度会計はさらに基盤となる

法規制によって，**会社法会計**，**金融商品取引法会計**，**税務会計**に分類することができる（図8.1）。

(2) 会計の役割と利害関係者

会計は，経済主体によって行われた経済活動を貨幣単位で測定・記録し，それを会計情報として伝達・報告する。経済主体のなかでも，その中心的存在であり，現代の経済社会において重要な影響を及ぼしている企業会計は，この会計情報を，当該企業と何らかの利害を有している**利害関係者**に提供している。その反対に，利害関係者は，自らの意思決定のために，企業の会計情報を利用している（図8.2）。

たとえば，現代企業として，その経済活動が社会に及ぼす影響が大きく，最も一般的な企業形態となっている株式会社を例にとって，企業とその利害関係者における会計の役割を考えてみよう。

株式会社は，企業に出資をした株主から得た資金を，経営者が管理・運用し，その運用の結果，得られた利益から配当という形で，株主に利益の分配を行う。このとき受託者である経営者は，委託された資金を運用することによって得ら

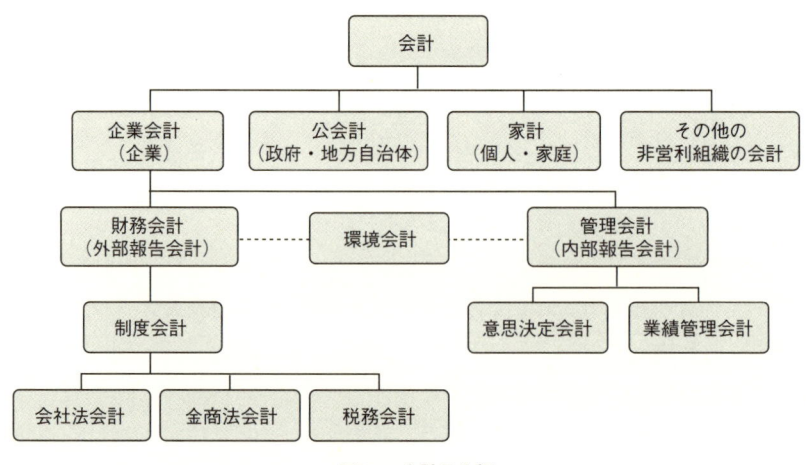

図8.1 会計の分類

れる利益や委託者である株主への配当を最大にするために経営活動を行う義務があり，これを**受託責任**（stewardship）という。経営者は，受託責任を果たすために行った経営活動について，委託者である株主に対して，委託された資金の管理・運用について説明・報告する義務を負っており，これを**会計責任**（accountability）という。この会計責任を果たすことによって，受託者である経営者の受託責任は解除されることになり，この会計責任の履行のために行われる，経営者から株主に対しての説明・報告において会計が利用され，会計情報として報告・伝達されることになるのである。実際には，株主総会において，経営者が自らの経営活動の結果を，会計情報をまとめた形で会計報告し，株主の承認を得ることによって，会計責任を履行し，受託責任が解除されるのである。

仮に，経営者が自己の利益である役員報酬を優先し，株主の利益である配当に悪影響を及ぼしている場合には，株主総会における会計報告によって，経営者の責任が問われることになり，会計によって両者の利害の調整が図られていることになる。また，企業に資金の貸し付けを行っている銀行などの債権者からみれば，株主の利益を優先して，配当という形で利益が社外に流出してしまうことは，企業内の財産維持が危うくなり，債権者の利益を害することになる。これについては，債権者保護のために会社法によって配当可能利益が規定されているが，ここでも会計は，会社法の規定によって，債権者と株主の利害の調整を図っている。このように会計は，経営者，株主，債権者といった利害関係者の**利害調整機能**を有している。

さらに，これまで述べてきた株主は，既に当該企業の株式を保有している投資者を意味してきたが，これから投資する企業を選択しようとしている投資者を考えることによって，会計はさらなる役割を有していることが理解できよう。それは，会計の**情報提供機能**である。これから投資する企業を選択しようとしている投資者は，潜在的株主であるといえるが，こうした潜在的株主は，企業が公表する有価証券報告書や決算報告を利用して得られる会計情報を吟味し，自らの投資意思決定を行っている。つまり，会計のもつ情報提供機能によって，企業から提供された会計情報を，情報利用者である潜在的株主が利用して投資意思決定を行っているのであり，これは既に株主となっている投資者について

も同様である。つまり，当該企業の株式を保有している株主は，その株式を保有し続けるのか，また売却して他の株式を購入するのかについて，企業から提供された会計情報に基づいて企業業績を評価し，投資意思決定を行うことになるからである。

　こうした会計のもつ情報提供機能については，その他の利害関係者においても役立っている。債権者の代表的な例である銀行などは，融資の決定や，融資の際の利率決定といった与信情報として，企業の会計情報を利用しており，また，社債権者であれば，社債の購入や売却の決定において会計情報を利用している。また，債務不履行によって連鎖倒産などのリスクを負うなど，当該企業と重大な利害を有している取引先も，取引そのものの判断や取引条件の決定において会計情報を利用している。さらに従業員であれば，賞与や給与の決定に際して，多くの場合は労働組合を通して賃金交渉が行われるが，その際にも会計情報によって企業業績を評価し，交渉の判断材料として利用している。

　さらに，これはあまり中心的な会計情報の利用者ではないが，顧客・消費者，政府・地方自治体，地域住民といった利害関係者も会計情報の利用者であるといえる。顧客・消費者であれば，企業業績を会計情報によって判断し，その企業から提供される財やサービスの購入の意思決定を行うことが考えられる。たとえば，ペイオフ解禁後の預金先の銀行や生命保険会社の決定であれば，企業業績から破綻が懸念される会社は敬遠されるであろうし，製品であっても，製品保証や信頼性を考慮して，企業業績が判断材料として考慮されることも考えられる。

　また，政府・地方自治体であれば，企業業績が税収に大きく影響し，企業の課税所得の計算においても会計が役立っていることは明らかである。地域住民については，直接的には企業業績がその地域の雇用を促進させるという関係があり，間接的には企業の納める税金によって，地方財政が潤い，恩恵を享受するいっぽうで，環境悪化や交通渋滞などの悪影響を被るという利害関係があるが，会計情報の利用といった点においては，その他の利害関係者と比べて関係は希薄である。しかしながら，近年，急速に普及しつつある企業の環境情報開示においては，環境報告書の一部分として環境会計が導入されており，そういった広義の意味では，地域住民も会計情報の利用者であるといえよう[1]。

前項において会計の分類について述べたが，企業会計をその目的によって分類した財務会計と管理会計は，会計の情報提供機能に着目した分類であるといえる。つまり，株主や銀行，取引先などの企業外部の利害関係者に対して情報提供する目的で行われる外部報告会計が財務会計であり，従業員への意思決定の伝達や業績管理のために，企業内部で情報提供する目的で行われる内部報告会計が管理会計となっている。

(3) 制度会計

これまで述べてきたように，企業には多大な利害関係を有する利害関係者が多数存在し，こうした利害関係者が企業の提供する会計情報を利用しているため，企業会計がこうした利害関係者に与える影響が非常に大きいといえる。そのため，企業会計はさまざまな法律によって規制されている。こうした法規制によって行われる会計を制度会計といい，企業会計を規制する法律としては，**会社法，金融商品取引法，税法**（法人税法）があげられる。また，こうした法規制によって行われる会計は，それぞれ規制する法律によって，**会社法会計，金融商品取引法会計**（金商法会計），**税務会計**（税法会計）と呼ばれ，企業会計実務に大きな影響を与えている。

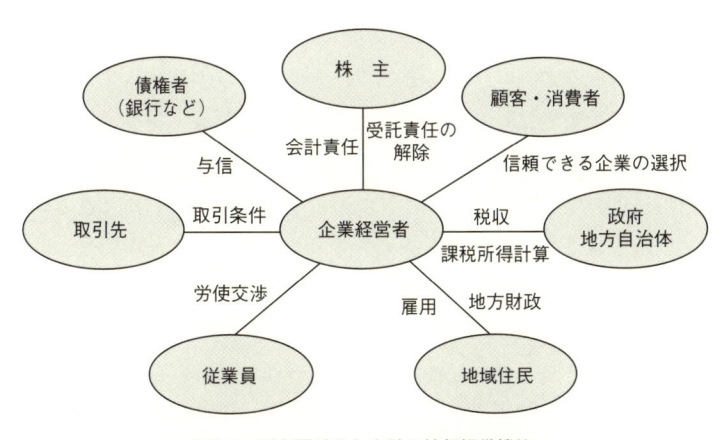

図8.2 利害関係者と会計の情報提供機能

1) 会社法会計

会社法はすべての会社を規制の対象とした法律であり，主として**債権者保護**をその目的としているものの，投資者保護もその目的としており，この会社法の規定に基づいた会計が会社法会計である。会社法の規定は，特に株式会社の会計について詳細な規定を有しており，これは，株式会社が株主有限責任原則に則っており，債権者への影響や社会的影響が大きいことがその理由である。つまり，株主は企業が倒産しても，自らの出資額の範囲で損失を被るだけであり，それ以上の影響は受けないが，債権者は，株主の財産によって債権回収を行うことができず，企業財産によってのみ債権回収が可能となる。したがって，株主の利益を優先させて，配当が過大に行われて企業財産が不当に社外へ流出してしまうことは，債権者の利益を損ねることになるので，会社法は，株式会社において，企業の財産維持を図って債権者の利益を保護するために，株主に対しての配当を規制している。これは会社法会計において機能している会計の利害調整機能であるといえる。

2) 金融商品取引法会計

金融商品取引法は，有価証券の発行および金融商品の取引などを公正にすることで有価証券の流通を円滑にし，また金融商品などの公正な価格形成を図ることで国民経済の健全な発展と投資者の保護を図ろうとする法律である。投資者は，投資する企業を選択するために，企業の会計情報を必要とするが，その会計情報の作成者・提供者は企業であり，企業と投資者の間には企業業績の情報について非対称性が存在する。そこで，金融商品取引法は，企業が会計情報の利用者である投資者に対して，公正に会計情報を作成・提供するよう規制しているのである。つまり，金融商品取引法に基づいた金融商品取引法会計は，会計情報の提供者である企業が，投資者の投資意思決定に有用となる会計情報を公正に提供するよう規制した会計であり，これは金融商品取引法会計において機能している会計の情報提供機能であるといえる。

3) 税務会計

税務会計の基盤となっている税法は，法人税法であり，**税収の確保と公平に課税**を行うことがその目的となっている。そのため，法人税法の規制に基づいて行われる税務会計は，そのほとんどが，税額の決定のための課税所得計算と

なっている。法人税の規定に基づいた厳密な課税所得計算を行うことが課税の公平性を保つことになるため，税務会計は課税所得の計算において，法人税の詳細な規定の影響を受けているが，特に重要なことは，税務会計によって行われる課税所得の計算や法人税の申告は，株主総会の承認を得た確定された決算を基礎にして行われなければないという確定決算主義があることである。つまり，会社法会計によって確定された決算に基づいて税務会計が行われるということなのであるが，税務会計において確定決算された項目を調整できない項目があるため，実際には，法人税法を意識した会社法会計が行われることになっており，法人税法の規定による税務会計が会社法会計に大きく影響しているのである。

以上のように，日本における制度会計は，3つの法規制からなる別個の目的をもった会計システムによって構成され，これらは密接な関係をもって，互いに影響しあってきた。確定決算主義に基づく会社法会計と税務会計の関係もその例であるが，その他にも，会社法会計と金融商品取引法会計では，その目的が異なるにもかかわらず，実質的には同一の報告書類の作成を義務づけており，互いに多大なる影響を及ぼしあってきた。こうした3つの制度会計が密接に関係しあうことは，**トライアングル体制**と呼ばれ，日本の制度会計の特徴であるとされてきた。しかしながら，近年，会計基準の国際的統一化が求められ，日本においても一連の会計ビッグバンとして会計基準の変革が行われ，こうした3つの制度会計の関係は，以前に比べて緩やかなものになってきている[2]。

(4) 会計情報の作成

企業は，営利追求目的で経済活動を行い，その経済活動を記録し，利益の額を算定して，会計情報を作成している。この会計情報の作成に際して，企業の経済活動を貨幣的に測定・記録する技術として，**簿記**が利用されている。

簿記には**単式簿記**と**複式簿記**があり，経済活動が多岐にわたり，複雑化した現代企業では，複式簿記が利用されている。なぜなら，単式簿記が単なる現金の収入と支出のみを一面的に捉え記録しているだけであるのに比べて，複式簿記は，企業の経済活動のうち，取引として認識される経済活動を資産・負債・純資産の増加減少や収益・費用の発生といった要素で二面的に捉えており，こ

うした記帳方法が企業の財政状態や経営成績を表すのに優れているからである。この現代企業の記帳方法として最も利用されている複式簿記の起源は古く，1494年にルカ・パチョーリ（Lucas Pacioli）が『算術・幾何・比および比例法概論』において，イタリア・ベニスで銀行家が使用していた簿記方法についての解説を行い，当時既に実務として利用されていた複式簿記をはじめて紹介している。日本においても，1873年に福沢諭吉や海老原清・梅浦精一によってはじめて複式簿記が紹介されている[3]。

簿記を利用して記帳される経済活動は，「取引」として認識され，記録されることになるが，ここでいう「取引」は，一般社会において理解されている「取引」とは異なっている。つまり，簿記上の「取引」は，金銭や物品の授受を伴うような，資産・負債・純資産の増加減少や収益・費用の発生をもたらす経済事象を「取引」として認識しており，単なる販売契約や雇用契約などの一般社会で「取引」として理解されているものを含んでいない。またその逆に，盗難や紛失・焼失など一般社会で「取引」として理解されないものも「取引」として認識しているという特徴がある。

次に，簿記を利用して記録された経済活動は，会計報告書によって利害関係者に会計情報として報告・伝達される。商法では，商人はすべて**会計帳簿**と**貸借対照表**からなる**商業帳簿**を作成しなければならないと定められており，特に影響の大きい株式会社には，会社法によって規定が設けられている。会社法は，以前は有限会社法，株式会社の監査等に関する商法の特例に関する法律（商法特例法）など，会社に関係する法律を総称する名称として用いられていたが，2005年の法改正によって，それらを統合・再編成する法律として会社法と題する法律が制定され，株式会社に対して，**貸借対照表，損益計算書，株主資本等変動計算書**および**個別注記表**からなる**計算書類**の作成を義務づけている[4]。また，金融商品取引法では，証券取引所に上場している会社などに有価証券報告書の提出を義務づけており[5]，この有価証券報告書は，貸借対照表，損益計算書，**キャッシュフロー計算書，株主資本等変動計算書**および**付属明細表**からなる**財務諸表**がその中心となっている。

会社法や金融商品取引法における計算書類や財務諸表のなかの貸借対照表と損益計算書は，それぞれ企業から利害関係者に提供される会計情報として重要

な役割を果たしている。貸借対照表は，企業の期末における**財政状態**（資産・負債・純資産）を表しており，損益計算書はその会計期間における**経営成績**（費用・収益）を表している。

(5) 会計情報の質的特性

　会計情報は，情報の提供者である企業によって作成され，その利用者である多様な利害関係者に対して伝達・報告される。利害関係者が会計情報を意思決定に利用する際に，提供される会計情報が有用であるために必要とされる会計情報の特性はいかなるものであろうか。これについては，**米国財務会計基準審議会**（Financial Accounting Standards Board：FASB）が公表した『財務会計諸概念に関するステートメント（Statement of Financial Accounting Concepts）第2号』において明らかにされている[6]。それによれば，意思決定に有用な会計情報には，まず，情報の**理解可能性**が必要とされ，次に**目的適合性**と**信頼性**を有していることが必要であるとされている。目的適合性の観点からさらに必要とされる特性は，**フィードバック価値**，**予測価値**および**適時性**であるとされ，信頼性の観点からは，**検証可能性**と**中立性**および**表現の忠実性**が必要であるとされている。さらに，**首尾一貫性**を含んだ**比較可能性**によって提供される会計情報の有用性が非常に高まると説明されている。こうしたそれぞれの会計情報の質的特性については下記のように説明されており，その関係について図8.3のように説明されている[7]。

　①**理解可能性**－情報利用者に情報の有意性を認めさせる情報の特性。
　②**目的適合性**－情報利用者に過去，現在および将来の事象もしくは成果の予測または事前の期待値の確認もしくは訂正を行わせることによって情報利用者の意思決定に影響を及ぼす情報の能力。
　③**信頼性**－情報には，ほとんど誤謬や偏向が存在していないこと，また表現しようとするものを忠実に表現していることを保証する情報の特性。
　④**フィードバック価値**－情報利用者に事前の期待値を確認または訂正させる情報の特性。
　⑤**予測価値**－過去または現在の事象の成果を情報利用者に正しく予測させる可能性を高めるのに役立つ情報の特性。

⑥**適時性**－情報が意思決定に影響を及ぼす効力を有する間に，意思決定者にその情報を利用可能にさせること。
⑦**検証可能性**－測定者間の合意を通じて，情報が表現しようとするものを表現していること，または誤謬もしくは偏向もなく測定方法が選択適用されていることを保証する能力。
⑧**中立性**－あらかじめ定められた結果を達成し，または特定の行動様式を導き出すことを意図した偏向が報告情報に存在しないこと。
⑨**表現の中立性**－ある測定値または記述と，それらが表現しようとする現象との間の対応または一致（妥当性ともいう）。
⑩**首尾一貫性**－一定の方針および手続を期間を通して遵守すること。
⑪**比較可能性**－情報利用者に二組の経済事象の類似点と相違点を識別させる情報の特性。

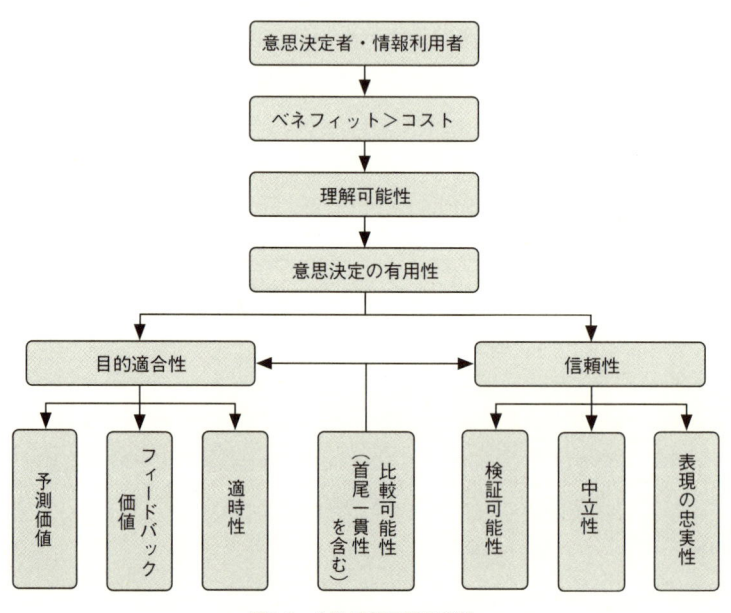

図8.3　会計情報の質的特性

(6) 会計主体論

会計主体論は，企業会計はいかなる利害関係者のために行われるべきものであるかを考え，企業をその利害関係者との関係からいかなる社会的な存在とみるべきであるかということを論ずるものであり，その代表的なものとして**資本主理論，代理人理論，企業主体理論，企業体理論**の4つがあげられる[8]。以下，それぞれについて概説する。

資本主理論は，企業は資本主によって所有されているものであり，所有者である資本主と企業は一体のものであって，企業会計は企業所有者である資本主の立場から資本主のために行われると考える理論である。資本主理論では，資産は資本主の財産を表し，負債は資本主の債務を表しており，両者の差額としての純資産は資本主の純財産を示していると考える。したがって収益は資本主持分の増加を表し，費用は資本主持分の減少を表し，利益はすべて資本主に帰属し，その純財産の増加を示していると考える。

代理人理論は，企業を資本主と別個の存在であると考え，出資と経営が分離しているとの観点に立っているものの，企業は資本主集団の代理機関であり，経営者は資本主から経営の委託を受けた資本主の代理人であると考える理論である。そのため，企業会計は，代理人である経営者が，資本主の利益になるよう経営を行い，会計責任を果たすために行うものであると考える。代理人理論では損益計算を単に資本主の財産計算とみるのではなく，期間ごとに変動する株主間の利害調整として捉えている。

企業主体理論は，代理人理論と同様に，企業を資本主と別個の存在であり，出資と経営が分離しているとの観点に立っているものの，企業会計は企業独自の立場で行われ，企業に投資した資本主や債権者といった持分所有者に対して報告を行うものであるという考え方である。この企業主体理論は伝統的な解釈では，「資産＝持分」という考え方であり，この場合の資産は企業の財産であり，負債と純資本は企業の資金源泉として捉えられている。そして，利益は企業が資本主および債権者のために行った活動により生じるものとして考えられ，一会計期間における企業の資産の変化として捉えられる。これにより，利益は基本的には企業に属し，これが配当となってはじめて資本主に属することとなる。しかしながら，この企業主体理論の新しい考え方では，利益は資本主

や債権者へ支払った利息や配当を控除した後に企業に残る留保利益であると考えられており，これによれば，資本主や債権者へ支払われる利息や配当は費用であると解釈される。

企業体理論は，企業主体理論や代理人理論と同様に，企業を資本主と別個の存在であるものの，企業を資本主や債権者のみならず従業員，取引先，顧客，政府，地域住民といった多くの利害関係者に影響を及ぼす社会的機関であると捉え，その社会的側面から，これらの利害関係者集団が構成する社会に対して会計報告をするものであるという考え方である。この考え方においては，企業の行う社会的責任の遂行に関する評価は付加価値によって表され，利益は一会計期間に生み出された付加価値であると解釈される。この理論のもとでは，付加価値は，資本主に対する分配である配当，債権者に対する分配である支払利息等の金融費用，従業員に対する分配である賃金・給料，政府に対する分配である税金，ならびに留保利益で構成されていると考える。

(7) 会計規範（会計公準と企業会計原則）

現代の企業会計を支える会計規範は，その下部構造で最も基本的な条件を示している**会計公準**，中部構造として企業会計の原理・原則を示している**会計原則**，そして上部構造で具体的な会計処理方法等を示している**会計手続**という3部構造で構成されている。

このうち，最も下部で企業会計における会計理論・会計原則の基礎概念を示し，その基礎的条件を示しているものが**会計公準**である。会計公準として一般的なものは次の3つである（図8.4）。

①**企業実体の公準**

企業を所有者や株主から独立した経済単位の存在として認め，独立した会計実体とみなして，その経済活動を記録するという基礎的な前提条件である。

②**継続企業の公準**

企業が永久に存在するということを前提とする公準であり，ゴーイング・コンサーンの公準とも呼ばれる。企業が永続的に存在するという前提から，会計計算・会計報告においては期間を区切って行うという期間計算の考え方が導かれることになる。

③**貨幣的測定の公準**

企業の経済活動を貨幣価値測定によって測定するという前提である。したがって，貨幣的測定できない企業活動は，会計の対象とならないことになり[9]，会計の対象を限定している。また，この基礎的前提は，貨幣価値が安定しているという仮定に基づいている。

会計規範の構造のなかで，中部構造として企業会計の原理・原則を示している**会計原則**については，日本では，**企業会計原則**が企業会計の一般的な行為基準を定め，その機能を果たしている。企業会計原則は，その前文に示されているように「企業会計の実務のなかに慣習として発達したもののなかから，一般に公正妥当と認められたところを要約したものであって，必ずしも法令によって強制されないでも，すべての企業がその会計を処理するに当たって従わなければならない基準」であり，**一般原則，損益計算書原則，貸借対照表原則**によって構成され，これらに加えて注解が付されている。

一般原則は，損益計算書や貸借対照表の具体的な会計基準を示している損益計算書原則や貸借対照表原則の上位原則として，企業会計全般の基本的原則を示しており，次の7つの原則によって構成されている。

①**真実性の原則**

企業会計は，企業の財政状態および経営成績に関して，真実な報告を提供するものでなければならない。

②**正規の簿記の原則**

企業会計は，すべての取引につき，正規の簿記の原則に従って，正確な会計

図8.4 会計規範の構造

③資本取引・損益取引区分の原則
資本取引と損益取引とを明瞭に区別し，特に資本剰余金と利益剰余金とを混同してはならない。

④明瞭性の原則
企業会計は，財務諸表によって，利害関係者に対し必要な会計事実を明瞭に表示し，企業の状況に関する判断を誤らせないようにしなければならない。

⑤継続性の原則
企業会計は，その処理の原則および手続を毎期継続して適用し，みだりにこれを変更してはならない。

⑥保守主義の原則
企業の財政状態に不利な影響を及ぼす可能性がある場合には，これに備えて適当に健全な会計処理をしなければならない。

⑦単一性の原則
株主総会提出のため，信用目的のため，租税目的のためなど種々の目的のために異なる形式の財務諸表を作成する必要がある場合，それらの内容は，信頼しうる会計記録に基づいて作成されたものであって，政策の考慮のために事実の真実な表示をゆがめてはならない。

さらに，上記の7つの原則に順ずる原則として，⑧**重要性の原則**がある。これは，「重要性の乏しいものについては，本来の厳密な会計処理によらないで他の簡便な方法によることも認める」原則であり，これによって，帳簿に載らない簿外資産や簿外負債が生じることになるが，これらは正規の簿記の原則に従った処理として容認される。

(8) 管理会計の役割
会計の情報提供機能に着目し，企業会計をその目的によって分類すると，企業外部への報告目的で行われる財務会計と，企業内部への報告目的で行われる管理会計に分類することができる。管理会計は，企業内部で意思決定の伝達や業績管理の目的で行われる会計であり，さらに，企業内の資源を有効に配分す

るための有用な会計情報を提供しているともいえる。なぜなら，企業が経営活動を行うなかで，この管理会計によって作成された情報が，トップダウン方式での意思決定の伝達に利用され，また逆に，ボトムアップ方式での業績管理に役立っており，こうした情報のやり取りによって効率的な経営が達成されるからである。企業は，経営方針を確立し，目標と戦略を設定し，それらを事業計画として具体化し，予算として金額で把握し，それらを実施する。そして，その後，予算と実績を比較し，業績報告を行って企業内部の管理統制を行い，目的達成のための評価とフィードバックを行っている。こうした経営活動のなかの意思決定の伝達と業績報告，さらには評価やフィードバックにおいて，管理会計による情報が有効に機能し，企業経営が効率的に行われているのである。

また，管理会計の計算構造については，財務会計が複式簿記を基礎とした明確な計算構造を有しているのに比べて，管理会計は多様な計算手法の集まりである。しかしながら，多様な計算手法によって計算された数値が，最終的に予算となって集積されることが管理会計の特徴であり，過去的な経済活動を表した財務会計とは，この予算と実績という意味において，相関関係が存在する。つまり，単なる目的や役割の相違はあるものの，それぞれが全く異なる別個の存在ではなく，互いに影響しあい，互いの会計システムを利用することもある，全体のなかの2つの会計システムであるといえる。

(9) 会計制度の変革と国際的調和化

日本では戦後，経済の高度成長に伴い，有力な企業の国際的活動も活発化し，多くの企業が国内だけでなく海外における資金調達を行うようになった。特に米国の証券・金融市場で資金調達を行う企業は，米国において公正妥当と認められる会計原則に準拠した財務諸表の作成を義務づけられ，**連結財務諸表**の作成を余儀なくされてきた。また，国内においても，子会社などを利用した粉飾決算を防止する必要性から，連結財務諸表の制度化が検討され，1975年に企業会計審議会の公表した『連結財務諸表の制度化に関する意見書』および『連結財務諸表原則』において連結財務諸表が有価証券報告書の添付書類として作成されることとなった。さらに，その後，国際的な証券市場を背景とする会計基準の国際的統一化の動向に大きく影響されて，外国からの要請にも応える形

表8.1　会計制度改革および新会計基準の導入（会計ビッグバン）

1999年	連結財務諸表原則の改訂
	税効果会計（1998年の早期適用あり）
	キャッシュフロー計算書
2000年	中間連結財務諸表
	退職給付会計
	金融商品会計
2001年	その他有価証券の時価評価（2000年の早期適用あり）
2005年	減損会計（2003年の早々期適用，2004年の早期適用あり）
2006年	企業結合会計

＊西暦はその年の4月以降に始まる事業年度を表している。

で，日本での財務報告制度が大きな転換期にさしかかり，1997年に企業会計審議会は『連結財務諸表制度の見直しに関する意見書』を公表して，従来の個別財務諸表を中心としたディスクロージャーから連結情報を中心としたディスクロージャーへと転換する方向を打ち出した。この連結財務諸表制度を契機として，**会計制度の改革**が一気に加速し，これがいわゆる**会計ビッグバン**といわれるものとなった。その内容は，表8.1のような新会計基準の導入であり，これによって，日本の会計制度は国際的調和化が図られることとなった。

こうした新しい会計基準の導入は，日本の会計基準を**国際会計基準**と比べても遜色ないものとした一方で，企業に急激な会計制度の変革への対応を余儀なくさせ，企業会計，さらには日本経済に大きな影響を及ぼしている[10]。

2. 監　　査

(1) 財務諸表への信頼性の付与と監査

企業が利害関係者に対して提供する会計情報は，財務諸表（計算書類）という形で公表される。しかしながら，この財務諸表は企業によって作成されるものであるから，企業の不利益になることは記載されない可能性がある。または，情報の改ざんや捏造が行われて，真実ではない会計情報が公表される可能性がある。こうした不正や粉飾決算は必ずしも行われるとは限らないが，企業内部のことは企業外部の利害関係者には到底知りえないことであるため，利害関係

者は企業の公表する財務諸表に対して懐疑的にならざるをえない。したがって，企業が公表する財務諸表には信頼性を高める方策が必要とされ，それが第三者による保証であるといえる。

また，利害関係者は企業外部の広範な地域や分野に分かれて存在しており，たとえば株主や債権者であっても，財務諸表の信頼性を確かめるために企業の帳簿や決算書類を調べることはコストもかかり現実的には不可能である。そのため，財務諸表の信頼性を高める方策として，第三者による保証が必要とされる。

さらに，財務諸表を作成する企業では，会計の知識が豊富な専門部門が財務諸表の作成を行っている一方で，多くの利害関係者は，会計の専門的知識が不足している場合が多く，そのため，企業の公表する財務諸表を詳細に分析し，その信頼性を確認する術がない。そのため，第三者の会計専門家による財務諸表への信頼性の付与が必要とされる。

以上のように，①企業と利害関係者での情報の非対称性，②投資者（利害関係者）の散在，③専門的知識の欠如によって，企業の公表する財務諸表には第三者による保証が必要とされ，その役割を担っているのが**監査**である。監査は監督検査あるいは監察審査がその語源であるといわれている。

(2) 監査制度

財務諸表への信頼性を付与する監査は，日本では法律によって強制的に行われており，その監査制度は，商法によって強制的に行われる**会社法監査**と金融商品取引法によって強制的に行われる**金融商品取引法監査**がある。この2つの監査制度は，**法定監査**であり，一般的には**外部監査**と呼ばれている。

会社法監査は，会社法によって義務づけられている監査であり，株主から委託された受託者である経営者の経営活動を監視する目的で，監査役を企業内に設けることを規定している。また，監査役による監査には，業務監査と会計監査があり，企業の規模によってその適用範囲を規定している。さらに大会社（資本の額が500億円以上または負債の合計額が200億円以上）やみなし大会社（資本金が1億円以上）には，会計と監査の専門家である**会計監査人**による会計監査を義務づけている。この場合，会計監査人になれるものは，公認会計

士または監査法人であると規定されている。

　金融商品取引法監査は，企業外部の第三者による財務諸表の保証を義務づけているものであり，金融商品取引法によって有価証券報告書の提出が義務づけられている会社に対して，公認会計士または監査法人による財務諸表への監査証明を受けることを要請している。すなわち，外部の第三者としての公認会計士または監査法人は，金融商品取引法に基づいて，企業の作成した財務諸表が企業会計原則や財務諸表規則などの会計基準に準拠し，適正に作成されているかを判断し，その結果としての意見（適正意見，限定付適正意見，不適正意見，または意見差控）を監査報告書に記載し，被監査会社はこれを提出することが義務づけられているのである。

　以上のことから，公認会計士または監査法人による監査は，金融商品取引法による金融商品取引法監査と，会社法による会計監査人としての会社法監査があることになる。金融商品取引法による監査は適正性監査と呼ばれ，会社法による監査は適法性監査と呼ばれる。また，監査の理念や性質から，監査は**批判性**と**指導性**を有しているといわれる。批判性監査は，企業の作成する財務諸表が企業会計原則や会計基準などに準拠し，企業の経営成績や財政状態を適正に表示しているかという批判的見地から行われるものであり，指導性監査は，企業の作成する財務諸表が，企業会計原則や会計基準などに準拠し，企業の経営成績や財政状態を適正に表示する理想的財務諸表になるよう指導性を発揮して行われるものである。

(3) 内部監査

　法定監査のような外部監査とは対照的に，企業の経営者が自発的に経営管理に役立てる目的で行う監査が**内部監査**である。内部監査は，通常，企業内部の従業員によって行われ，内部統制の手段として，社内の経営活動の合理性や効率性を評定し，経営者にその結果が報告される。この場合，企業内に設けられた内部監査部門が他部門の活動を監査するため，内部監査部門は他部門の影響を受けない独立した部門でなければならず，経営者の直轄部門として位置づけられている。

3. 税　　務

(1) 税務会計と法人税法

　税務会計は，その基盤となる法律である**法人税法**の規定に基づいた課税所得を計算し，その申告を行うための会計である。そのため，法人税法の規制に基づいて行われる税務会計は，そのほとんどが，税額の決定のための**課税所得計算**となっている。法人税の規定に基づいた厳密な課税所得計算を行うことが課税の公平性を保つことになるため，法人税には詳細な規定が設けられている。法人税は**国税**であり，**直接税**に分類され，その納税には，所得税と同様に**申告納税制度**が用いられているが，所得税が暦年（1月1日から12月31日）で課税するのに対して，法人税は，その企業の事業年度の課税所得を計算して納税する方式が用いられている。

　法人税は，法人の所得金額に課税される税金であるが，法人税法では，法人を，国内に本店または主たる事務所を有する法人である**内国法人**と，内国法人以外の**外国法人**に区分しており，内国法人は，国内および外国で生じたすべての所得が課税対象となるが，外国法人は，国内に源泉を有する所得のみが課税対象となっている。法人税では，法人の種類について，さらに次の5つに分類している。

①**公共法人**
　公共目的の法人で，たとえば，国民金融公庫や日本放送協会などがこれに当たる。

②**公益法人**
　公益目的の法人で，たとえば，学校法人や宗教法人，商工会議所などがこれに当たる。

③**協同組合等**
　農業共同組合，信用金庫，消費生活協同組合など。

④**人格のない社団等**
　法人でない社団または財団で，代表者または管理人の定めがあるもので，たとえば，同窓会や町内会などがこれに当たる。

⑤ **普通法人**

　上記以外の法人で，たとえば，株式会社，保険相互会社，医療法人などがこれに当たる。

　上記の5つの法人のうち，すべての所得が課税対象となるのは，普通法人のみであり，公益法人や人格のない社団等は，収益事業を営む場合のみ，その所得に対して納税義務を負うことになる。また，協同組合等は普通法人よりも低い税率が適用され，公共法人については納税の義務がないと定められている。

　この法人税については，その会計学的性格を費用とみるのか，または利益処分とみるのかについての論争があり，米国の会計基準や国際会計基準では費用とする説が明確にされており問題はないが[11]，わが国ではまだまだ利益処分説を主張する見解も多く，その決着は明らかになっていないのが現状である。たとえば，法人税の会計学的性格を費用とする説の根拠には，「利益分配はその金額と支払い時期について経営者の任意の統制のもとにあるものであり，その一方で法人税については経営者の自由裁量は許されないし，利益が存在するかぎり回避しえないものである」ということがあり，反対に，法人税の会計学的性格を利益処分とする説の根拠には，「法人税は利益がなければ支払われないので，他の費用と同じではなく，法人税は利益の決定要素ではなく，利益の結果として生ずるものである」といったことが挙げられる[12]。しかしながら，実際には経営者の多くは，法人税を企業に固有の費用であると考えており，また，法人税の期間配分を行う税効果会計も，法人税は費用であるとの前提に立脚した会計処理であることから，理論的には明確になっていなくとも，実務的には法人税は費用として捉えられているといえる。

(2) 課税所得の計算構造と確定決算主義

　法人税は，法人の所得金額に課税される税金であるが，法人税法では，法人税の課税標準を「各事業年度の所得の金額」（課税所得）としており，この課税所得は各事業年度の「益金の額」から「損金の額」を控除して算出される。つまり，「**課税所得＝益金の額－損金の額**」という計算式で表すことができる。しかしながら，法人税法では，益金および損金については，それぞれ「益金の額に算入すべき金額」および「損金の額に算入すべき金額」という項目がある

表8.2　課税所得の計算構造

税引前当期純利益
－法人税等
税引後当期純利益
＋益金算入額
＋損金不算入額
－益金不算入額
－損金算入額
課税所得金額

のみで，明確な計算概念をもたないことから，企業会計によって計算された収益および費用から導出された純利益を調整して課税所得を計算することになる。また，法人税法では，課税所得の計算について，「内国法人は，各事業年度終了の日の翌日から2ヶ月以内に，税務署長に対し，確定した決算に基づき，当該事業年度の課税所得の金額や法人税額等を記載した申告書を提出しなければならない」と定めている。ここでいう「確定した決算」とは，定時株主総会の承認を得た会社法上の決算のことであり，こうした確定した決算を基礎にして課税所得計算を行われなければないという要請は，**確定決算主義**と呼ばれている。

　この確定決算主義に基づいて行われる課税所得の計算において，企業会計上の収益および費用と，税務申告上の益金および損金が一致していれば，企業会計上で導出された純利益と，税務申告上の課税所得は一致することとなるが，実際には，法人税法には産業政策上の要請などが反映されているため，会社法や金融商品取引法とは目的が異なり，収益および費用と，益金および損金はそれぞれが一致しない。つまり，企業会計上は収益でなくとも法人税法上は益金となるもの（**益金算入**：国庫補助金など），企業会計上は収益であっても法人税法上は益金とならないもの（**益金不算入**：受取配当金や還付法人税など），企業会計上は費用でなくとも法人税法上は損金となるもの（**損金算入**：繰越欠損金など），企業会計上は費用であっても法人税法上は損金とならないもの（**損金不算入**：貸倒引当金の繰入限度超過額や交際費など）があり，これらを

企業会計から導き出された純利益に加算・減算することによって課税所得が計算されるのである（表8.2）。こうした一連の課税所得の計算手続きは**申告調整**と呼ばれている。

注
（1）環境会計における会計情報については，広義の環境会計では，貨幣情報・物量情報・記述情報と考えられるが，狭義の環境会計では，貨幣情報のみであると考えられる。よって，ここでの会計情報という意味においては，狭義の環境会計を指しているものの，現行の企業会計で用いられている会計情報とは同一のものであるとはいえない。詳しくは，國部克彦『環境会計－改訂増補版』新世社，2000年，p.3。
（2）たとえば，会計ビッグバンの端緒として，金融商品取引法会計の前身である証券取引法会計は連結財務諸表中心の会計に移行し，また，税効果会計が導入され，財務報告上では適正な期間損益が表示できるようになったため，以前ほど，会社法会計，金融商品取引法会計および税務会計は密接に関係しあわなくなってきている。
（3）1873年（明治6年）に福沢諭吉が『帳合之法』によってBryant & Stratton "Common School Book-Keeping"（1871年）の訳本として紹介し，また，同年，海老原清・梅浦精一が『銀行簿記精法』として，大蔵省の招いたイギリス人Alexander Allan Shandの口述訳として紹介した。
（4）2002年に商法施行規則が制定される以前は，貸借対照表，損益計算書，営業報告書および付属明細書が計算書類として，その作成が義務づけられていた。
（5）有価証券報告書は①証券取引所に有価証券を上場している会社②店頭登録会社③発行価額または売出価額の総額が1億円以上の有価証券を募集または売り出す会社（有価証券届出書提出会社）④株主数が500人以上の会社に提出が義務づけられている。
（6）Financial Accounting Standards Board, Statement of Financial Accounting Concepts No.2 "Qualitative Characteristics of Accounting Information," 1980.
（7）Ibid., par. 32.平松一夫・広瀬義州『FASB財務会計の諸概念 改訂新版』中央経済社，1994年，pp.59-61。
（8）この他に，コマンダー理論，投資家理論，資金理論がある。コマンダー理論は企業に属する資源を実質的にコントロールする能力を有するものがコマンダーであり，その活動の結果が利益とされる。投資家理論は株主を所有者というよりも投資家とみなし，資本主理論における資本および利益から優先株式に関する部分が除去される。資金理論は会計上の判断の立場を意味するものではなく，会計単位についての理論であって，会計主体論としては無色透明かつ中立的であって，会計主体論のひとつとすべきではないという意見もある。
（9）貨幣的測定公準では，貨幣的測定できないものは会計の対象でないこととなり，この点において，広義の環境会計や「環境会計ガイドライン」では，物量情報や記述情報が含まれており会計であるといえないことになる。
（10）税効果会計の導入による銀行の過大な繰延税金資産の計上が，銀行の財務諸表の信頼性を低下させ，さらに，減損会計の適用によって減損損失が計上され，企業の財務諸表に多大な影響を及ぼしていることが顕著な例である。

(11) 諸外国のなかにはフィンランド，ギリシャ，スペイン，ポルトガルのように法人税は利益処分項目であると解釈している国々もある。OECD, *Accounting Standards Harmonization No.3 : Income Tax Accounting*, 1987, pp.50-51.
(12) Bonham, D. H., *Accounting Research – Income Tax Allocation*, The Canadian Institute of Chartered Accountant, 1964, p.454. 中田信正『税金配分会計 法人税期間配分の会計』中央経済社，1973年，p.5。

参考文献
千代田邦夫『会計学入門―会計・税務・監査の基礎を学ぶ（第2版）』中央経済社，1998年
橋本　尚『基本テキストシリーズ 財務会計理論（改訂版）』同文舘出版，2006年
平松一夫・広瀬義州『FASB財務会計の諸概念 改訂新版』中央経済社，1994年
小杉秀行『基本テキストシリーズ　会計基準』同文舘出版，2005年
國部克彦『環境会計―改訂増補版』新世社，2000年
黒川保美『スタディガイダンス 会計学を面白く学ぶ（第3版）』中央経済社，2003年
松尾聿正編著『アカウンティング―現代会計入門（改訂版）』同文舘出版，2002年
小樽商科大学ビジネススクール編『MBAのための財務会計―基礎から国際会計基準まで』同文舘出版，2004年
櫻井久勝・須田一幸『財務会計・入門―企業活動を描き出す会計情報とその活用』有斐閣，1998年
多賀谷充『証券取引法』同文舘出版，2006年
友杉芳正『スタンダード監査論』中央経済社，1994年
山口　操『エッセンス管理会計』中央経済社，2001年
山地範明『基本テキストシリーズ　会計制度』同文舘出版，2005年

第IX章
環境と企業経営

1. 環境問題と企業

(1) 環境意識の高まり

　近年,現代企業をとりまく状況が大きく変化し,この変化が企業の経営姿勢を大きく変貌させている。つまり,個々の企業の利益追求のみの経営姿勢ではなく,環境に配慮した企業行動によって地球環境との共生を図り,自らの企業と社会全体との**持続可能な発展**をめざすという経営姿勢に変化してきているのである。

　環境に配慮した企業行動が企業経営における不可欠の要素となりつつあるなかで,企業は環境問題への組織的対応を図り,環境戦略として積極的に環境問題に取り組むことによって競争力を獲得しようとしている。

　たとえば,環境省は,企業における環境活動の実態を把握し,その成果を普及させていくことを目的として,1991年度より『**環境にやさしい企業行動調査**[1]』を行っているが,これによれば,2004年度では6,383社にアンケートを行った結果,その約半数が,「企業の環境への取組と企業活動のあり方」について,「今後の業績を左右する重要な要素の一つとして取り組んでいる」もしくは「最も重要な戦略の一つとして位置付け,企業活動の中に取り込んでいる」と答えている。また,上場企業に限ってみれば,1991年度から2004年度にかけて,「企業の環境への取組と企業活動のあり方」について,「最も重要な戦略の一つとして位置付け,企業活動の中に取り込んでいる」と回答する企業が増

表9.1　企業の環境への取組と企業活動のあり方について

【上場企業＋従業員500人以上の非上場企業】　　　　　　　　（単位：％）

	①	②	③	④	⑤	⑥	⑦
2006年度	5.0	81.9	2.6	9.0	—	0.3	0.8
2005年度	4.0	80.0	3.0	11.1	—	0.8	1.0
2004年度	6.9	38.0	2.8	22.3	27.5	1.2	1.2
2003年度	6.4	42.1	1.8	26.8	21.0	0.5	1.5
2002年度	4.7	40.3	1.9	29.9	22.0	0.5	0.8
2001年度	4.5	36.9	2.2	29.0	24.5	0.9	2.0
2000年度	5.1	38.2	2.2	27.8	22.7	1.5	2.6

【上場企業】　　　　　　　　　　　　　　　　　　　　　　　（単位：％）

	①	②	③	④	⑤	⑥	⑦
2006年度	6.0	78.6	2.0	12.0	—	0.2	0.3
2005年度	4.2	77.5	2.4	14.3	—	0.7	0.9
2004年度	6.2	29.9	1.7	25.4	34.6	1.1	1.2
2003年度	6.4	33.1	1.4	30.1	27.1	0.3	1.5
2002年度	5.7	32.7	2.2	32.9	25.8	0.4	0.4
2001年度	3.4	30.1	1.8	33.3	29.3	0.9	1.2
2000年度	5.0	31.3	1.2	32.4	26.8	1.1	2.3

①ビジネスチャンスである
②社会貢献の一つである（2005年度からは「社会的責任の一つ」に変更）
③法規制等をクリアするレベルでよい
④今後の業績を左右する重要な要素の一つとして取り組んでいる
⑤最も重要な戦略の一つとして位置付け，企業活動の中に取り込んでいる（2005年度からは項目削除）
⑥その他（2004年，2005年に限り「環境への取組と企業活動は関連がないと考えている」を含む）
⑦回答なし
出所：環境省『環境にやさしい企業行動調査』2006年度

加しており，2004年度では，34.6％で第1位となっている。さらに2005年度調査からは，「最も重要な戦略の一つとして位置付け，企業活動の中に取り込んでいる」という項目を削除し，新たに「企業の社会的責任（CSR，社会貢献を含む）の一つである」という項目に変更したところ，これが2005年度では80.0％，2006年度でも81.9％となって第1位となっている（表9.1）。

　また，長引く不況により企業をとりまく経済的状況は極めて厳しいものであるにもかかわらず，自らの負担によって環境マネジメントシステムを構築し，国際規格の認証を取得する企業も急速に増加している。その国際規格は，国際標準化機構（International Organization for Standardization）の定めた環境管理・監査の国際規格である『ISO14000シリーズ』であり，これは，組織活動

1. 環境問題と企業   195

が環境に及ぼす影響を最小限にくい止めることを目的に定められた環境に関する国際的な標準規格である。この規格は，環境マネジメントシステムに関するISO14001／14004をはじめ，環境監査に関するISO14010／14011／14012などから構成され，特に1996年に発行されたISO14001には，組織活動，製品およびサービスの環境負荷の低減といった環境パフォーマンスの改善を実施するしくみが継続的に改善されるための環境マネジメントシステムを構築するための要求事項が規定されている。この規格は，企業が環境に関する目標を決定し，実行していく上での目標を与える指針となっており，企業自らが法令基準より厳しい自主目標を設定する必要がある。そして，この目標をいかに達成させるかについての計画を立て，この計画が実行されているかの点検も自らで行うことによって，こうした一連の管理システムが認められ，規格の認証を得ることができるようになっている。日本では，この **ISO14001** の認証を取得した企業は，図9.1にあるように，**ISO14001** の発行翌年の338件から，2006年8月現在20,969件に急速に増加している。

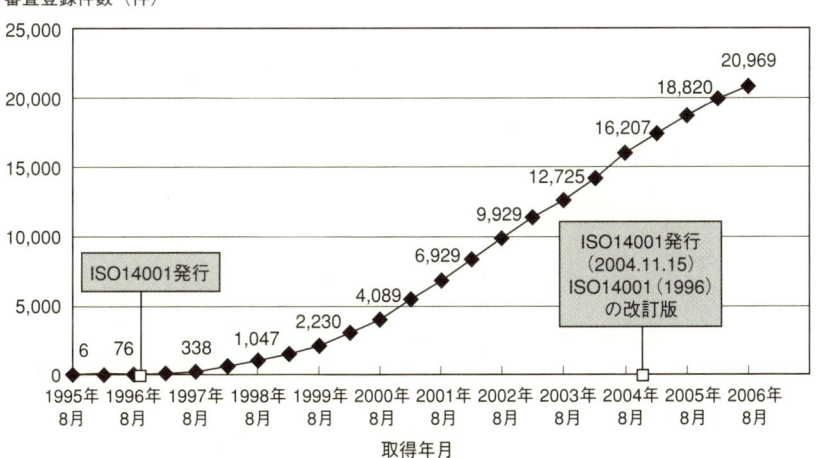

図9.1　ISO14001審査登録件数推移

(2006年9月末現在21,116件)
(財) 日本規格協会（環境管理規格審議委員会事務局）調べ

以上のように，企業の環境活動は近年急速に普及・発展してきており，これは，企業の環境活動が新たな段階へと移行しつつあることの象徴であるといえる。つまり，企業の環境活動が，法規制や利害関係者からのニーズによって対応していた段階から，**社会的責任**を果たすために，高い目標を立て積極的に取り組み，さらには経営活動と環境活動を同軸のものとして捉え，営利追求と環境保全を両立していくような**環境経営**をめざす段階へと移行してきているのである。

(2) 環境情報開示と利害関係者

企業の環境活動が活発化するなかで，こうした環境に関する自らの企業行動を環境情報として利害関係者に情報提供する企業が増加している（表9.2）。その開示実態は，環境報告書を用いて外部利害関係者に環境情報開示を行うものがほとんどである。また，その内容は単なる環境汚染物質の排出量を物量的情報として記載しているだけのものから，環境会計を導入して自らの環境活動の費用と効果を貨幣的情報として記載しているものまでさまざまである。さらに，環境情報開示の対象を内部利害関係者とし，環境情報を経営管理のツールとして活用している企業もある。

企業が自らの環境に関する活動を環境情報として開示する傾向が強まった背景には，企業の環境情報開示に注目する利害関係者の存在があるといえる。つ

表9.2　環境情報公開の状況

【上場企業＋従業員500人以上の非上場企業】(単位：%)				【上場企業】			(単位：%)
	①	②	③		①	②	③
2006年度	51.1	8.2	39.8	2006年度	64.8	6.1	28.6
2005年度	50.3	8.6	40.0	2005年度	63.1	6.1	29.7
2004年度	47.4	8.0	43.6	2004年度	62.1	6.4	30.9
2003年度	39.7	16.5	36.6	2003年度	53.1	15.1	27.9
2002年度	35.9	16.9	39.8	2002年度	48.4	15.2	31.7
2001年度	31.3	15.4	46.9	2001年度	42.5	15.4	37.3

貴組織では，環境やCSRに関するデータ，取組などの情報を公開していますか
①一般に公開している
②特定の取引先，金融機関等一部を対象として情報を公開している
③情報の公開はしていない
出所：環境省『環境にやさしい企業行動調査』2006年度

まり，従来の企業会計の枠組みでの利害関係者は，企業の財政状態や経営成績といった財務情報に関心をもっていたが，企業の環境活動が活発化しつつあるなかで，投資者や消費者といった利害関係者もその意思決定のための情報として，企業の環境活動を視野に入れはじめたのである（図9.2）。

現代の企業の環境活動と利害関係者の関係について，たとえば消費者を例にとって考えてみよう。従来であれば，企業は消費者のニーズにあった製品を開発し，低価格の製品や高品質の製品を提供することで企業の市場での競争力を高めていた。しかしながら，こうした企業と消費者の関係に加えて，新たに企業の環境活動も視野に入れる消費者が現れるようになったのである。これが**グリーンコンシューマー**と呼ばれる消費者である。グリーンコンシューマーは，製品を購入する際に，価格や品質だけでなく，環境に配慮した製品を選んで購入する消費者であり，製品の価格が多少高くても，またその使用の際に多少不便であっても，環境にやさしい製品を購入しようとする。したがって，企業は，自社の製品がいかに環境に配慮した製品であるかという情報を付加しなくてはならなくなってきている。こうした生活全般の行動基準に環境配慮意識をもつ人々は，1980年代に欧米で盛んになったグリーンコンシューマーリズムと呼ばれる消費者運動をきっかけにして生まれ，現在ではその影響力は無視できないほどに増大している。

グリーンコンシューマーは，主に最終消費者である個人などであるが，企業にとっての消費者は，個人などの最終消費者だけでなく，他の企業や政府・自治体も製品の購入者となっている場合も少なくない。こうした企業や政府・地方自治体においても，新たに企業の環境活動に着目する利害関係者が現れ，原材料の調達や製品購入の際に，環境に配慮した製品を選んで購入しようとする**グリーン調達**もしくは**グリーン購入**が行われるようになっている。このようなグリーンコンシューマーやグリーン調達の存在は，企業側からみれば，環境に配慮していることが製品の差別化や市場での競争力を高めることにつながり，グリーンマーケティングが効果的となるといえる。そのため，より一層こうした環境に配慮した企業行動が製品情報に付加されるようになってきている。

企業は，製品の市場での優位性を高めるために，環境活動に積極的にならざるをえないが，消費者以外の利害関係者との関係も忘れてはならない。企業に

とって，特に株式会社であれば，その利害関係者として重要な存在は株主などの投資者であるといえる。この投資者においても，新たに企業の環境活動に着目する利害関係者が現れている。それは**グリーンインベスター**である。グリーンインベスターは，企業への投資行動において，財政状態や経営成績といった財務情報だけを重視するのではなく，企業の環境情報も考慮に入れる投資者であり，こうした投資行動は，企業の社会的・倫理的な側面を考慮に入れる**ソーシャルインベストメント（社会的投資）**の一領域として位置づけられている。

その他にも，現代の企業の環境活動と利害関係者の関係について考えるならば，地域住民についても新たに考え直す必要があるであろう。なぜならば，企業の直面する環境問題が，従来は公害問題のように個別的・地域的な問題であったが，近年は地球温暖化や酸性雨といった地球規模での環境問題に発展しているという現実があるからである。つまり，企業の環境活動は，以前は企業の所在する地域の限定的な環境問題にのみ，その対策が施されていたが，環境問題が地球規模となっている現代では，よりグローバルな視点に立った積極的な姿勢での環境活動が望まれており，そういった意味では，従来の地域住民という視点で利害関係を捉えることは不可能であり，広く「**地球市民**」という視点で利害関係を捉えなくてはならなくなってきているのである。たとえば，企業の排出する環境汚染物質が，地球温暖化や酸性雨といった地球規模での環境汚染に関連するなら，地球温暖化で水没してしまう可能性がある地域や酸性雨の

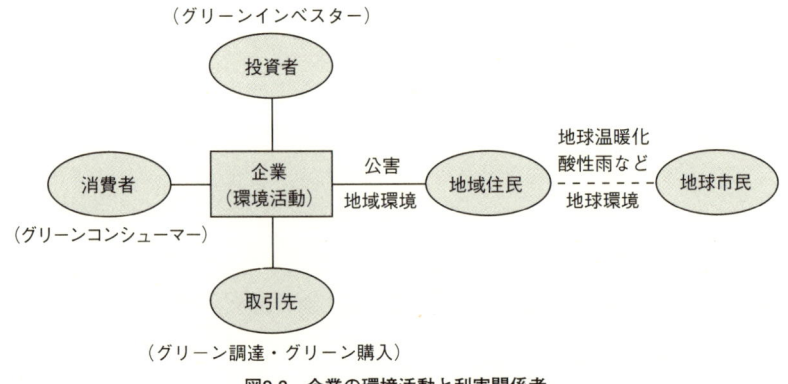

図9.2 企業の環境活動と利害関係者

被害地域の住民は，その企業からは地理的に離れていたとしても，その企業の利害関係者であるといえる。このように，環境問題の地球規模での拡大は，企業の利害関係者により一層の広がりをもたらしているといえる。

2. 環境情報開示と環境報告書

(1) 環境情報の分類と開示媒体・制度

　企業が公表する環境情報は，その種類によって，①企業および事業所情報，②製品・サービス情報，③環境汚染物質情報の3つに分類することができる。これらの環境情報には，開示される媒体や制度として，①は**環境報告書**，②は**環境ラベル**，③は**PRTR**（Pollutant Release and Transfer Register : 環境汚染物質排出・移動登録）があり，さらにそれらの情報利用者として，①はすべての利害関係者，②は顧客・消費者，③は地域住民・地域市民・行政機関がある[2]。

　①の企業および事業所情報は，環境報告書を中心とした環境情報開示であるが，企業および事業所の環境情報が必ずしも製本された環境報告書によって行われているのではなく，企業の規模によっては，パンフレットや小冊子を用いたり，利便性を考え会社のホームページに掲載するなどインターネットにより情報を提供したりしている企業もある。

　②の製品・サービス情報の開示媒体としての環境ラベルは，製品の環境情報を消費者の目にとまりやすいラベルで表示し，環境に配慮した製品のシェアを高めようとするものであり，ドイツで制度として始まり，日本でもエコマークとして導入された。また，現在では，国際標準化機構のISO14020によって環境ラベルの一般原則が定められている。

　③の環境汚染物質情報の開示制度としてのPRTRは，さまざまな排出源から排出または廃棄物に含まれて移動された有害な汚染物質のデータを把握し，集計し，公表するしくみである。日本では1999年に制度化され，対象とされた化学物質を製造したり使用している企業や事業所は，環境中に排出したり廃棄物として移動させた量を把握し，行政機関に年に1回届け出ることが義務づけられており，行政機関はそれらデータと，家庭・農地・自動車などから排出された量を推計し，両者を公表している。この制度によって，排出される化学物

質の排出源や排出量を知ることができるとともに、企業等が排出する化学物質・環境汚染物質による環境リスクを削減することが期待できるのである。

(2) 環境情報開示のガイドライン：国際的発展

環境情報開示に関する国際的なガイドラインとしては、まず法的拘束力がなく自主的に環境報告書の自主基準を定めた次の2つのガイドラインが影響力の上からも代表的であるといえる[3]。それは、米国を中心とした企業で構成され、1989年のバルディーズ号事件[4]をきっかけに結成された「環境に責任を負う経済のための連合（Coalition for Environmentally Responsible Economies：CERES)」が発表した**CERES原則**と、欧米企業が中心となり1992年に結成された「環境報告公開イニシアティブ（Public Environmental Reporting Initiative PERI)」が設定した**PERI原則**である。

CERESは、米国のソーシャル・インベスター、銀行、宗教組織、アナリストなどによって結成されており、このCERESによって10項目からなる環境報告書の作成指針としてのCERES原則が発表された。そして、この原則に従って作成される13項目からなるCERESレポートは、国際的な環境報告書のフォーマットとしてははじめての試みであった。また、CERES原則はCERES署名企業のみが利用でき、かつ遵守を求められる自主基準であり、CERESの参加企業はGM、ポラロイドなどの数社の大企業を除いて、ほとんどが小規模企業である。しかしながら、自主基準ではあるものの、CERESが署名企業に対して、この原則が遵守されていない場合にはその企業を除名するという規定があり、そうした意味では厳格な自主基準であるといえる。

一方、PERI原則はCERES原則に比べればかなり原則として緩やかであり、CERESよりも項目も少ない。それは、PERI自体が発起人企業の緩やかな協力ネットワークであり、PERI原則は加盟金を支払っていない企業であっても利用できるものであり、そういった形式で普及を促進させる目的があったといえる。PERIは環境報告のフレームワークの提供と環境報告実践の奨励を目的として欧米10社の発起人企業[5]によって設立され、1993年に環境報告書のガイドラインであるPERI原則を発表した。その内容は、環境報告書に含まれるべき内容を考える指針を提示したものであり、開示する内容や方法・形式につい

ては企業の判断に委ねている。そうした点では,環境報告書に含むべき内容を詳細に規定したCERES原則とは対照的であるが,もともとCERES原則に対抗して発表されたという背景があるため,こうしたガイドラインとしての厳密さの相違は当然のことかもしれない。

その他の国際的な環境報告書のガイドラインとしては,**GRI（Global Reporting Initiative）**のガイドラインがあげられる。GRIは当初CERESがUNEP（国連環境計画）と連携して,世界の環境報告書に取り組む団体や個人に呼びかけ,全世界で適用可能な持続可能性報告のガイドラインの策定とその普及を使命として組織された。そして,1999年3月には『持続可能性ガイドライン（公開草案）』を発表し,2000年6月には『経済的・環境的・社会的パフォーマンスを報告する持続可能性報告のガイドライン』を発表した。その後,2002年にはこれを改訂して『GRI2002』を発表した。このGRIガイドラインでは,報告される情報に必要とされる主な定性的特性を示しており,それらは,目的適合性,信頼性,明瞭性,比較可能性,適時性,検証可能性である。これらは,従来の財務報告の信頼性を高めるために必要とされる特性だが,それらに,GRIが必要な修正を加えている。また,GRIガイドラインでは,前提とする原則も提示し,環境報告書に記載されるべき内容を詳細に列挙している[6]。

このGRIガイドラインの特徴は,環境面だけでなく社会・経済面を含めた環境報告書作成ガイドライン作りをめざしたことであり,今やグローバルスタンダードとしての地位を確保する可能性が出てきている。すでに,GRIガイドラインは,世界の環境報告書や安全報告書など持続可能性報告に関する議論をしてきたトップレベルの専門家がリードしており[7],実際に,環境特化型の環境報告書からGRIガイドラインに沿った『**サステナビリティ報告書（持続可能性報告書）**』の作成に移行する企業が増加している。

以上で説明してきたCERES原則,PERI原則およびGRIガイドラインは自主基準型のガイドラインとして位置づけられるが,その他にも広くEUで普及している**EMAS（Eco Management Audit Initiative）**が環境マネジメント型のガイドラインとして代表的である。EMASは,ドイツ企業を中心にEU域内での影響力が非常に強く,同様の環境マネジメント型ガイドラインとして位置づけられるISO14000シリーズも厳格な内容となっている。両者とも環境報告書

に含まれるべき項目を列挙しているものの，EMAS は，ISO14001 と異なり，環境報告書の作成を義務づけている。さらに詳細な環境パフォーマンス情報の公開や外部の検証も義務づけるなど，厳格で詳細な内容となっているという特徴がある。

(3) 環境情報開示のガイドライン：日本

　日本での環境情報開示についての議論は，1991 年の経団連による**『経団連地球環境憲章』**の制定によって，環境活動に積極的な企業が自発的に環境報告書を作成し始めたことがその端緒であるといえる。その後，省庁主導によって環境情報開示に関するガイドラインが作成され，まず，1992 年に通産省が**『ボランタリー・プラン』**を公表した。これは通産省が 87 の主要業界団体を通じて産業界に自主的な環境行動計画の作成を要請したものであり，厳密にはガイドラインではないが，その内容は自主行動計画に盛り込むべき項目をモデル・プランとして示しており，これに基づいて自主行動計画が策定されたため，実際にはガイドラインとして機能していたといえる。その一方で，環境庁も 1993 年に**『環境にやさしい企業行動指針』**を公表し，環境報告書の作成・公表に関するガイドラインを策定したが，省庁の縦割り行政の弊害もあって，この 2 つのガイドラインについての調整はみられず，その結果，環境庁の『環境にやさしい企業行動指針』は，通産省の『ボランタリー・プラン』に比べて影響力は発揮できなかった。その後，通産省は 1995 年に主要業界団体を通じてフォローアップの策定を要請したが，これは提出先が通産省であり，広く一般の利害関係者に対して環境情報開示を行うものでなかったので，必ずしも環境情報開示と捉えることができるものではない。しかしながら，モデル・プランとフォローアップをまとめると環境報告書に近いものとなるため，これらの自主行動計画の提出が日本企業での環境情報開示の契機となったといえる。

　この他にも，環境報告書におけるベンチマークの提示によって，ガイドラインの役割を果たすものが発表されている。1996 年の環境監査研究会とバルディーズ研究会の合同プロジェクトによる**『環境報告書のベンチマーク』**は，環境報告書に必要と思われる項目ごとに指標とすべき優良事例を集めてベンチマークとしたものであり，1998 年のグリーンコンシューマー研究会とグリーン

リポーティング・フォーラムの合同プロジェクトも，特に環境パフォーマンスに重点を置いた環境報告書のベンチマークを提示している。

その後，1997年になって，環境省と全国環境保全推進連合会によって『**環境報告書作成ガイドラインーよくわかる環境報告書の作り方**』が公表され，これが日本ではじめての環境情報開示に関するガイドラインとなった。それによれば，環境報告書は①事業概要や連絡先などの基本的項目，②環境方針，目標・目的，組織体制などの環境マネジメントシステムに関わる内容，③環境負荷の低減に向けた取り組みの内容，の3つの項目から構成されるものであるとされ，環境報告書の記載事例も紹介されていた。

この環境情報開示に関するガイドラインは，さらなる環境情報開示の普及をめざして環境省によって改訂され，2001年に『**環境報告書ガイドライン（2000年度版）ー環境報告書作成のための手引き**』として公表された。このガイドラインの終章では，環境情報開示が発展途上であり，環境報告の発展に伴ってガイドラインを改善する必要があると述べられている。そして，2004年には，CERESやGRIを参考にして再度改訂が行われ，『**環境報告書ガイドライン（2003年度版）**』が公表された。その内容は，序章ではガイドライン改訂の趣旨や目的について，第1部では環境報告書の定義や機能，基本的要件について，そして第2部では環境報告書の記載事項について述べられている。この『環境報告書ガイドライン（2003年度版）』の特徴は，内容が環境情報の作成者である企業志向であり，実務手引き的であるということである。ガイドラインという性格上，実務手引き的であるのはやむをえないが，これは多分に，政策として経済発展重視があり，その内容を規制的にして企業活動を阻害しないようにしているという背景があると思われる。環境情報開示が当初の目的どおり普及しつつあるという現状を考えると，今後のこうしたガイドラインは，環境情報の作成者である企業と，環境情報の利用者である利害関係者の情報伝達ツールとしての機能をより一層強化する方向性をもった改訂が必要となってくるであろう。

3. 環境会計

(1) 環境会計のフレームーク

　環境会計は，一般的には環境報告書のなかで公表されていることがほとんどである。環境報告書における環境会計においては，多様な利害関係者に対して企業の環境活動を主に貨幣価値測定によって情報を提供することが期待されている。環境報告書の利用者は，株主や債権者のような特定の利害関係者ではなく，そのために，環境報告書の情報が必ずしも投資意思決定に用いられるとは限らない。さらに，環境報告書については，有価証券報告書のように監査によって，情報の信頼性の保証が付与されているわけでもないので，信頼性よりも情報の目的適合性が重視される。環境報告書の発行が法規制や強制もされておらず，企業の自発的なものであることを考えると，環境報告書の発行が企業の社会的責任のみならず，時には企業イメージのための戦略として用いられているとも考えられ，そうした意味では，環境会計は既存の財務会計とは多少かけはなれたものであるといえる。

　環境会計をその情報利用者との関係によって考えると，環境会計においても企業会計と同様に，その外部情報提供機能を重視した**外部環境会計**と，内部情報提供機能を重視した**内部環境会計**が考えられる。

　外部環境会計は，その情報利用者を企業外部の利害関係者としている点では，財務会計と同じように理解することができるが，外部環境会計においては，そこで扱われる環境情報は**貨幣情報**，**物量情報**，**記述情報**の3つのレベルがあり，貨幣情報のみで構成される財務会計とはその内容が異なる。また，財務会計は財務諸表によって情報開示が行われるが，外部環境会計は現在のところ主に環境報告書によってその開示が行われており，前述したように，開示される情報の信頼性という点で，第三者による保証が監査という形で行われる財務会計と比較してその程度が劣ることになる。しかしながら，財務会計が自らの利益追求のための意思決定情報を求める外部利害関係者をその対象としているのとは違い，外部環境会計は環境報告書によって地域の環境保全や製品の環境に対する影響についての情報を得ようとする地域住民や消費者がその対象に含まれて

いる。したがって，信頼性は劣るとも，目的適合性の観点からいえば，物量情報や記述情報によって詳細に企業の環境活動情報が開示されることが必要であるといえる。

内部環境会計は，企業の経営管理ツールとして用いられる管理会計と同様の機能を有しており，環境管理会計とも呼ばれるものである。内部環境会計をその情報利用者との関係から考えると，その情報利用者は経営者ならびに企業の経営管理担当者であり，この情報利用者の特性によって内部環境会計で扱われる情報の内容が異なることとなる。つまり，経営者が徹底的に営利追求を行い，環境活動は企業利益に対して影響を及ぼす範囲でのみ考慮しようとする場合と，経営者が環境保護と営利追求の両立を図り，自らの企業の負担によって可能な限りでの環境活動を行おうとする場合では，当然，内部環境会計として把握しようとするコストやベネフィットの範囲が異なってくる。

こうして考えると，環境会計はその情報利用者から外部環境会計と内部環境会計に分類されるものの，内部環境会計も企業の環境活動を自らが把握して経営活動に生かそうとするものであり，外部環境会計はこうした活動の結果を広く利害関係者に情報提供しようとするものである。したがって，両者ともその認識・測定の対象は企業の環境活動であり，企業はその環境活動の情報利用者によってその環境活動を選択しているわけではないので，両者は独立したシステムとして存在するのではなく，同じ認識・測定対象を目的適合性に従って情報提供しているだけであり，両者が有機的に統合され，確立したシステムとなることが必要とされる。

(2) 日本の環境会計ガイドライン

1990年代後半になって環境報告書のガイドラインが公表されるのに伴い，環境会計に関するガイドラインについての検討も環境省を中心にして行われた。特に環境会計に関しては，環境省の環境保全コストの把握に関する検討会が1999年に『**環境保全コストの把握及び公表に関するガイドラインー環境会計の確立に向けて（中間取りまとめ）**』を発表し，その後，本格的に環境会計ガイドラインを審議する『環境会計システムの確立に関する検討会』を発足し，2000年に『**環境会計システムの確立に向けて（2000年報告）**』を発表した。こ

の報告書のほとんどは『**環境会計システムの導入のためのガイドライン（2000年版）**』で構成されており，この2000年版ガイドラインが1999年のガイドライン案の正式文書となった。この2000年版ガイドラインによって改訂された点は，①環境会計システムの明確化，②環境保全コスト計算方法の整備，③環境保全対策による効果として環境保全効果と経済効果の導入の3点であった。

このように環境省の主導のもとで環境会計に関するガイドラインが公表され，それまで独自の方法で集計や表示を行ってきた環境会計導入企業に非常に大きな影響を与え，さらに，環境会計を導入する企業も急速に増加してきた。しかしながら，環境情報開示を行っていない企業も数多く存在し，とりわけ環境会計を導入していない企業については，「その意欲はあっても，2000年版ガイドラインでは環境保全コストや効果の定義や範囲がはっきりせず，どのように集計すべきかわからないので導入していない」とアンケートに回答する企業が多かった。そこで，こうした企業に対してより明確に環境保全コストや効果の定義や範囲を示すため，環境省は2002年に『**環境会計ガイドライン改訂検討会報告書**』を公表し，そのなかで『**環境会計ガイドライン（2002年版）**』を発表し，それまでの2000年版ガイドラインの改訂を行った。これは環境会計導入企業数の一層の拡大を意図して行われ，その改訂の要点は，①外部機能の明確化，②環境保全コストの精緻化，③環境保全効果の体系化，④環境保全対策に伴う経済効果の体系化の4点であった。

その後，環境省は2010年度に上場企業の約50％および従業員500人以上の非上場企業の約30％が環境保全活動を実施することを目標とした『**循環型社会形成推進基本計画**』が閣議決定されたことをうけて，さらなるガイドラインの改訂を行い，2005年に『**環境会計ガイドライン（2005年版）**』を公表した。2005年版ガイドラインでは，2002年版公表後の国内外での調査研究の成果，最新の実務動向を反映させることなどにより，環境会計情報の利用者の利便性がさらに向上するように，次の6つの改訂が行われた。

①環境保全コストの性格に応じた分類の提示
②環境保全効果の見直し
③環境保全対策に伴う経済効果の概念の再整理

④環境会計の開示様式の体系化
⑤内部管理表の整理・見直し
⑥その他（連結環境会計の考え方・環境会計数値を用いた分析のための指標）

そして，2005年版では，最後に環境会計の必要性および導入のメリットについて述べており，特に，内部機能である経営管理面および外部機能である外部報告面における環境会計の重要性について強調している。

4. 環境情報開示の現状と課題

(1) 環境情報開示の現状

日本における環境情報開示実態としては，環境省が1991年度から継続して行っているアンケート調査『環境にやさしい企業行動調査』をみることによってその概要を把握できると思われる。

この調査によれば，2006年度は上場企業1,138社，非上場企業1,636社から有効回答を得ており，このなかで環境に関する情報の公開に取り組む企業は年々増加しており，「一般に環境に関する情報の公開をしている」企業の割合は，上場企業で64.8％，非上場企業も含めた全体では51.1％となっている（表9.2）。こうした結果はまさに企業が環境問題に組織的に対応していくことが企業経営に不可欠の要素となっていることを裏づけているといえる。

また，環境情報の公開手段となる環境報告書を作成している企業についてみてみると，その割合は上場企業で73.2％，非上場企業で54.8％であり，全体でも63.8％が環境報告書を作成しているという結果になっている。これは，環境省が環境報告書や環境会計に関するさまざまなガイドラインを公表した結果，急速に日本で環境情報開示が普及したことを表しているといえる。

環境会計については，既にこれを導入している企業は，上場企業で39.8％，非上場企業で22.4％にとどまっているものの，導入を検討している企業は上場企業で15.3％，非上場企業で11.6％となっており，環境会計を導入もしくは検討しているという企業は全体の42.6％となっている。この結果から，環境会計に対する企業の関心の高さがうかがえる。

さらに、こうした環境に関する情報公開の目的については、2006年度調査ではアンケート項目から削除されたため、2005年度をみてみると、上場企業および非上場企業ともに「情報提供等の社会的な責任」と回答した企業の割合が最も多くなっており、次に「利害関係者とのコミュニケーションのため」と回答する企業が多くなっている。これは、環境に関する情報についても、外部利害関係者に情報公開することによって、企業としての責任を明確にしたいという企業の姿勢が表れているといえる。

(2) 今後の課題

企業が提供する環境情報の有用性の観点からみれば、環境情報開示の対象が内部利害関係者の場合には、独自の認識・測定・報告の基準に従って環境情報を開示し経営管理を行うことに特に問題はないと思われる。しかしながら、その開示対象が外部利害関係者の場合には、その比較可能性の観点から環境情報開示において何らかの制度や基準の存在が必要となるが、現状はガイドラインが存在するのみである。企業の環境情報開示はその重要性が増しており、ガイドラインに準拠した形での環境情報開示が進んでいるとはいえ、まだまだその媒体、対象、内容は多様であり、環境情報の比較可能性や目的適合性に多くの問題を発生させている。今後は、欧州にみられるような**環境情報開示についての法制度化**[8]についても、その必要性が検討されるべきであろう。

また、企業によって提供される**環境情報の信頼性**にも問題がある。これは環境会計というシステムだけでなく、環境報告書においても同様であるが、環境情報開示における信頼性の保証の問題である。最近の環境報告書や環境会計において**第三者による保証**が行われ、第三者意見書がつけられている事例がみられる。しかしながら、こうした事例においては、その第三者意見書の様式、内容は多様であり、一定の保証水準は保たれているものの、信頼性が担保されているとは必ずしもいえない。ガイドラインの発表や改訂によって環境情報の目的適合性や比較可能性は高まったと思われるが、今後は情報の信頼性について精緻化された規定が必要とされるであろう。

注
（1）環境省の『環境にやさしい企業行動調査』は，企業の環境に配慮した行動が定着し，環境保全に向けた取組を継続的に把握し，それを普及させていくことを目的として，1991年度から行われているアンケート調査である。調査対象は，東京，大阪および名古屋証券取引所1部および2部上場企業と従業員500人以上の非上場企業および事業所であり，2006年度調査では，6,565社を調査対象とし，2,774社からの有効回答を得ている。
（2）國部克彦・角田季美枝編著『環境情報ディスクロージャーと企業戦略』東洋経済新報社，1999年，pp.2-4。
PRTRは，さまざまな排出源から排出または移動される潜在的に有害な汚染物質の目録・登録簿であり，換言すれば，目的は多様であるが企業等が排出する化学物質・環境汚染物質による環境リスクを削減する制度である。PRTRについては，國部克彦・角田季美枝（1999）に詳しい。
（3）國部克彦（2000）は，環境報告書のガイドラインを参考型，自主基準型，環境マネジメント・監査規格型，法規制型の4つに分類し，このCERES原則，PERI原則の2つを自主基準型であるとしている。
（4）1989年にアラスカ沖で起こったエクソン社のタンカーの座礁事故で，原油流出による大規模な環境汚染が発生した。
（5）欧米の発起人企業は，AMOCO, BP, Dow, DuPont, IBM, Northern Telecom, Phillips Petroleum, Polaroid, Rockwell, United Technologiesの10社であった。
（6）GRIは次のような原則をあげている。
①報告主体の原則：合弁企業や子会社などをどう扱うかなど，報告を行う組織の境界線を明確に定義されていること。
②報告範囲の原則：経済・環境・社会のうちどの範囲をカバーしているか，また，今後カバーする予定の範囲を明確にすること。
③報告期間の原則：報告可能な影響，出来事や活動は，できるだけそれが発生した報告期間において開示されること。
④継続企業（ゴーイング・コンサーン）の原則：報告主体が予測可能な将来にわたって活動を継続するものであること。
⑤保守主義の原則：財務会計における保守主義の原則と同様であるが，特に製品のライフサイクル全体を考えるにあたり，上流・下流の環境対策の成果などを主張する時に，慎重に算定するという例があげられている。
⑥重要性の原則：報告を行う組織やその利害関係者にとって重要なものかどうかということを吟味すること。
（7）GRIの参加メンバーは，UNEPの他，SustainAbility社，イギリス勅許会計士協会，カナダ勅許会計士協会などであり，日本からはグリーンリポーティング・フォーラム，環境監査研究会が参加している。
（8）欧州では，オランダ・ベルギー・スウェーデン・デンマークで環境報告書の作成が義務づけられており，その他にもドイツ・フランス・イギリス・スペインでは年次報告書のなかで環境情報開示が義務づけられている。

参考文献

Global Reporting Initiative, *Sustainability Reporting Guidelines on Economic, Environmental, and Social Performance*, 2000.

環境省「環境にやさしい企業行動調査」(http://www.env.go.jp/)
河野正男『環境会計の構築と国際的展開』森山書店，2006年
河野正男・環境省総合環境政策局環境経済課『環境会計 A-Z』ビオシティ，2005年
國部克彦『環境会計（改定増補版）』新世社，2000年
國部克彦『環境会計の理論と実践』ぎょうせい，2001年
國部克彦・角田季美枝編著『環境情報ディスクロージャーと企業戦略』東洋経済新報社，1999年
KPMGセンチュリー審査登録機構『環境会計』東洋経済新報社，2001年
日本公認会計士協会『企業経営のための環境会計』日経BP社，2000年
岡　正熙・鈴木洋一郎『環境会計入門』税務経理協会，2001年
阪　智香「環境会計の意義とフレームワーク」『會計』，**160** (2)，2001年
阪　智香「環境会計の概要と外部環境会計」『企業会計』，**53** (5)，2001年
柴田英樹・梨岡英理子『進化する環境会計』中央経済社，2006年
山上達人『環境会計の構築』白桃書房，1996年
山上達人『環境会計入門』白桃書房，2000年
山上達人・菊谷正人『環境会計の現状と課題』同文舘，1995年
山上達人・向山敦夫・國部克彦『環境会計の新しい展開』白桃書房，2005年

第X章

期待される企業像

1. 企業評価の変化

　近年，大手食品メーカーの食中毒事件，自動車メーカーのリコール隠し，牛肉などの食品の産地偽装，個人情報の流出，原発の事故隠しやデータの改ざん，粉飾決算，談合といった企業の不祥事が多発している。不祥事を起こしても生き残れる企業もあれば，そのまま消えてしまう企業もある。この違いはどこにあるのだろうか。企業は，その存在を社会が必要としなければ存続することはできない。

　ところで，不祥事を起こした企業に対して消費者はどのような行動をとるのか。「スノーマーク」で知られている雪印乳業（株）が，2000年6月に，工場の品質管理システムの不徹底によって多くの消費者に健康被害をもたらした事件をケースに，不祥事を起こした企業に対する消費者の購買行動の変化をみると，「すべての雪印製品の購入を止めた」(64.2%)，「特定の乳製品だけは購入を止めた」(28.4%)，「以前から購入していないが，今後とも購入しないことに決めた」(3.3%) となっており，不祥事を知って当該企業のすべての製品の購入を止めた者が6割以上を占め，特定商品のみ購入を止めた者まで含めると92.6%，さらに以前から購入していないが不祥事によって今後も購入しないことを強固にした者まで加えると95.9%となり，不祥事を起こすと，ほとんどすべての人がその企業の製品を拒否している[1]。このように，健康被害といった安全性に関するような問題を起こした企業への拒否反応は，とくに強く現れる

と思われるが,少なくとも企業が問題を起こせば,当該企業の製品やサービスの購入を控えるなどの行動を示し,消費者や社会が企業に対して厳しい目を向けるようになってきた。

　こういった企業の不祥事の多発によって,法令遵守(コンプライアンス)とともに「企業の社会的責任(CSR:Corporate Social Responsibility)」に対する社会の関心が急速に高まってきている。「企業の社会的責任」については,次節で詳しく説明するが,消費者や社会の企業に対する見方,つまり企業評価の基準が企業活動による経済的側面(顧客満足を満たす製品やサービスの提供,そこから得られる利益の株主への配当等)のみならず,企業活動全体が社会や地球環境に及ぼす影響といったものをも含めて総合的になってきている。たとえば,地球環境問題がクローズアップされた1990年ごろから「グリーン・コンシューマー」という考え方がイギリスをはじめとして欧州やアメリカに広まり,日本にも導入された。グリーン・コンシューマーは,日々の買い物において環境配慮型の製品やサービスを積極的に購入して,市場を環境志向に変えていこうとするだけでなく,環境志向の企業を積極的に支援しようとしている。つまり投資をするのであれば,環境問題に熱心に取り組んでいる企業へより多く投資しようとするのである。このように企業に対する評価が,経済的側面だけでなく,企業に対する信頼性や環境対応といった側面をより重視するように変化してきている。

2. 企業の社会的責任について

　日本においては,「企業の社会的責任(CSR)」について,「企業は社会の一員として社会的責任を果たすべき」という考え方は,公害問題が起こった1970年代からすでに議論されていた。しかし,このCSRが2003年ごろから新聞紙上で広く使われるようになり,2003年を「CSR元年」と呼んでいる。

　1974年に出版された『企業の社会責任ハンドブック』によれば,「企業の社会責任とは,企業が社会的に負っている,あるいは負うべき機能を,責任を持って全うすること」であるとして,3つの要素をあげている。この3つの要素は,第1に,「社会に迷惑をかけないこと」,第2は,「企業の本来の機能を全う

すること」,第3は,「社会的な諸問題の解決に参加,協力するなど,広く社会環境の改善,向上に積極的に貢献すること」である。「社会に迷惑をかけないこと」とは,法令遵守（コンプライアンス）のことであり,「企業の本来の機能を全うすること」は,企業が収益をあげ税金を納めることである。第3の企業本来の機能を超えて「広く社会環境の改善,向上に積極的に貢献すること」は,地域貢献や環境貢献といった広い意味での社会貢献を指すものである[2]。日本では,1990年代には企業の社会貢献活動（フィランソロピー）も活発に行われたが,2003年に改めてCSR元年と称されるようになった。なぜ改めてCSRへの関心が高まったのであろうか。それは,ステイクホルダー（利害関係者）からの要請の高まり,日本の国内外で進むCSRに関する規格やガイドラインの策定,欧米で存在感を増す社会的責任投資（SRI : Socially Responsible Investing）,増加するメディア報道といった社会環境の変化により,企業がCSRに取り組まなければならないという意識が必然的に高められたからである[3]。

では,新しい時代のCSRの定義についてみてみる。CSRの定義はさまざまな試みがなされているが,本稿では2つの定義を紹介する。

ひとつは,「企業活動のプロセスに社会的公正性や環境への配慮を組み込み,ステイクホルダー（株主,従業員,顧客,環境,コミュニティなど）に対しアカウンタビリティを果たしていくこと。その結果,経済的・社会的・環境的パフォーマンスの向上をめざすこと[4]」。

もうひとつは,「企業の社会的責任とは,企業が社会の求める経済的・法的・倫理的・社会貢献的な期待に自発的に対応して,ステイクホルダーとコミュニケーションをとりながら,企業活動と相互に影響関係にある経済・社会・環境などの分野に配慮した責任ある行動をとることで持続可能な社会の実現に貢献することである[5]」。

また,欧州委員会は「企業が,自発的にステイクホルダーと関わり合うなかで,社会的,環境的関心事項を経営戦略,経営活動の中核に取り組むことである」と定義している。

このほかにも多くの定義が行われているが,これらの定義に共通する要素は,「経済・社会・環境」と「ステイクホルダー」である[6]。

(1) トリプルボトムライン：経済・社会・環境

これは，1994年にジョン・エルキントンが提案した造語である。「ボトムライン（bottom line）」とは，決算書の最終行のことを指すことから，収益・損失の最終結果を意味する言葉として使用されている。企業は，従来は利益追求の主体であるとの見方から売上高，利益，マーケットシェア，株価といった経済的な観点から評価されてきた。しかし，現在では企業活動が環境や社会に与える影響が無視できないほどになり，企業活動を経済的観点から評価するだけでは十分でないといった認識が広まり，従来からの「経済性」とそれに加えて「環境性」「社会性」という3つ（トリプル）のボトムラインを加える必要があるという考え方である（図10.1）。

(2) ステイクホルダー（stakeholder）

「ステイクホルダー」とは利害関係者と訳されることが多いが，「企業（組織）との間で相互に影響し合う，あるいは相互依存の関係にある集団や諸個人[7]」と定義される。企業を取り巻くステイクホルダーとしては，従業員，株主，消費者，取引先，地域社会，債権者，規制当局，評価機関，自然環境等があげられるが，表10.1に示すような分類もある。

企業にとっては，それぞれのステイクホルダーから信頼を獲得することがCSRの目的であるといえる。信頼を獲得するためには，ステイクホルダーの声に耳を傾け，コミュニケーションを図り，説明責任（アカウンタビリティ）を

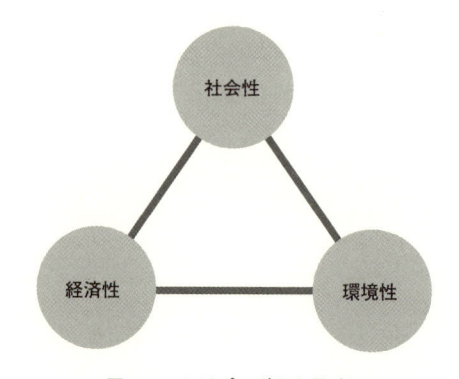

図10.1　トリプルボトムライン

表10.1　ステイクホルダーの分類

一次的・社会的ステイクホルダー	二次的・社会的ステイクホルダー
・出資者・投資家 ・従業員と経営者 ・顧客 ・ローカル・コミュニティ ・サプライヤー・その他のビジネスパートナー	・政府・規制機関 ・市民的機関（social institution） ・社会的圧力集団 ・メディアや学術評論家 ・業界団体（trade bodies） ・同業他社（competitors）
一次的・非社会的ステイクホルダー	二次的・非社会的ステイクホルダー
・自然環境 ・次世代（future generation） ・人間以外の種（nonhuman species）	・環境保全団体 ・動物保護団体

出所：原田勝広・塚本一郎編著『ボーダレス化するCSR 企業とNPOの境界を超えて』同文舘出版，2006年，p.7

果たしていかねばならない。

　ここで，1970年代から議論されたCSRと今日いわれているCSRとは，その考え方は大きく変わるものではないが，今日ではCSRを企業の持続的発展に欠かすことのできない重要課題であると認識し，企業の価値を高めるためにCSRを戦略的に捉える点が異なっているといえる（図10.2）。

3. コーポレート・レピュテーション・マネジメント

　2000年以降，わが国において企業価値を高めるためのレピュテーション・マネジメントへの関心が高まっている。「レピュテーション（reputation）」は「評判」と訳されるが「総合評価」としたほうがより適切であるとの意見もある。したがって，コーポレート・レピュテーションは，ある企業に対する社会の評価の総合であり，その企業の財務力，提供する製品やサービスの評価，株価市場における評価，ブランド評価，組織運営に対する評価など，社会によって共有されている個々の企業についての漠然とした総合的な評価をさすものである[8]。わが国でコーポレート・レピュテーションに関心が高まってきた理由として，第1にコーポレート・レピュテーションを高めることによって企業の

216　Ⅹ　期待される企業像

財務業績が高まることが明らかになってきたこと，第2に企業は社会的責任に関連した行動によってコーポレート・レピュテーションを高める必要性に迫られてきたこと，第3にメディアが企業情報（特に反社会的行動に関して）をただちに情報伝達して市民に大きな影響を与えるようになってきたことがあげられる[9]。

コーポレート・レピュテーションを高めることは容易なことではない。しかし，レピュテーションを高めることがその企業の持続性につながると考えられるために，レピュテーション・マネジメントを行うことが必要となってくる。図10.3は，そのコーポレート・レピュテーション・マネジメントの展開を示している[10]。第1に，すべての企業行動の出発点であるコーポレート・アイデンティティ[11]を明確にする。これは経営理念や企業姿勢をはっきりと打ち出し，

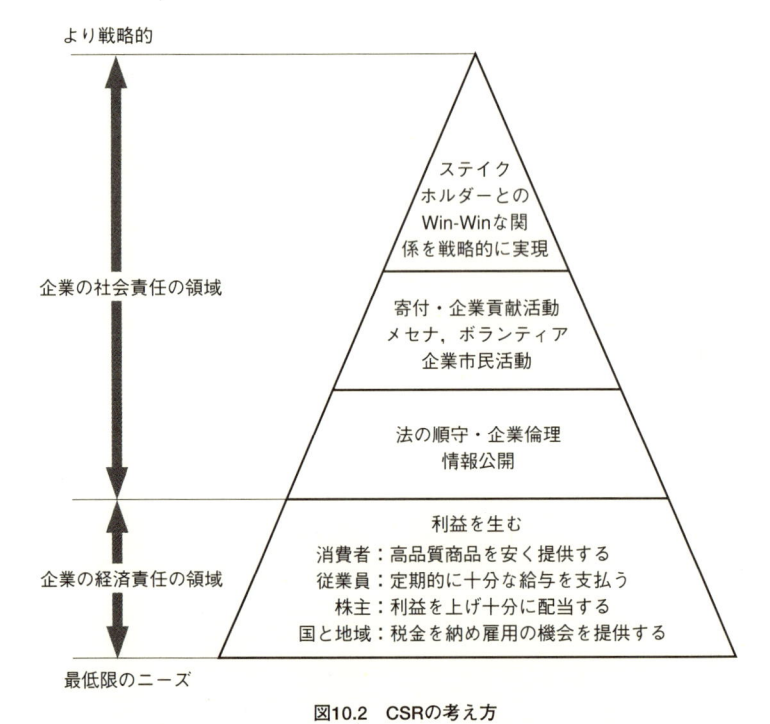

図10.2　CSRの考え方
出所：斎藤　槙『企業評価の新しいモノサシ』生産性出版，2000年，p.50

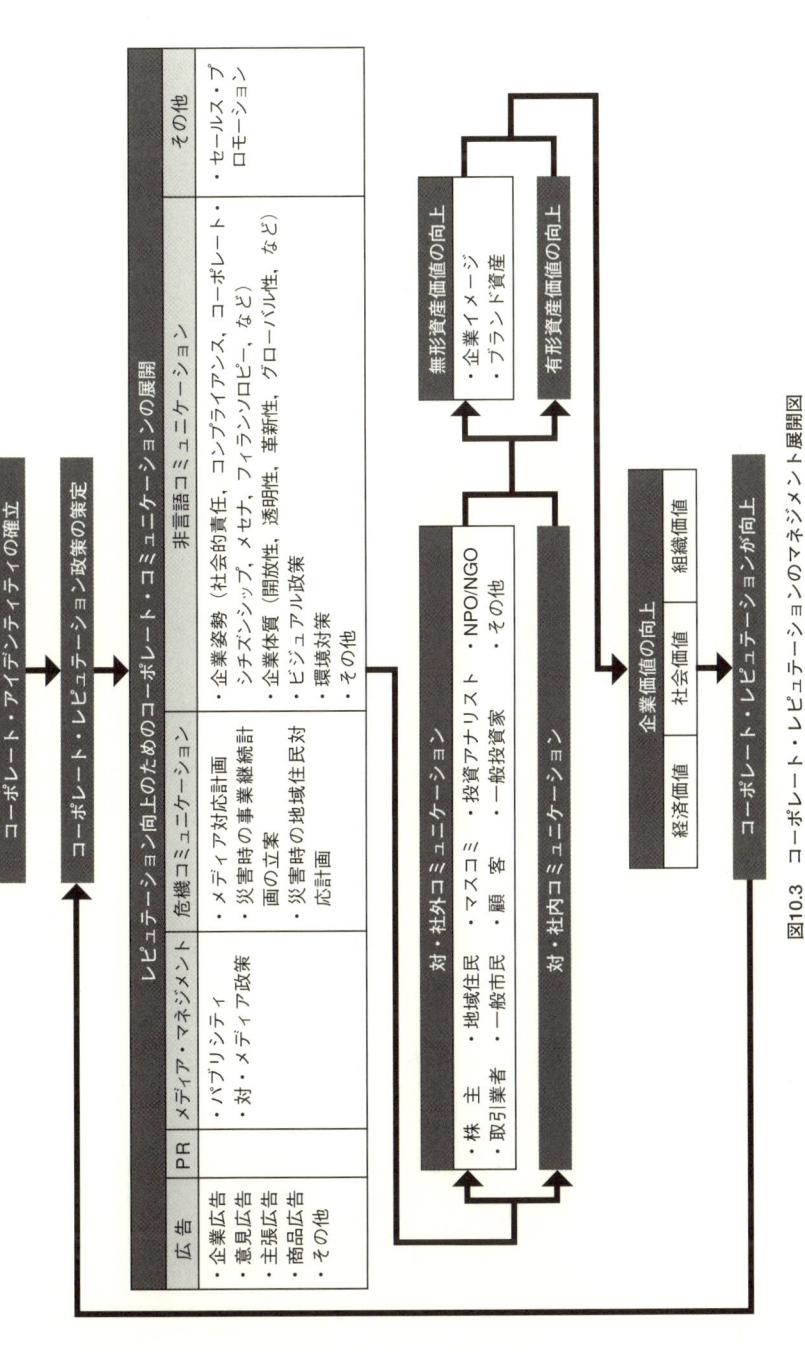

3. コーポレート・レピュテーション・マネジメント

		レピュテーション向上のためのコーポレート・コミュニケーションの展開			
広告	PR	メディア・マネジメント	危機コミュニケーション	非言語コミュニケーション	その他
・企業広告 ・意見広告 ・主張広告 ・商品広告 ・その他		・パブリシティ ・対・メディア政策	・メディア対応計画 ・災害時の事業継続計画の立案 ・災害時の地域住民対応計画	・企業姿勢（社会的責任、コンプライアンス、コーポレート・シチズンシップ、メセナ、フィランソロピー、など） ・企業体質（開放性、透明性、革新性、グローバル性、など） ・ビジュアル政策 ・環境対策 ・その他	・セールス・プロモーション

コーポレート・アイデンティティの確立
↓
コーポレート・レピュテーション政策の策定

対・社外コミュニケーション
・株主　・地域住民　・投資アナリスト　・NPO/NGO
・取引業者　・マスコミ　・顧客　・一般投資家　・その他

対・社内コミュニケーション

企業価値の向上
| 経済価値 | 社会価値 | 組織価値 |

無形資産価値の向上
・企業イメージ
・ブランド資産

有形資産価値の向上

コーポレート・レピュテーションが向上

図10.3 コーポレート・レピュテーションのマネジメント展開図

出所：大脇錠一他「コーポレート・レピュテーションに関する予備的考察」『愛知学院大学流通科学研究所所報　流通研究』第12号、愛知学院大学流通科学研究所、2006年3月、p.8。

それに付随してデザイン統一のためのビジュアル・アイデンティティを決定することである。次に、このコーポレート・アイデンティティをいろいろな階層のステイクホルダーに周知徹底させるためのコーポレート・レピュテーション政策を立案する。コミュニケーション効率を上げるために、ステイクホルダーの階層ごとに「話題づくり」の手法をとるなど、どのようなコーポレート・レピュテーション向上のための企業行動が、どれだけの成果をあげるかがポイントとなる。コーポレート・レピュテーション政策が確定すれば、それをいろいろなステイクホルダーに対してきめ細かく周知させていくためのコーポレート・コミュニケーション活動が展開される。具体的には広告、パブリック・リレーションズ (PR)、メディア・マネジメント、危機コミュニケーションなどの言語コミュニケーション、その他の非言語コミュニケーションなどである。とくに広告とPRがコーポレート・レピュテーションの向上に果たす役割が大きい。また使用するメディアの点からは、従来からのマスメディアとインターネットとの連動を検討する必要もある。ステイクホルダーの階層は社内と社外に二分され、対社内コミュニケーションは直接の言語コミュニケーションや社内報により行われるが、社員一人ひとりが社外への発信者であることを常に念頭において活動することが必要である。各階層から構成されるステイクホルダーそれぞれに対して、きめ細かなコミュニケーション活動をすることが、コーポレート・レピュテーション対策にとって必須の活動といえる。

このような活動の流れにより、コーポレート・レピュテーション・マネジメントが展開されると、その結果、無形の資産価値が高まり、ひいては財務などの有形資産価値も高まる。すなわち、企業の経済価値・社会価値・組織価値のすべてが高まり、それは企業価値そのものの価値向上となり、最終的にはコーポレート・レピュテーションが高まることになる。

4. 期待される企業像

企業の存続は、その企業が社会にとって有用であるかどうかで決まるといってよい。不祥事や不正の発覚によって、その不祥事や不正を行った企業は信頼度が下がり、その企業のレピュテーションは確実に低下する。このレピュテー

ションの低下は，その企業の社会での有用性に大きな影響を及ぼすことになる。近年の企業の不祥事や不正の多発は，社会の企業をみる眼を年々厳しくしているといえる。

　企業としては，レピュテーションの低下につながるような事態を起こさないようにすることが基本であるが，それとともに企業をとりまくステイクホルダーとの良好な関係を維持することが重要であり，そのためにはコーポレート・レピュテーション・マネジメントにおいて各ステイクホルダーとのコミュニケーションを十分に行うことが求められている。

　コーポレート・レピュテーションの向上とCSRは密接な関係がある。企業がCSRに熱心に取り組む必要に迫られているのは，企業を取り巻くステイクホルダーの価値観が変化し，より社会と調和した新しい企業活動を求め始めているからである。

　たとえば消費者については，日本の消費者は「もの言わぬ消費者」であるといわれてきたが，近年消費者からの苦情や相談件数が急増し，泣き寝入りをせず問題解決を図ろうとする意識が強くなってきている。また，消費者の購買選好においても製品やサービスをみる消費者の眼が厳しくなり，環境への配慮や社会的責任を果たしていない製品やサービスの購入を拒否する行動がでてきた。前述のグリーン・コンシューマーは，環境に配慮した製品・サービスを優先的に選択し，価格が高くても品質の良い製品を選択する傾向がある。このグリーン・コンシューマーの出現によって，企業も環境配慮型の製品やサービスを提供し，環境対応に力を入れざるを得なくなる。また消費者は不祥事を起こした企業の製品をボイコットすることもある。

　株主については，社会的責任投資（SRI）への関心が急速に高まっている。SRIは，企業の環境保全や地域社会への貢献，従業員待遇などといった社会的観点から企業を評価し，投資するもので，株主としての権利を行使する過程で企業の社会性に対する対応を迫ったり，影響度を高めることにより社会との調和のとれた経営を要請する。

　また，取引先については，企業間取引や行政委託において社会的要件を満たしていることを取引要件のひとつとして考慮する企業や自治体が出始めている[12]。たとえば，ある衛生機器メーカーは取引先にISO14001の認証取得を

要件としている。

　このように，企業を取り巻くステイクホルダーの価値観が，企業の経済性だけでなく社会性をより求めるようになり，企業活動を行う上で，直接・間接を問わず，ステイクホルダーの各階層に対して義務を果たし，それをきちんと説明する責任（アカウンタビリティ）がある。21世紀においては，企業市民として，また地球市民として，倫理に則した社会的役割がきちんと果たせる企業が評価され，その存在が認められるといえる。

注
（1）大脇錠一・大森　明・脇田弘久・城田吉孝・伊藤万知子・新井　亨「不祥事を起こした企業に対する消費者の銘柄選択行動に関する調査研究」『愛知学院大学流通科学研究所所報 流通研究』第10号，愛知学院大学流通科学研究所，2004年3月，p.32。
（2）梅田　徹「CSRをどう理解すべきか」『消費者情報』No.368，（財）関西消費者協会，2006年1月，p.2。
（3）伊吹英子『CSR経営戦略』東洋経済新報社，2005年，pp.10-11。
（4）谷本寛治編著『CSR経営　企業の社会的責任とステイクホルダー』中央経済社，2004年，p.5。
（5）原田勝広・塚本一郎編著『ボーダレス化する—CSR企業とNPOの境界を超えて—』同文舘出版，2006年，p.15。
（6）梅田　徹，前掲稿，pp.2-4。
（7）原田勝広・塚本一郎編著，前掲書，p.6。
（8）梅田　徹，前掲稿，p.4。
（9）Hannington, T., *How to Measure and Manage Your Corporate Reputation*, Gower, 2004. 櫻井通晴・伊藤和憲・大柳康司監訳『コーポレート・レピュテーション—測定と管理』ダイヤモンド社，2005年，pp.2-3。
（10）大脇錠一・大森　明・脇田弘久・伊藤万知子・新井　亨「コーポレート・レピュテーションに関する予備的考察」『愛知学院大学流通科学研究所所報 流通研究』第12号，愛知学院大学流通科学研究所，2006年3月，pp.7-11。
（11）コーポレート・アイデンティティとは，理念，目標，行動，表現などを社内外で共有化することで企業の個性化を図っていく経営戦略を言う。新しい理念づくりと，それに基づく社内外コミュニケーション活動の再構成により，企業イメージの向上や社内の活動化などを推進する経営手法の一つである。電通広告用語事典プロジェクトチーム『新広告用語事典』電通，1998年，p.83。
（12）伊吹英子，前掲書，p.17。

参考文献
足達英一郎・金井　司『CSR経営とSRI—企業の社会的責任とその評価軸』（社）金融財

政事情研究会，2004 年
Fombrun, C. J., & Riel, C. B. M. van, *Fame and Fortune : How Successful Companies Build Winning Reputations*, Financial Times Prentice Hall, 2004. 花堂靖仁監訳『コーポレート・レピュテーション』東洋経済新報社，2005 年
Hannington, T., *How to Measure and Manage Your Corporate Reputation*, Gower, 2004.櫻井通晴・伊藤和憲・大柳康司監訳『コーポレート・レピュテーション―測定と管理』ダイヤモンド社，2005 年
原田勝広・塚本一郎編著『ボーダレス化する―CSR 企業と NPO の境界を超えて―』同文舘出版，2006 年
Henriques, A., & Richardson, J.(Eds.), *The Triple Bottom Line : Does it All Add Up ?*, Earthscan, 2004. 大江　宏・小山　良訳『トリプルボトムライン―3 つの決算は統合できるか？―』創成社，2007 年
伊吹英子『CSR 経営戦略』東洋経済新報社，2005 年
大脇錠一・大森　明・脇田弘久・伊藤万知子・新井　亨「コーポレート・レピュテーションに関する予備的考察」『愛知学院大学流通科学研究所所報 流通研究』第 12 号，愛知学院大学流通科学研究所，2006 年 3 月
大脇錠一・大森　明・脇田弘久・城田吉孝・伊藤万知子・新井　亨「不祥事を起こした企業に対する消費者の銘柄選択行動に関する調査研究」『愛知学院大学流通科学研究所所報 流通研究』第 10 号，愛知学院大学流通科学研究所，2004 年 3 月
斎藤　槙『企業評価の新しいモノサシ』生産性出版，2000 年
高　巌・日経 CSR プロジェクト編『CSR　企業価値をどう高めるか』日本経済新聞社，2004 年
谷本寛治編著『CSR 経営　企業の社会的責任とステイクホルダー』中央経済社，2004 年
谷本通晴『コーポレート・レピュテーション―「会社の評判」をマネジメントする』中央経済社，2005 年
梅田　徹「CSR をどう理解すべきか」『消費者情報』No.368，（財）関西消費者協会，2006 年 1 月

人名索引

A
Armstrong, G.　　*85, 97, 129, 135*
青井倫一　　*85, 97*
Abegglen, J. C.,　　*53, 71*
Almeida, P.　　*111, 122*
Andrews, K. R.　　*77, 96*
Ansoff, H. I.　　*74, 77, 80, 96*
新井　亨　　*220*

B
Ball, D.　　*121*
Barnard, C. I.　　*27, 33, 46*
Bartlett, C.　　*121*
裴　俊淵　　*168*
Burns, T.　　*48*

C
Canon, J. T.　　*96*
Chandler, A. D. Jr.　　*74, 96*

D
Dore, R.　　*24*
Drucker, P. F.　　*131*
Dunning, J. H.　　*110, 111, 122*

E
海老原　清　　*176, 190*
Elkington, J.　　*214*
江夏健一　　*105, 107, 121*

F
Fayerweather, J.　　*104, 121*
Fayol, H.　　*28, 46*
Fleisher, C. S.　　*97*

Follett, M. P.　　*34*
Freeman, E.　　*3*
藤芳誠一　　*137*
福沢諭吉　　*176, 190*

G
Ghoshal, S.　　*121*
Grant, R. M.　　*122*

H
Hannington, T.　　*221*
原田勝広　　*215, 221*
服部照夫　　*93, 97*
Heenan, D. A.　　*104, 105, 107*
Helsen, K.　　*122*
平松一夫　　*190*
広瀬義州　　*190*
広田寿亮　　*80, 96*
Hofer, C. W.　　*77, 96*
堀出一郎　　*121, 122*

I
伊藤和憲　　*220*
伊吹英子　　*220*
飯野春樹　　*46*
石井淳蔵　　*96, 132*
伊丹敬之　　*96*
伊藤万知子　　*220*

K
釜賀雅史　　*31, 71*
加藤勇夫　　*121, 122, 128*
小松　章　　*6, 22*
Koontz, H.　　*33*

223

Kotler, P.　　85, 97, 129, 130, 135
河野豊弘　　89
熊田喜三男　　122
國部克彦　　190, 209
栗木　契　　132

L
Lawrence, P. R.　　48
Lilienthal, D. E.　　121
Lorsch, J. W.　　48

M
McCarthy, E. J.　　134
McCulloch, W.　　121
Morgenstern, O.　　96
森本三男　　46
村松司叙　　78, 96

N
長岡　正　　122
中田信正　　191
中辻萬治　　92, 93, 97
根本　孝　　103
野中郁次郎　　96

O
小田部正明　　122
奥村昭博　　96
奥村　宏　　97
奥村皓一　　105, 107, 121
大前研一　　91
大森　明　　220
恩蔵直人　　130
Ouchi, W. G.　　60, 71
大脇錠一　　220
大柳康司　　220
尾碕　眞　　121

P
Pacioli, L.　　176

Perlmutter, H. V.　　104, 105, 107, 121
Porter, M. E.　　92, 93, 97
Root, F. R.　　122

S
斎藤　槙　　216
榊原清則　　96
坂下昭宣　　45
櫻井通晴　　220
Schendel, D.　　77, 96
Shand, A. A.　　190
島田達巳　　166
嶋口充輝　　132
城田吉孝　　220
Simon, H.　　28, 46
Smith, A.　　2
Song, J.　　111, 122
Stalker, G. M.　　48
菅澤喜男　　97

T
高原康彦　　166
高宮　晋　　48
寳多國弘　　121
竹田志郎　　122
竹内　裕　　55
谷本寛治　　220
田杉　競　　46
田内幸一　　121, 122
Taylor, F. W.　　35, 47
土岐　坤　　92, 93, 97
徳永　豊　　87, 97
徳山二郎　　60
土谷守章　　76
塚本一郎　　215, 220
角田季美枝　　209
霍見芳浩　　122

U
梅田　徹　　220

梅浦精一　*176, 190*
占部都美　*47, 71*

V
Vernon, R.　*108, 109, 122*
von Neumann, J.　*96*

W
和田充夫　*85, 97, 135*
脇田弘久　*220*

Wells, L. T. Jr.　*108, 122*
White, M.　*47*
Woodward, J.　*48*

Y
山本安次郎　*46*
山城　章　*46*
余田拓郎　*132*
吉原英樹　*98, 121*

事項索引

あ
ウィルス　*161*
ウェブ　*150*
　——2.0　*160*
上澄み吸収価格政策　*138*

か
会計
　——原則　*180*
　——公準　*180*
　——参与　*21*
　——責任　*171*
　——手続　*180*
会社法
　——会計　*170*
　——監査　*185*
外部環境会計　*204*
価格政策：Price　*137*
課業　*28*
確定決算主義　*189*
家計　*169*
課税所得　*188*
合併と企業買収　*84*
株式譲渡制限会社　*20*

貨幣的測定の公準　*181*
環境会計
　——ガイドライン（2002年版）　*206*
　——ガイドライン（2005年版）　*206*
　——システムの確立に向けて（2000年報告）　*205*
　——システムの導入のためのガイドライン（2000年版）　*206*
環境経営　*196*
環境にやさしい企業行動指針　*202*
環境にやさしい企業行動調査　*193*
環境報告書　*199*
　——ガイドライン（2000年度版）―環境報告書作成のための手引き　*203*
　——ガイドライン（2003年度版）　*203*
　——作成ガイドライン―よくわかる環境報告書の作り方　*203*
　——のベンチマーク　*202*
環境ラベル　*199*
監査　*185*
カンバン方式　*59*
管理会計　*169*
管理組織　*32*

機関投資家　*16*
企業
　——会計　*169*
　——実体の公準　*180*
　——主体理論　*179*
　——体理論　*179*
　——内教育　*53*
　——内組合　*57*
　——内福祉　*56*
　——の社会的責任（CSR）　*212*
　——買収　*120*
　行政——　*10*
競争重視型　*137*
金融商品取引法会計　*170*
金融商品取引法監査　*185*
グリーン
　——インベスター　*198*
　——購入　*197*
　——コンシューマー　*197*
　——調達　*197*
グローバル化　*102*
軍隊組織　*35*
経営資源　*3*
経験曲線　*85*
継続企業の公準　*180*
経団連地球環境憲章　*202*
研究開発　*83*
権限
　——受容説　*33*
　——職能説　*33*
　——法定説　*33*
検索エンジン　*159*
現地志向　*105*
現場主義　*59*
公開会社　*20*
公会計　*169*
公共法人　*10*
広告　*140*
合弁事業　*119*
コーポレート・アイデンティティ　*216*

コーポレート・レピュテーション・マネジメント　*215*
国際化　*102*
国際プロダクト・ライフサイクル　*108*
国内志向　*105*
コングロマリット（集成）的多角化　*82*
コンティンジェンシー理論　*46*

さ

在宅勤務　*70*
サイト　*159*
財務会計　*169*
財務諸表　*176*
サステナビリティ報告書（持続可能性報告書）　*201*
サテライト・オフィス　*70*
産業別組合　*57*
自営企業　*121*
事業部制組織　*39*
自己資本　*12*
自己集団準拠枠基準　*114*
市場浸透価格政策　*138*
執行役員制　*18*
シナジー　*82*
資本主理論　*179*
資本の証券化　*9*
社会的責任　*196*
　——投資（SRI）　*219*
社団法人　*6*
終身雇用　*53*
集団主義　*52*
集中（同心円）的多角化　*82*
受託責任　*171*
需要重視型　*137*
昇格　*68*
上場　*14*
昇進　*68*
商的流通　*139*
情報セキュリティ　*162*
情報流通　*139*

常務会　17
職位　28
職業別組合　57
職能　30
　——給　55
　——資格制度　67
　——の垂直的分化　32
　——の水平的分化　30
　——部門　31
　——別部門組織　37
職務　28
　——給　55
ジョブ・ローテーション　53
所有と経営の分離　9
（新）会社法　20
申告調整　190
人事考課　68
人的会社　7
人的資源管理　51
人的販売　141
垂直的多角化　82
水平的多角化　81
スタッフ部門　31
ステイクホルダー（利害関係者）　3, 214
スピンアウト　83
成果主義　68
生産志向　127
生成発展過程　27
製造委託契約　118
制度会計　169
製品差別化　135
製品－市場マトリックス　79
製品政策：Product　134
税務会計　170
世界・地球志向　105
セグメンテーション　131
折衷理論（OLIパラダイム）　110
戦術　73
戦略　73
　——同盟　120

競争——　94
コスト・リーダーシップ——　93
差別化——　94
事業——　76
市場開発（開拓）——　80
市場浸透——　80
集中——　94
職能（機能）——　77
製品開発——　80
全社（全体）——　75
多角化——　80
属人給　55
組織の発展過程　28
損益計算書　176

た
ターゲティング　131
第3セクター　12
大会社　16
貸借対照表　176
代理人理論　179
多国籍企業（MNC）　99
他人資本　12
多能工化　53
地域志向　105
地域別部門組織　37
地球市民　198
チャネル　139
中小会社　16
直接投資　119
定款　7
独立行政法人　10
ドメイン　75
トライアングル体制　175
取締役
　社外——　18
　社内——　17
　代表——　16
トリプルボトムライン　214

な

内部環境会計　204
内部監査　186
日本的経営　52
ネットビジネス　159
年功的処遇　55
能力主義　67

は

パブリシティ　141
販売志向　127
1株1票決議の原則　16
費用（コスト）重視型　137
ファンクショナル組織　35
フォレンジックシステム（Forensic System）　164
福利厚生
　　法定外――　57
　　法的――　57
不正アクセス　162
物的会社　9
物的流通　139
フランチャイズ契約　118
フレックス・タイム制　70
ブログ　160
プロジェクト組織　39, 41
プロダクト
　　――・ポートフォリオ・マネジメント　88
　　――・マネジャー制組織　44
　　――・ライフサイクル（Product Life Cycle：PLC）　86, 136
プロモーション：Promotion　140
　　セールス――　141
法人格　5
法令遵守（コンプライアンス）　212
簿記
　　単式――　175
　　複式――　175
保険事業　10

ポジショニング　131
ボランタリー・プラン　202

ま

マーケット
　　――・チャレンジャー　95
　　――・ニッチャー　95
　　――・リーダー　95
マーケティング
　　――・コンセプト　127
　　――志向　127
　　――の社会的志向　127
　　――・ミックス　134
マトリックス組織　39, 42
マネジメント契約　118
無額面株式　13
無限責任　6
持分　7
　　――会社　9

や

有限責任事業組合　9
有限責任社員　8
郵政事業　11
4P　134

ら

ライセンサー　117
ライセンシー　117
ライセンス契約　117
ライン
　　――・アンド・スタッフ組織　36
　　――組織　34
　　――部門　30
流通政策：Place　139
稟議制度　58
ルカ・パチョーリ（Lucas Pacioli）　176
レピュテーション（reputation）　215
連結財務諸表　183
ログ　165

ロングテール　*158*

英字

CAD（Computer Aided Design）　*153*
CERES 原則　*200*
CGM（Consumer Generated Media）　*160*
CIM（Computer Integrated Manufacturing）　*153*
DSS（Decision Support System）　*148*
EAI（Enterprise Application Integration）　*147*
EC（Electronic Commerce）　*158*
ECR（Efficient Consumer Response）　*157*
EDI（Electronic Data Interchange）　*156*
EMAS　*201*
EOS（Electronic Ordering System）　*156*
「EPRG」プロファイル　*105*
ERP（Enterprise Resource Planning）　*153*
GRI　*201*
ISO14000 シリーズ　*194*
ISO14001　*195*
JIT　*59*

KFS　*78*
MES（Manufacturing Execution System）　*153*
MIS（Management Information System）　*148*
MRP（Material Requirement Planning）　*152*
MRP Ⅱ（Manufacturing Resource Planning）　*153*
PERI 原則　*200*
POP（Point of Production）　*152*
POS システム（Point of Sales System）　*155*
PPM　*84*
PRTR　*199*
QC　*59*
QR（Quick Response）　*157*
SBU　*40*
SCM（Supply Chain Management）　*157*
SIS（Strategic Information System）　*149*
SNS（Social Networking Service）　*160*
SOX 法　*165*

著者一覧（五十音順，＊は編者）
磯貝　明（いそがい・あける）
人間環境大学人間環境学部教授
担当：第Ⅷ章・第Ⅸ章

伊藤万知子（いとう・まちこ）
愛知産業大学経営学部教授
担当：第Ⅵ章・第Ⅹ章

岡本　純（おかもと・じゅん）＊
名古屋外国語大学現代国際学部教授
担当：第Ⅲ章（共著）・第Ⅳ章・第Ⅴ章

釜賀雅史（かまが・まさふみ）＊
名古屋学芸大学ヒューマンケア学部教授
担当：はじめに・第Ⅰ章・第Ⅲ章（共著）

河野　篤（こうの・あつし）
中部学院大学経営学部准教授
担当：第Ⅶ章

祝田　学（ほうだ・まなぶ）
岡崎女子短期大学経営実務科専任講師
担当：第Ⅱ章

現代企業とマネジメント

| 2008年6月20日 | 初版第 1 刷発行 | 定価はカヴァーに表示してあります |

編著者　釜賀雅史
　　　　岡本　純
発行者　中西健夫
発行所　株式会社ナカニシヤ出版
　　　　〒606-8161　京都市左京区一乗寺木ノ本町15番地
　　　　　　　　　　Telephone　075-723-0111
　　　　　　　　　　Facsimile　075-723-0095
　　　　　　　Website　http://www.nakanishiya.co.jp/
　　　　　　　Email　iihon-ippai@nakanishiya.co.jp
　　　　　　　　郵便振替　01030-0-13128

装幀＝白沢　正／印刷・製本＝ファインワークス
Printed in Japan
Copyright © 2008 by M. Kamaga & J. Okamoto
ISBN978-4-7795-0257-6